Biosphäre 6

Rheinland-Pfalz
Naturwissenschaften

Cornelsen

Biosphäre

Naturwissenschaften 6 Gymnasium Rheinland-Pfalz

Autorinnen: Anneke Emse, Krefeld; Silke Hübner, Kaiserslautern; Gabriele Merk, Alzey; Ribana Weickenmeier, Speyer

Teile dieses Buches sind anderen Ausgaben der Lehrwerksreihen Biosphäre und Universum entnommen.

Autorinnen und Autoren dieser Ausgaben sind: Dr. Ana Alboteanu-Schirner; Stefan Auerbach; Andreas Bauer; Sven Bengelsdorff; Dr. Werner Bils; Pia Bordes-Sagner; Ruben Brand; Anke Brennecke; Silke Bringezu; Frank Deutschmann; Anne-Kathrin Dierschke; Peter Emmler; Robert Felch; Heidemarie Frasiak; Elke Göbel; Engelhardt Göbel; Dr. Axel Goldberg; Daniela Grabenstein; Simone Grimm; Dr. Anja Grimmer; Ralf Buric; Franziska Hach; Frank Herrmann; Angelika Huber; Yvonne Hübner; Lutz Jaeger; Dr. Horst Janz; Tim Kahler; Dr. Reiner Kienle; Ulf Konrad; Prof. Dr. Hansjörg Küster; Dr. Detlef Lauterjung; Susanne Lauterjung; Dr. Karl-Wilhelm Leienbach; André Linnert; Prof. Dr. Anke Meisert; Carl-Julian Pardall; Martin Post; Dr. Ulrich Rasbach; Silke Rest; Gabriele Rupp; Annegret Schlegel; Hans-Peter Schörner; Dr. Stephanie Schrank; Hans-Jürgen Staudenmaier; Constanze Steinert; Dr. Matthias Stoll; Michael Szabados; Dr. Volker Vopel; Dr. Gerhard Wenschkewitz; Dr. Ursula Wienbruch; Dr. Hans-Joachim Winkhardt

Redaktion: Lucas Eck, Amanda Jager Fonseca, Anja Schrewe

Designberatung: Katharina Wolff-Steininger, Ellen Meister

Layoutkonzept, Umschlaggestaltung und Layout: SOFAROBOTNIK GbR, Augsburg & München

Technische Umsetzung: Straive

Grafik: Hannes von Goessel; Rainer Götze; Esther Gollan; Timo Grubing; Angelika Kramer; Karin Mall; Tom Menzel; Bernhard A. Peter, Pattensen, NewVision! GmbH; Markus Ruchter; Detlef Seidensticker; Werner Wildermuth

Begleitmaterialien zu Biosphäre Naturwissenschaften 6 Gymnasium Rheinland-Pfalz

E-Book	978-3-06-420302-0
Lösungen zum Schülerbuch	978-3-06-420308-2
Unterrichtsmanager Plus mit E-Book und Begleitmaterialien	978-3-06-420310-5

www.cornelsen.de

Dieses Werk enthält Vorschläge und Anleitungen für Untersuchungen und Experimente. Vor jedem Experiment sind mögliche Gefahrenquellen zu besprechen. Beim Experimentieren sind die Richtlinien zur Sicherheit im Unterricht einzuhalten.

Die Webseiten Dritter, deren Internetadressen in diesem Lehrwerk angegeben sind, wurden vor Drucklegung sorgfältig geprüft. Der Verlag übernimmt keine Gewähr für die Aktualität und den Inhalt dieser Seiten oder solcher, die mit ihnen verlinkt sind.

1. Auflage, 1. Druck 2021

Alle Drucke dieser Auflage sind inhaltlich unverändert und können im Unterricht nebeneinander verwendet werden.

Druck: Firmengruppe APPL, aprinta Druck, Wemding

ISBN 978-3-06-420301-3

PEFC zertifiziert
Dieses Produkt stammt aus nachhaltig bewirtschafteten Wäldern und kontrollierten Quellen.
www.pefc.de
PEFC/04-31-1033

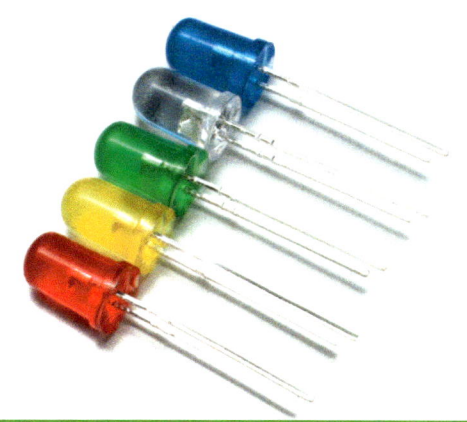

Sonne – Wetter – Jahreszeiten

3 Tiere im Laufe der Jahreszeiten

Geräte und Maschinen im Alltag

INHALTSVERZEICHNIS

IV

Stoffe im Alltag 280

Körper und Gesundheit 308

Die Anforderungsbereiche werden in den Aufgaben
wie folgt gekennzeichnet:

☐ Anforderungsbereich I

◨ Anforderungsbereich II

◼ Anforderungsbereich III

Die Natur aus Sicht der Wissenschaften

Bis ins 16. Jahrhundert konnte ein Gelehrter das Wissen über die gesamte Natur überblicken. Doch je mehr Menschen die Natur untersuchten, desto umfangreicher wurde das Wissen. So bildeten sich nach und nach Wissenschaftszweige, die im Laufe der Zeit zu eigenständigen Wissenschaften wurden: Physik, Chemie, Biologie, Philosophie ... Jede Wissenschaft hat einen anderen Blick auf die Natur.

Die Natur, die man im Physik-, Chemie- oder Biologieunterricht betrachtet, ist immer dieselbe. Man setzt jedoch für jedes Fach eine andere Brille auf, durch die man die gleichen Naturerscheinungen von einem anderen Standpunkt aus anschaut. Auch Geisteswissenschaften wie Kunst oder Literatur sowie Sozialwissenschaften wie Politik oder Wirtschaft beschäftigen sich manchmal mit der Natur und besehen sie aus ihren eigenen Blickwinkeln. Im Bild 01 werden am Beispiel des Wassers die verschiedenen Sichtweisen der Wissenschaften betrachtet:

Die **Physik** untersucht, wie sich Wasser unter verschiedenen Bedingungen verhält, etwa beim Erwärmen und Abkühlen. In der Physik prüft man auch, unter welchen Bedingungen Wasser elektrischen Strom leitet oder wie Körper beschaffen sein müssen, um auf Wasser schwimmen zu können.

Die **Chemie** untersucht die Eigenschaften des Wassers als Stoff. Sie beschreibt, wie sich Wasser gegenüber anderen Stoffen verhält. So ist Wasser in der Chemie das häufigste Lösungsmittel. Die Chemie untersucht auch, wie Wasser aus anderen Stoffen gebildet wird.

Die **Biologie** erforscht das Zusammenspiel von Lebewesen und Wasser. Wasser stellt die Grundlage des Lebens dar, denn ohne Wasser ist kein Leben möglich. Biologinnen und Biologen untersuchen etwa die Qualität von Trinkwasser und deren Auswirkung auf Lebewesen.

Die **Geografie** untersucht, wie Wasser die Landschaft formt und das Klima beeinflusst.
Politik und **Wirtschaft** beschäftigen sich mit dem Problem der Wasserknappheit, denn weltweit gehen die Trinkwasservorräte zurück, während der Bedarf an Wasser steigt.
In der **Literatur** steht Wasser häufig für Leben, Neubeginn oder Gefühle.

01 Jede Wissenschaft betrachtet die Welt durch eine andere Brille.

/// METHODE //

So funktioniert Naturwissenschaft

> Wow! Die Münze klappert ja! Dafür gibt es bestimmt eine Erklärung.

> Ja, genau.

> Klar. Und wie finden wir die? Durch Forschung?

01 Leonies Flaschengeisttrick

> Die Hände erwärmen die Luft in der Flasche. Die warme Luft steigt nach oben und hebt die Münze an! Wenn ich Recht habe, dann füllt sich auch der Ballon mit der aufsteigenden Luft.

> Hm.

02 Überprüfung der Vermutung in einem Versuch

> Hm ... Ich hab's: Die Hände erwärmen die Luft in der Flasche. Beim Erwärmen dehnt sich die Luft aus und füllt dabei den Ballon.

> Der Ballon da unten bläht sich auf. Mit aufsteigender Luft kannst du das nicht erklären!

03 Wiederholung des Versuchs widerlegt die Vermutung.

Wenn Wissenschaftler rätselhafte Naturerscheinungen erklären wollen, folgen sie dazu einer festgelegten Vorgehensweise. Anhand von Leonies Flaschengeisttrick erfährst du, wie Naturwissenschaft funktioniert.

Staunen, Beobachten, Fragen stellen · Leonie nimmt eine leere Flasche aus dem Kühlschrank und legt eine angefeuchtete Münze auf den Flaschenhals (Bild 01). Anschließend umfasst sie den Flaschenbauch mit ihren Händen. Nach einer Weile beginnt die Münze zu klappern. Ihre Freundin Lena wundert sich: Ist das Zauberei? Oder gibt es dafür eine einfache Erklärung? Die Naturwissenschaft beginnt mit einer genauen Beobachtung: Eine kalte Flasche wird mit den Händen umfasst. Kurz darauf hebt sich die Münze und fällt auf den Flaschenhals zurück. Wir fragen: Was hebt die Münze an?

Vermutungen aufstellen · Du könntest vermuten, dass Leonie zaubert. Diese Vermutung ist jedoch nicht nachprüfbar und daher aus wissenschaftlicher Sicht nicht zu gebrauchen. In der Naturwissenschaft gelten nur Vermutungen, die in Experimenten überprüft werden können. Wissenschaftler sprechen von Hypothesen. Wir stellen für den Flaschengeisttrick eine Vermutung auf: Die kalte Luft in der Flasche wird durch die Hände erwärmt und steigt nach oben. So wird die Münze angehoben.

Experimente planen und Vorhersagen machen · Die Vermutung müssen wir mithilfe eines passenden Experiments überprüfen. Wenn die erwärmte Luft aufsteigt, müssten wir dies auch an einem Luftballon sehen können, den wir über den Flaschenhals ziehen. Der Luftballon müsste sich mit der aufsteigenden Luft füllen.

Experimente durchführen und auswerten · Leonie führt das Experiment durch und beobachtet, dass sich der Luftballon tatsächlich füllt (Bild 02). Unsere Vermutung wird also durch Leonies Versuch bestätigt.

Ihre Freundin Lena hat Zweifel und schlägt ein weiteres Experiment vor. Sie hält die kalte Flasche so, dass die Öffnung nun nach unten zeigt (Bild 03). Auch jetzt füllt sich der Luftballon mit Luft. Das ist merkwürdig, denn wir haben angenommen, dass sich der Luftballon aufbläht, weil die warme Luft nach oben steigt. Unsere Vermutung kann also so nicht stimmen: Sie wurde durch Lenas Versuch widerlegt.

Wir stellen daher eine weitere Vermutung auf: Die kalte Luft in der Flasche wird durch die Hände erwärmt und dehnt sich aus. Dadurch drückt sie die Münze nach oben. Im Experiment müsste sich der Luftballon mit Luft füllen, unabhängig von der Richtung, in die die Flaschenöffnung zeigt.

Genau dies beobachten wir in den Versuchen. Unsere zweite Vermutung wird also durch beide Experimente bestätigt. Wir haben nun eine wissenschaftliche Erklärung für Leonies Flaschengeisttrick gefunden: Die warme Luft dehnt sich aus und drückt die Münze nach oben.

Die naturwissenschaftliche Vorgehensweise · Unsere Vorgehensweise beim Flaschengeisttrick folgt einer allgemeinen naturwissenschaftlichen Methode (Bild 04). Zunächst beobachtest du das Phänomen genau und formulierst dazu eine Frage. Anschließend stellst du eine Vermutung auf. Bevor du deine Vermutung im Experiment überprüfst, überlegst du, wie sich diese im Experiment auswirken wird. Erst dann führst du das Experiment durch. Deine Ergebnisse solltest du in Form von Notizen und mithilfe deines Smartphones als Foto oder Video dokumentieren. Dann vergleichst du das Ergebnis mit deiner Vorhersage. Stimmen Ergebnis und Vorhersage überein, kannst du mit deiner Vermutung deine Beobachtungen erklären. Stimmen Ergebnis und Vorhersage nicht überein, ist deine Vermutung widerlegt und du musst dir eine neue Vermutung überlegen.

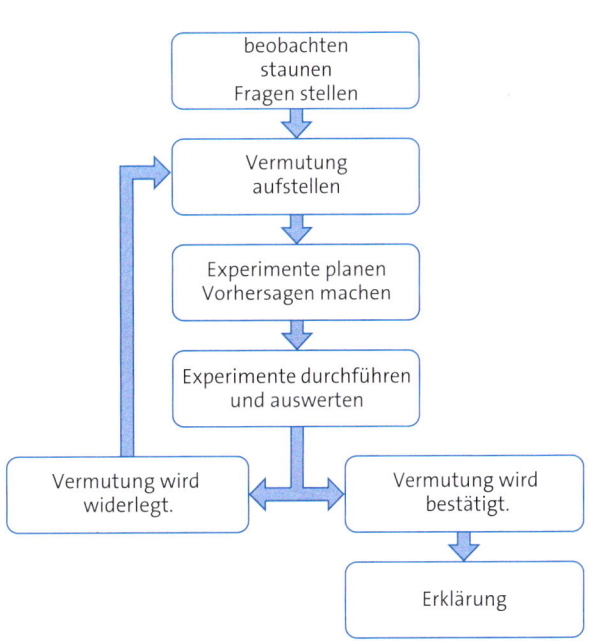

04 Wie Naturwissenschaft funktioniert

1) Funktioniert Leonies Flaschengeisttrick auch, wenn die Flasche vorher nicht im Kühlschrank lag?
a) Führe den Trick mit einer ungekühlten Flasche durch und beobachte genau. ▢
b) Stelle eine Vermutung auf, die deine Beobachtung erklärt. ◣
c) Plane einen Versuch und mache eine Vorhersage über deine mögliche Beobachtung. ◣
d) Führe den Versuch durch und werte ihn aus. ◣

2) Du hast sicherlich schon beobachtet, dass das Wasser beim Kochen von Reis immer weniger wird. Am Ende ist es ganz verschwunden.
a) Formuliere eine Frage zu dieser Beobachtung. ▢
b) Stelle eine Vermutung auf, die deine Beobachtung erklärt. ◣
c) Plane einen Versuch und mache eine Vorhersage über deine mögliche Beobachtung. ◣
d) Führe den Versuch durch und werte ihn aus. ◣

Verhalten im Fachraum für Naturwissenschaften

01 Fachraum für Naturwissenschaften

Fachräume für Naturwissenschaften unterscheiden sich von Klassenräumen. Damit man gefahrlos experimentieren kann, muss man sich im Raum gut auskennen und einige Verhaltensregeln beachten.

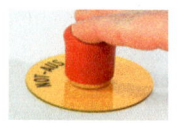

02 Not-Aus-Schalter

NOT-AUS-SCHALTER · In jedem Fachraum befindet sich ein Not-Aus-Schalter. Dieser Not-Aus-Schalter muss sofort gedrückt werden, wenn bei einem Experiment ein Notfall eintritt. Er stoppt die Strom- und Gaszufuhr. Der Not-Aus-Schalter befindet sich meist neben der Tür oder in der Nähe des Lehrertisches.

03 Fluchtweg-schild

FEUERLÖSCHER UND LÖSCHDECKE · Kleine Brände können mit dem Feuerlöscher oder mit einer Löschdecke bekämpft werden. Das übernimmt in der Regel die Lehrkraft. Der Feuerlöscher darf niemals auf Personen gerichtet werden. Alle Schüler und Schülerinnen sollten im Brandfall den Raum sofort verlassen.

FLUCHTWEG · Der kürzeste Fluchtweg ins Freie wird durch ein grünes Schild angezeigt. Auch im übrigen Schulgebäude gibt es Fluchtwegeschilder.

AUGENDUSCHE · Falls beim Experimentieren Flüssigkeitsspritzer in die Augen gelangen, müssen diese sofort mit Wasser gespült werden. Für diesen Fall ist am Lehrertisch eine Augendusche angebracht. Auch wenn Flüssigkeit auf die Hände oder Kleidung gelangt, sollte sie sofort mit viel Wasser abgespült werden.

ERSTE-HILFE-KASTEN · Für den Fall, dass sich jemand verletzt, steht Verbandsmaterial zur Verfügung. Jede Verletzung ist sofort der Lehrerin oder dem Lehrer anzuzeigen.

04 Augendusche

05 Feuerlöscher, Löschdecke und Erste-Hilfe-Kasten

NOTRUF · *In dringenden Fällen sollte man die Notrufnummer 112 wählen. Über diese Nummer wird man automatisch mit der nächsten Rettungsstelle verbunden. Hier kann man Unfälle und Brände melden. Die Rettungsstelle leitet dann alle notwendigen Maßnahmen ein. Weitere Notrufnummern, zum Beispiel von der nächsten Arztpraxis, sind auf einer Hinweistafel zu finden.*
Im Falle eines Unfalls ist sofort die Schulleitung zu informieren.

VERHALTENSREGELN · *Beim Arbeiten im Fachraum gilt es, einige Verhaltensregeln zu beachten:*
- *Bewege dich im Raum stets langsam und umsichtig und halte Ordnung am Arbeitsplatz. Das gilt besonders beim Experimentieren.*
- *Beim Experimentieren ist das Essen und Trinken streng verboten!*

- *Achte auf die Hinweise der Lehrerin oder des Lehrers und beginne das Experiment erst nach Anweisung.*
- *Bei einigen Versuchen wie der Arbeit mit dem Brenner muss eine Schutzbrille getragen werden.*
- *Lange Haare und lockere Kleidung sollte man beim Experimentieren zusammenbinden, damit man sich selbst nicht gefährdet und damit die Kleidung nicht verschmutzt oder zerstört wird.*

1 *Informiere dich im Fachraum deiner Schule, wo sich die Sicherheitseinrichtungen befinden.* ☐

2 *Beschreibe den kürzesten Fluchtweg aus dem Fachraum und aus dem Schulgebäude.* ◗

3 *Begründe, warum Essen und Trinken beim Experimentieren streng verboten sind.* ◗

Sonne – Wetter – Jahreszeiten

In diesem Kapitel beschäftigst du dich mit

► der Entstehung der Jahreszeiten. Du lernst, wie die Sonne als Motor von Jahreszeiten und Wetterphänomenen wirkt und den Kreislauf des Wassers antreibt. Außerdem erfährst du, dass die Lichtenergie ebenso von Pflanzen zum Stoffaufbau wie vom Menschen zur Energiegewinnung genutzt wird.

► dem Wechsel der Aggregatzustände des Wassers. Du befasst dich mit dem Zusammenhang zwischen der Bewegung der Teilchen und der Wärme. Du lernst unterschiedliche Formen des Wärmetransports kennen.

▶ dem Aufbau von Samenpflanzen. Du lernst, welche Organe die Samenpflanzen haben und was ihre Aufgaben sind. Du erfährst, wie sich Samenpflanzen fortpflanzen und entwickeln, Samen und Früchte entstehen und verbreitet werden.

▶ der Anpassung von Pflanzen und Tieren an den Wechsel der Jahreszeiten. Du erfährst, wie sich die Pflanzen im Jahresverlauf verändern und wie sie den Winter überstehen. Du lernst, mit welchen Strategien Tiere an die Schwankungen der Temperatur und des Nahrungsangebots im Jahresverlauf angepasst sind.

01 Natur im Wandel der Jahreszeiten

Die Sonne als Motor

Im Sommer sind die Tage lang, es ist warm und die Bäume stehen im vollen Laub. Im Winter sind die Tage kurz, die Natur ruht. Woran liegt es, dass es auf der Erde verschiedene Jahreszeiten gibt?

DIE ERDE BEWEGT SICH · In unserem Sonnensystem führt die Erde zwei Bewegungen aus. Innerhalb eines Jahres bewegt sie sich auf ihrer Bahn einmal um die Sonne, innerhalb von 24 Stunden einmal um sich selbst.

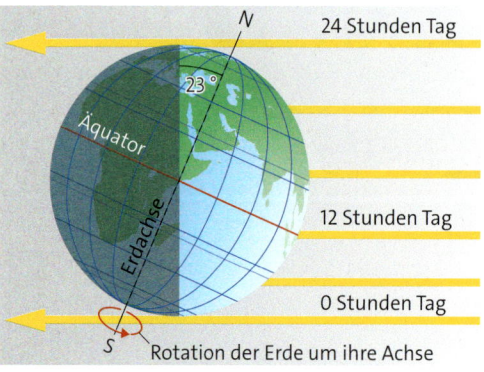

02 Durch die Erdrotation entstehen Tag und Nacht.

Wenn sich die Erde um sich selbst dreht, dann dreht sich alles auf ihrer Oberfläche mit. Dabei sieht man die Sonne nur in dem Zeitraum, in dem man sich auf der Seite der Erde befindet, die der Sonne zugewandt ist. So entstehen Tag und Nacht, Sonnenaufgang und Sonnenuntergang.

NEIGUNG DER ERDACHSE · Tag und Nacht erleben alle Menschen auf der Erde, unabhängig vom Ort, an dem sie leben. Allerdings sind sie unterschiedlich lang.

Dies liegt daran, dass die Erdachse nicht senkrecht zur Erdbahn steht, sondern um 23° geneigt ist. An einem Tag, an dem der Nordpol der Sonne zugewandt ist, geht die Sonne dort nie unter. Am Südpol herrscht zur gleichen Zeit ewige Nacht. Je weiter man sich vom Pol in Richtung Äquator bewegt, desto kleiner werden die Unterschiede zwischen Tages- und Nachtlänge. Nur am Äquator sind Tag und Nacht gleichlang.

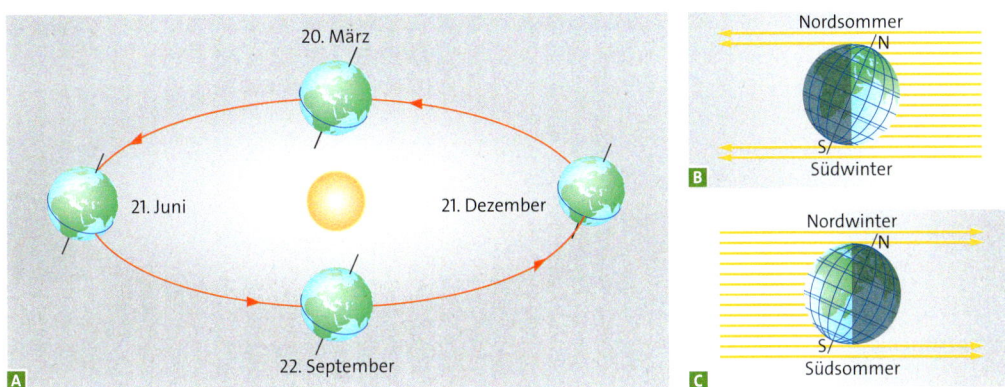

03 Entstehung der Jahreszeiten

ENERGIE VON DER SONNE · Je tiefer die Sonne am Himmel steht, umso flacher trifft das Licht der Sonne auf die Erdoberfläche. Dann verteilt sich die gleiche Menge Licht auf eine größere Fläche. Daher fällt morgens und abends weniger Strahlung auf eine bestimmte Fläche als mittags. Aus diesem Grund ist es am Morgen und am Abend meist kühler als am Mittag.

JAHRESZEITEN · Auf ihrer Bahn um die Sonne behält die Erde die Schrägstellung ihrer Achse bei. Am 21. Juni, zur Sommersonnenwende, ist die Erdachse so geneigt, dass die nördliche Erdhalbkugel der Sonne zugewandt ist. Die Sonnenstrahlung trifft dann schräger auf die Südhalbkugel als auf die Nordhalbkugel auf. Von der Erde aus gesehen steht die Sonne auf der Südhalbkugel also tiefer am Himmel als auf der Nordhalbkugel. Die Sonnenstrahlung transportiert daher weniger Energie auf die Südhalbkugel als auf die Nordhalbkugel. Auf der Südhalbkugel herrscht Winter, auf der Nordhalbkugel dagegen Sommer.
Die entgegengesetzte Situation ergibt sich zur Wintersonnenwende am 21. Dezember. Dann ist auf der südlichen Halbkugel Sommer, auf der Nordhalbkugel jedoch Winter.

Die Winter- und Sommersonnenwende haben Menschen schon lange fasziniert. Sie bestimmen heute den kalendarischen Winter- und Sommeranfang. Die Meteorologen dagegen teilen ein Jahr in vier gleich große Abschnitte. Sie lassen den Winter am 1.12., den Frühling am 1.3., den Sommer am 1.6. und den Herbst am 1.9. beginnen. Damit ergeben sich aus der Bewegung der Erde um die Sonne nicht nur die **Zeiteinheiten** Tag und Jahr, sondern auch wesentliche Einteilungen im Jahreskalender.

BAHN UM DIE SONNE · Auf ihrem Weg um die Sonne bewegt sich die Erde nicht auf einer Kreisbahn, sondern auf einer ovalen Bahn. Dadurch ändert sich ihr Abstand zur Sonne im Laufe eines Jahres.
Für die Jahreszeiten ist der Abstand zur Sonne aber nicht verantwortlich. Messungen haben ergeben, dass sich die Erde zur Winterzeit auf der Nordhalbkugel sogar näher an der Sonne befindet als im Sommer.

04 Lichteinstrahlung: **A** Abends ist sie schräger, **B** mittags ist sie steiler.

1 Am Äquator gibt es keine Jahreszeiten. Erkläre dies an Bild 03 und 04. ◖

2 Gib an, wie viele Monate, Tage, Stunden, Minuten und Sekunden ein Jahr jeweils umfasst. ◻

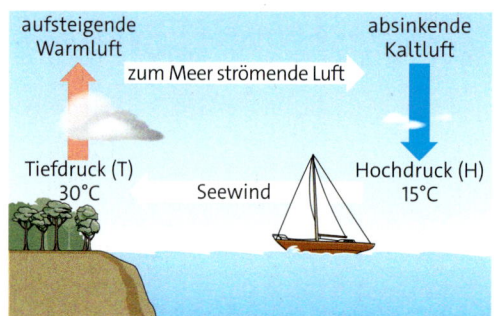

05 Luftströmungen an einem sonnigen Tag

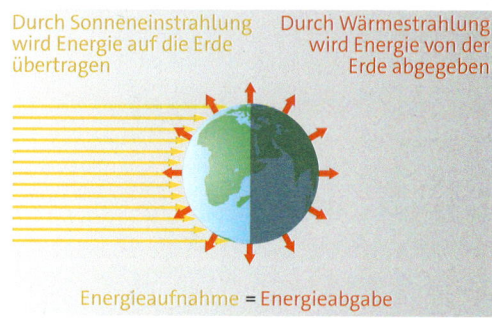

06 Energiehaushalt der Erde

LUFTSTRÖMUNGEN · Gestein und Pflanzen nehmen einen Großteil der Energie der Sonnenstrahlung auf und erwärmen sich. Gewässer oder auch Schnee und Eis reflektieren dagegen einen wesentlichen Teil der Strahlung – ähnlich wie man es von einem Spiegel kennt.

Dadurch erwärmen sich die Luftmassen über Land tagsüber stärker als über Wasser. Die Luft dehnt sich dabei aus und steigt nach oben. Da sie vom Boden wegströmt, sinkt dort der Luftdruck. Man spricht von Tiefdruck. Vom Land kommende Luft kühlt über dem Wasser ab und sinkt dort nach unten. Sie staut sich über dem Wasser und der Luftdruck steigt, Hochdruck entsteht. Zwischen benachbarten Tief- und Hochdruckgebieten bildet sich eine gemeinsame Luftströmung aus – es entsteht *Wind*, der über dem Wasser zum Land hin weht und in der Höhe vom Land weg.

Nachts kühlt die Luft über den Landmassen schneller ab als über dem Wasser, weil Wasser Wärme besser speichern kann als beispielsweise Gestein oder Blätter. Dann sinkt die abkühlende Luft über dem Land ab und es entsteht eine entgegengesetzte Luftströmung.

Der Temperaturunterschied zwischen der Luft über einem Gewässer und dem umgebenden Land ist allerdings relativ gering.

Viel größer ist er zwischen kalten und warmen Gebieten der Erde. So entstehen große Tiefdruck- und Hochdruckgebiete, die Winde über große Entfernungen antreiben.

ENERGIEHAUSHALT DER ERDE · Nicht nur der Wechsel der Jahreszeiten und die Luftströmungen werden von der Sonne angetrieben. Letztlich stammt alle Energie auf der Erde von der Sonne. Sie ist unsere *primäre Energiequelle*. Ihre Strahlung liefert stets neue Energie und erwärmt die Erde, das Wasser und die Luft. Vor allem aber liefert sie den Pflanzen Energie zum Aufbau von Zucker und Stärke und damit zum Wachstum.

Bei diesem als **Fotosynthese** bezeichneten Prozess können die Pflanzen nicht alle Sonnenenergie für sich nutzen und geben einen Teil in Form von Wärme wieder ab. Ähnliches gilt bei der Verdauung von Nahrung durch die Tiere oder bei allen anderen Energieumwandlungsprozessen. Die Erde gibt die dabei entstehende Wärme an das Weltall ab. Über viele Jahrhunderte hat die Erde genauso viel Energie abgegeben, wie sie von der Sonne erhalten hat, und besaß einen ausgeglichenen Energiehaushalt.

3 Erkläre mithilfe von Bild 06, warum im Bereich um den Äquator besonders viele Tiefdruckgebiete entstehen. 🍃

VERSUCH A ▸ Die Auswirkungen der Ekliptik

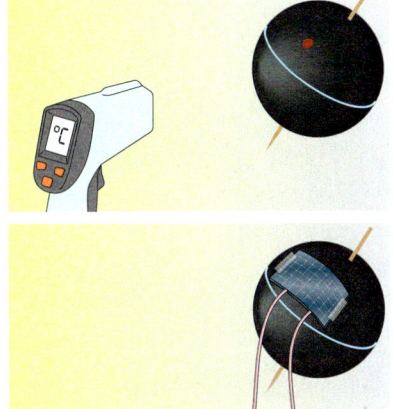

Material:
Styroporkugel, schwarze Farbe, Holzspieß, Lampe, Infrarotthermometer, Solarzelle

A1 Baue aus der schwarz bemalten Kugel und dem Spieß ein Erdmodell. ☐

A2 Beleuchte dein Erdmodell und miss die Erwärmung am Äquator und nahe am Pol. Achte darauf, dass die Lampe in beiden Fällen den gleichen Abstand zur Kugel hat. ☐

A3 Ändere die Neigung der Erdachse mehrfach und wiederhole die Messung. Dokumentiere deine Ergebnisse. ◣

A4 Befestige eine Solarzelle so auf der Styroporkugel, dass sie etwa die Position von Europa einnimmt. Schließe die Solarzelle an ein Multimeter an. Die Anzeige des Multimeters stellt ein Maß für die eingestrahlte Energie dar. Beleuchte die Solarzelle und notiere das Energiemaß. ◣

A5 Wiederhole die Messung für verschiedene Neigungen der Erdachse. Dokumentiere deine Ergebnisse. ◣

A6 Stelle die gemessenen Werte grafisch dar und formuliere eine Wenn-dann-Aussage. ◼

Material B ▸ Jahreszeiten in der Simulation

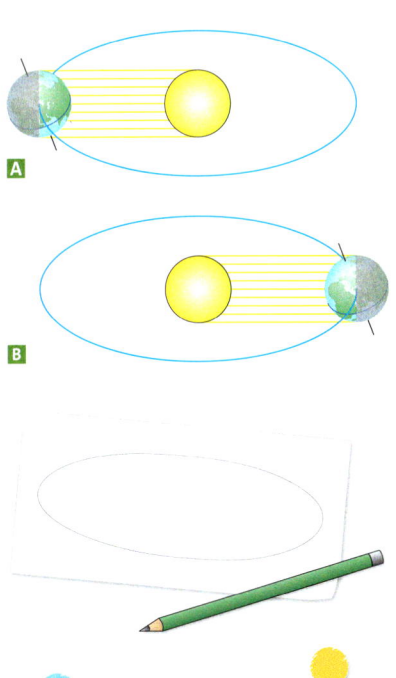

B1 Begründe anhand der nebenstehenden Abbildung, ob auf der Nordhalbkugel jeweils Sommer oder Winter herrscht. ◣

B2 Der Jahresverlauf lässt sich mit Simulationen veranschaulichen. Stelle dazu zunächst ein Modell her. Zwei Kreisscheiben in verschiedenen Farben stellen die Erde und die Sonne dar. Markiere auf deiner Erde den Äquator und den Breitengrad für deine Stadt. Zeichne die elliptische Bahnkurve der Erde um die Sonne auf ein Blatt Papier und lege deine Erde dann so auf die Bahnkurve, dass die Erdachse in der richtigen Neigung steht. ◣

B3 Bewege deine Erdscheibe um die Sonne und erstelle einen Stop-Motion-Film zum Jahreslauf. Nimm dafür die Seiten 354 und 355 zu Hilfe. Illustriere besondere Termine durch zusätzliche Kärtchen. ◣

B4 Recherchiere im Internet nach einer Simulationen, die die Jahreszeiten auf die Neigung der Erdachse zurückführt. Nutze diese Simulation, um die Jahreszeiten im Jahresverlauf in Australien zu erläutern. ◣

B5 Beide Simulationen sind nicht maßstabsgerecht. Begründe, warum sie trotzdem geeignet sind. ◼

01 Vereiste
Obstblüten

Mal fest, mal flüssig, dann gasförmig

Tritt im Frühjahr noch mal Nachtfrost auf, besprühen die Obstbauern die Blüten ihrer Obstbäume abends mit Wasser. „Da bildet sich doch Eis und die Blüten erfrieren erst recht", meint Fabian. Was ist das Besondere beim Übergang zwischen den Aggregatzuständen?

AGGREGATZUSTÄNDE IM TEILCHENMODELL · Wasser kann fest, flüssig oder gasförmig sein. Man bezeichnet diese Zustände als **Aggregatzustände**. Festes Wasser bezeichnet man als Eis. Auf Gewässern bildet Eis dicke, feste Schichten. Sind sie dick genug, kann man darauf sogar Schlittschuh laufen. Im Eisfach des Kühlschranks gefriert Wasser in Formen zu Eiswürfeln. Sie sind hart und lassen sich mit der bloßen Hand nicht zerbrechen.

Im Teilchenmodell stellt man sich vor, dass die *Teilchen* im Eis wie Murmeln ganz dicht beieinanderliegen und einen starken Zusammenhalt haben, so als wären sie aneinandergeklebt. Diese Vorstellung nutzt man auch für andere feste Materialien.

In flüssiges Wasser kann man ganz leicht die Hand eintauchen und hin- und herbewegen. Bei Flüssigkeiten liegen die Teilchen zwar noch dicht beieinander, sind aber ständig in Bewegung und gegeneinander verschiebbar. Der Zusammenhalt ist nicht mehr so stark.

Noch leichter als durch flüssiges Wasser lässt sich die Hand durch Wasserdampf oder andere Gase wie die Luft bewegen. Dies liegt daran, dass die Teilchen in Gasen so weit voneinander entfernt sind, dass sie sich völlig frei bewegen können. Sie haben keinen Zusammenhalt mehr.

Zwischen den Teilchen befindet sich nur leerer Raum, egal in welchem Zustand.

VERDAMPFEN UND SCHMELZEN · Wird Wasser auf dem Herd bis zum Sieden erhitzt, so nimmt die Bewegung der Wasserteilchen in der Flüssigkeit durch die Wärmezufuhr zu und sie verlieren ihren Zusammenhalt. Am heißen Boden des Kochtopfs bilden sich Blasen aus Wasserdampf, die an die Oberfläche steigen. Dort entweichen die gasförmigen Wasserteilchen, das Wasser verdampft. Dies ist bei 100 °C der Fall. Man nennt diese Temperatur daher auch Siedetemperatur des Wassers.

Beim Schmelzen von Eis verhält es sich ähnlich. Da Eis ein Festkörper ist, liegen die Eisteilchen dicht aneinander und halten fest zusammen. Wird das Eis erwärmt, nimmt die Bewegung der Wasserteilchen zu und der Zusammenhalt wird geringer. Das Wasser wird flüssig. Dies ist ab 0 °C der Fall, dem Schmelzpunkt des Eises.

ERSTARREN UND KONDENSIEREN · Bei den umgekehrten Vorgängen, dem Kondensieren und Erstarren, wird die Wärme an die Umgebung abgegeben. Dadurch nehmen die Teilchenbewegungen ab und der Zusammenhalt zwischen den Teilchen erhöht sich.

Sprühen die Bauern vor dem Nachtfrost die Obstblüten mit Wasser ein, passiert Folgendes: Das aufgesprühte Wasser gefriert bei 0 °C zu Eis. Dabei gibt es Wärme an die Blüten ab. Dadurch wird verhindert, dass die Temperatur unter der Eisschicht weiter sinkt und die Blüten erfrieren. Das Eis bildet also eine Schutzschicht über den Blüten.

VERDUNSTEN · Im Sommer sind Dachziegel nach einem Regen schnell wieder trocken, obwohl sie keine 100 °C erreichen. Wasser kann also auch schon unter 100 °C gasförmig werden. Dies nennt man Verdunsten. Die Wasserteilchen an der Oberfläche sind nur auf einer Seite mit den anderen Teilchen der Dachziegel verbunden. Dadurch ist der Zusammenhalt weniger stark und es ist weniger Wärme nötig, damit die Teilchen die Flüssigkeit verlassen können.

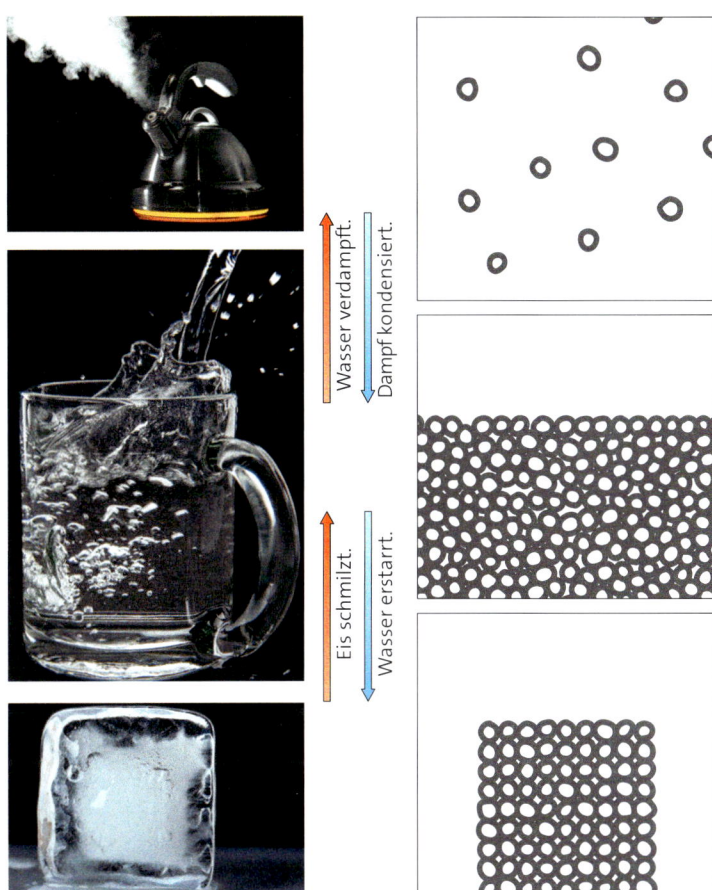

02 Übergänge der Aggregatzustände bei Wasser

SUBLIMIEREN UND RESUBLIMIEREN · Im Winter lässt sich beobachten, dass Schnee langsam verschwindet, ohne zu schmelzen. Das liegt daran, dass Wasser und einige andere Chemikalien auch direkt vom festen in den gasförmigen Aggregatzustand übergehen können. Diesen Vorgang nennt man Sublimieren. Bei „Trockeneis" sieht man bei Raumtemperatur Dampfschwaden aufsteigen. Es besteht aus Kohlenstoffdioxid und gefriert bei –78 °C. Wenn umgekehrt ein Gas bei niedrigeren Temperaturen direkt fest wird, resublimiert es. Dies ist bei Raureif der Fall. Aus Wasserdampf haben sich an einem kalten Tag an Gras, Ästen oder Blättern Eiskristalle gebildet.

03 Trockeneis sublimiert.

04 Raureif

/// **IM BLICKPUNKT UMWELT** ///

Der Wasserkreislauf der Erde

Die Sonne erwärmt das Wasser an der Oberfläche von Flüssen, Seen und Ozeanen, sodass es verdunstet. Die erwärmten Wasserteilchen steigen als Wasserdampf in die Atmosphäre auf. Je höher der Dampf in der Atmosphäre steigt, desto kühler wird es. Der Dampf kühlt sich ab und kondensiert zu winzigen Wassertropfen. Wolken bilden sich. Je mehr Wassertropfen sich zu Wolken zusammenlagern, desto größer und schwerer werden sie. Irgendwann sind die Wolken so schwer, dass die Wassertropfen als Niederschlag zurück auf die Erdoberfläche fallen. Die Niederschläge können fest sein wie Hagelkörner und Schneeflocken oder flüssig wie Nebelschwaden und Regentropfen. Ein Teil der Niederschläge fließt als **Oberflächenwasser** *zurück in Bäche, Flüsse, Seen und Ozeane. Ein anderer Teil versickert im Boden. Dieses Sickerwasser sammelt sich über einer Gesteinsschicht, die nur wenig Wasser durchlässt, und wird zu* **Grundwasser**. *Der Großteil des Grundwassers fließt unterirdisch in die Meere zurück. Ein kleiner Teil des*

Grundwassers versickert weiter durch feine Gesteinsporen in tiefere Bodenschichten. Dabei wird es sehr sauber, nimmt aber auch Mineralien aus den Gesteinen auf. Es bildet sich Mineralwasser, das direkt an der Quelle in Flaschen abgefüllt und getrunken werden kann. Die Kohlensäure wird meist zusätzlich zugegeben, sodass der Gehalt variiert. Das Grund- und Oberflächenwasser wird auch als Süßwasser bezeichnet, das Wasser der Meere und Ozeane als Salzwasser. Das Süßwasser schmeckt nicht süß, aber weniger salzig als Salzwasser. Im Salzwasser sind mehr Mineralstoffe gelöst, vor allem viel Kochsalz. Verdunstet das Meerwasser, so bleiben die darin vorhandenen Salzteilchen zurück. Nur die Wasserteilchen bilden den Wasserdampf und steigen in die Atmosphäre auf.

1) *Beschreibe den Weg eines Regentropfens aus einer Wolke wieder in eine andere. Erkläre, wie sich dabei der Gehalt an Mineralstoffen ändert.* ◣

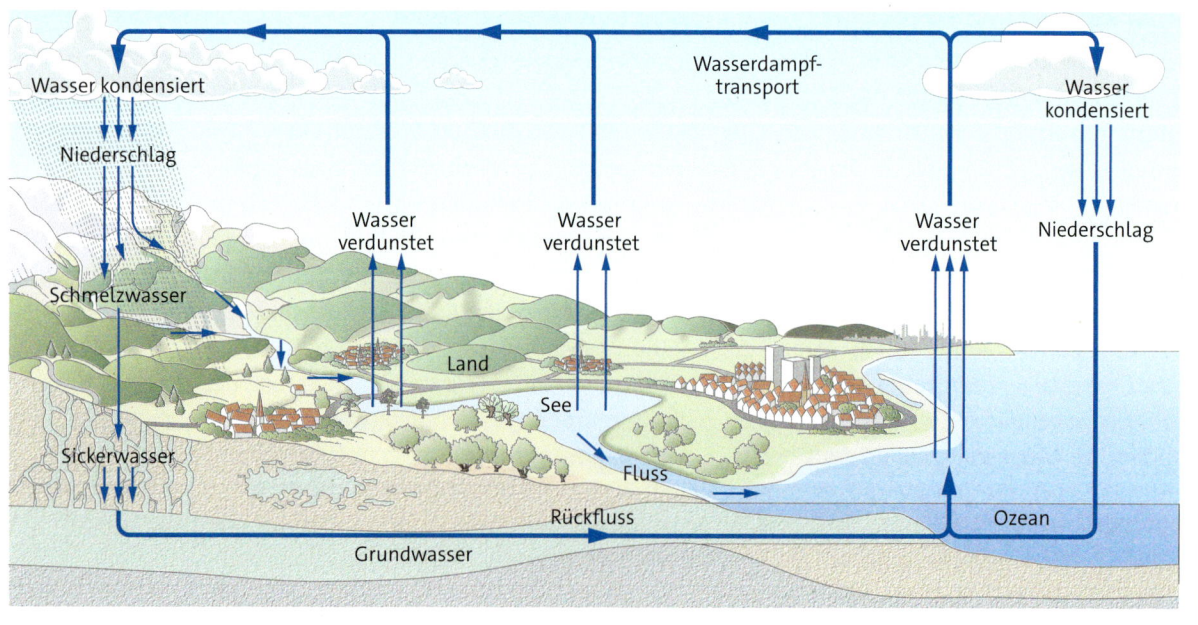

01 Wasserkreislauf der Erde

VERSUCH A ▸ Das Teilchenmodell – Schüler als Teilchen

Material:

mind. 12 Kinder, Markierungen (z. B. Kreide)

Durchführung:

Stellt euch dicht gedrängt in einem viermal vier Schüler großen Quadrat auf. Fasst zwei eurer Nachbarn locker an, z. B. an der Schulter, sodass ihr alle untereinander verbunden seid. Lasst ein Kind die Außengrenzen eures Quadrats markieren.

a) Fangt an, auf der Stelle leicht hin- und herzuwackeln. ☐

b) Bewegt euch nun immer stärker hin und her. ☐

c) Beschreibt eure Beobachtungen. Vergleicht das Verhalten der „Schülerteilchen" mit dem Verhalten der Teilchen eines Festkörpers, einer Flüssigkeit und eines Gases. Achtet dabei besonders auf die Außengrenzen eures Quadrats und den Zusammenhalt der „Teilchen". ◗

Material B ▸ Taschenwärmer

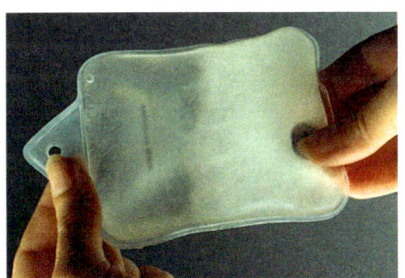

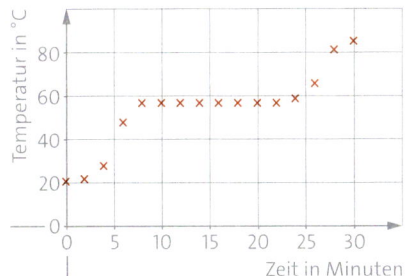

B1 Im Winter werden Taschenwärmer verkauft. Sie bestehen aus einem Päckchen mit einem Salz, das zunächst im heißen Wasserbad geschmolzen wird. Dabei wurde der Temperaturverlauf des Salzes gemessen.

a) Gib die Schmelztemperatur des Salzes aus dem Diagramm an. ☐

b) Gib die Zeit an, bis diese Temperatur erreicht wurde. ☐

c) Vergleiche die Dauer des Erhitzens bis zur Schmelztemperatur mit der Dauer des Schmelzvorgangs und begründe, wofür mehr Wärme benötigt wird. ◗

d) Beim Abkühlen „vergisst" das Salz, wieder fest zu werden. Erst wenn man ein Plättchen im Taschenwärmer knickt, beginnt das Erstarren. Erkläre, warum dabei Wärme abgegeben wird. ◗

VERSUCH C ▸ Frostschutz

Material:

zimmerwarmes Thermometer für Temperaturen bis −20 °C, Löschpapier, Gefrierfach

Durchführung:

a) Lege das Thermometer in das Gefrierfach und miss die Temperatur nach 5 min und nach 15 min. ☐

b) Umwickle das Thermometer nun vorher mit einem feuchten Löschpapier und führe den Versuch erneut durch. ☐

c) Vergleiche deine Ergebnisse und erkläre sie. ◗

01 Afrikanischer Elefant in sengender Hitze

Wärmetransport

Afrikanische Elefanten leben in Savannen bei hohen Temperaturen. Sie sind tagaktiv und ruhen nur um die Mittagszeit. Um nicht zu überhitzen, müssen sie viel Wärme an ihre Umgebung abgeben. Wie schaffen sie das?

ABGABE VON KÖRPERWÄRME · Menschen schwitzen, damit sie nicht überhitzen. Während der Schweiß verdunstet, entzieht er dem Körper Wärme und kühlt ihn so ab.

Elefanten haben aber keine Schweißdrüsen. Dennoch müssen auch sie Wärme abgeben. Dabei spielen drei Arten des Wärmetransports eine Rolle: die Wärmemitführung, die Wärmeleitung und die Wärmestrahlung.

WÄRMEMITFÜHRUNG · Diese Art des Wärmetransports lässt sich gut bei Bienen beobachten. Damit ihr Bienenstock an heißen Tagen nicht überhitzt, fächeln Arbeiterinnen frische Luft in den Stock. Es entsteht ein Luftstrom durch den Stock, der ständig kühle Luft hineinbringt und warme Luft nach draußen transportiert.

Die **Wärmemitführung** lässt sich mit dem Experiment aus Bild 02 untersuchen. Zündet man die Kerze an, so zeigt das Thermometer zunächst keine Temperaturänderung. Bringt man aber das gebogene Rohr zwischen Kerze und Thermometer, dann steigt die gemessene Temperatur zügig an. Die erwärmte Luft steigt auf und strömt durch das Rohr. Dabei führt sie Wärme mit.

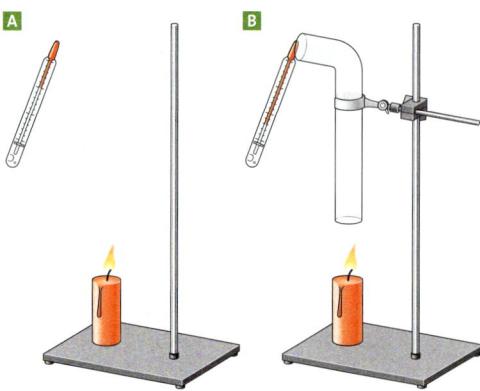

02 Wärmemitführung im Experiment

WÄRMELEITUNG · Viele Säugetiere sind am Bauch weniger stark behaart als am restlichen Körper. Während ihr Fell sie am Rücken und an den Seiten gegen die Sonneneinstrahlung schützt, können sie am Bauch bei Bedarf relativ viel Wärme abgeben. Hunde nutzen dies zur Abkühlung, indem sie sich mit dem Bauch auf eine kühle Fläche legen. Dort wird Wärme direkt über die Haut an den Boden abgeleitet.

Zum Nachweis der **Wärmeleitung** wird der Versuch in Bild 03 genutzt. Erhitzt man ein Ende des Metallstabs mit einem Teelicht, fallen die drei Wachskugeln nacheinander herunter, zuletzt die am weitesten entfernte Kugel. Der Metallstab leitet also Wärme weiter, ohne dass er sich selbst bewegt. Verwendet man Stäbe aus unterschiedlichen Materialien, dann zeigt sich, dass Kupfer die Wärme besonders gut weiterleitet, Stahl und Glas eher mäßig. Luft leitet Wärme sehr schlecht.

WÄRMESTRAHLUNG · Diese Form des Wärmetransports nutzen zum Beispiel Eidechsen, um sich in der Vormittagssonne aufzuwärmen. Sie müssen nach einer kühlen Nacht erst wieder warm werden, um sich bewegen zu können. Da sie ihre Körpertemperatur aber nicht eigenständig regulieren können, benötigen sie dafür die Wärmestrahlung der Sonne.

Die Eigenschaften der **Wärmestrahlung** lassen sich mit dem in Bild 04 dargestellten Versuch genauer untersuchen. Hier bewegt man die Hand langsam und mit genügend Abstand um eine heiße Kochplatte herum. Die von der Platte abgestrahlte Wärme ist besonders gut zu spüren, wenn die schwarze Fläche der Kochplatte zur Hand zeigt. Also breitet sich die Wärmestrahlung

03 Wärmeleitung im Experiment

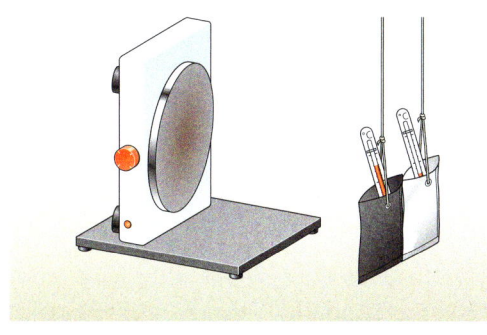

04 Wärmestrahlung im Experiment

geradlinig von der Platte her zur Hand hin aus. Dabei strahlt die Platte umso mehr Wärme ab, je wärmer sie selbst ist.

Jetzt hält man zwei Thermometer in Hüllen aus schwarzem Tonpapier und Alufolie in gleichem Abstand vor die heiße Kochplatte. Das Thermometer in der schwarzen Hülle zeigt nach kurzer Zeit eine höhere Temperatur an als das in der Alufolie.

Dunkle, raue Körper nehmen die Wärmestrahlung viel besser auf als helle, spiegelnde Körper. Die Ergebnisse ändern sich auch nicht, wenn man die Hüllen mit den Thermometern unter eine Glasglocke setzt und die Luft darunter abpumpt. Folglich benötigt die Strahlung keinen Stoff, um sich auszubreiten. Sie geht auch durch den luftleeren Raum.

1) Erläutere, auf welche Weise Wärme transportiert wird, wenn du Suppe mit einem Metalllöffel umrührst. 🔖

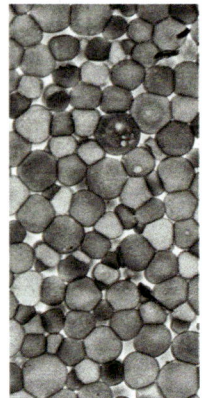

05 Dämmstoff unter dem Mikroskop

TRANSPORTBEDINGUNGEN · Wärme wird von selbst immer nur von den Orten höherer Temperatur zu Orten niedrigerer Temperatur transportiert. Dabei erfolgt der Wärmetransport umso schneller, je größer der *Temperaturunterschied* ist.

Dies ist vorteilhaft, wenn es um gewünschten Wärmetransport geht, wie in einer Heizungsanlage. Es hat aber den Nachteil, dass geheizte Räume oder Körper immer Wärme an die kältere Umgebung abgeben und ohne ständiges Heizen auskühlen.

WÄRMEDÄMMUNG · Vögel müssen ständig verhindern, dass sie auskühlen. Dafür sorgt vor allem ihr Gefieder. Es führt dazu, dass kein Luftzug direkt über ihre Haut streichen kann, die Wärmemitführung also weitgehend verhindert wird.

Im Winter plustern sich viele Vögel zusätzlich stark auf. Sie lagern Luft in ihr Gefieder ein. Auf diese Weise wird die Wärmeleitung durch das Gefieder stark reduziert. Eine winterliche Fettschicht unter dem Gefieder verringert zudem die Wärmeleitung durch die Haut. Damit gibt der Vogel auch weniger Wärme über Wärmestrahlung an seine Umgebung ab.

Das Verhindern von Wärmetransport bezeichnet man als **Wärmedämmung**. Entsprechend nutzt man zur Wärmedämmung meist Materialien, die viel Luft enthalten

06 Wärmedämmung:
A aufgeplustertes Rotkehlchen,
B Wärmebild eines Hauses,
C Aufbau eines Mehrfachglasfensters

und die Wärme daher schlecht leiten. Das gilt für Dämmstoffe beim Hausbau genauso wie für einen Wollpullover. Außerdem verhindern die genutzten Materialien häufig die Ausbildung von Luftströmungen und werfen die Wärmestrahlung zurück.

WÄRMEDÄMMUNG BEIM HAUS · Ein geheiztes Haus kann viel Energie an die Umgebung abgeben. Dies lässt sich mit einer Wärmebildkamera sichtbar machen. Bereiche, die im Wärmebild rötlich erscheinen, geben besonders viel Energie ab. Sie sind schlecht gedämmt und es wird unnötig viel Energie zum Heizen benötigt.

Zur Vermeidung solcher Wärmeabgaben verkleidet man die Außenseite eines Hauses mit Dämmstoffplatten. Die beste Wärmedämmung hilft aber wenig, wenn sie Lücken hat. Bei Häusern nennt man solche Lücken in der Wärmedämmung auch Wärmebrücken.

Auch durch das Glas von Fenstern kann viel Wärme entweichen. Um die Wärmeleitung zu reduzieren, nutzt man Fenster mit Mehrfachverglasung. Zwischen ihren Scheiben befindet sich ein Gas, das die Wärme nur sehr schlecht leitet.

2 Erkläre, warum es sinnvoll ist, im Winter die Rollläden am Fenster nachts zu schließen. 🔲

A

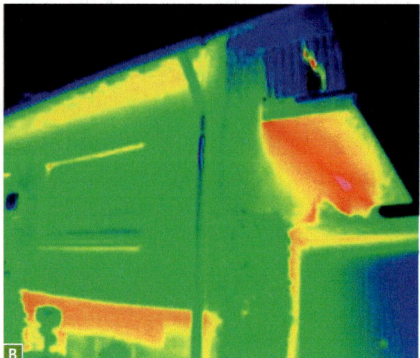

B

Glasscheiben

Luft- oder Gasfüllung

Wärmestrahlung, reflektierende Schicht

C

Vom Niedrig- zum Plusenergiehaus

01 Ein Passivhaus braucht fast keine Energie zum Heizen.

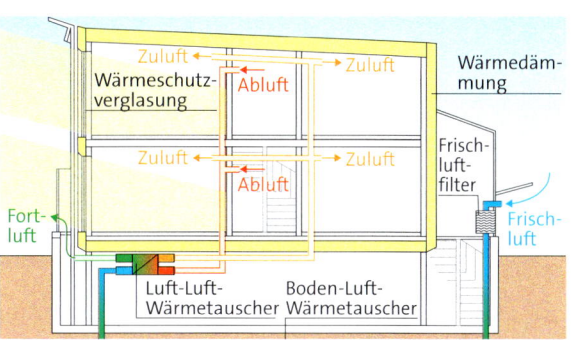

02 Prinzip eines Passivhauses

Ein durchschnittlicher Haushalt benötigt fast drei Viertel der jährlich bezogenen Energie zum Heizen. Da hierzu hauptsächlich Erdöl oder Erdgas eingesetzt wird, hat die Gebäudeheizung einen erheblichen Anteil am Ausstoß von klimaschädlichem Kohlenstoffdioxid. Einen Lösungsansatz bietet ein Niedrigenergiehaus. Dieses besitzt eine gute Wärmedämmung und benötigt daher nur sehr wenig Heizöl bzw. Erdgas.

Noch weniger Energie benötigen Passivhäuser. Bei ihnen reicht die Energieabgabe durch Bewohner und Elektrogeräte sowie die Energieaufnahme durch Sonneneinstrahlung in der Regel aus, um das Haus warm zu halten. Nur an sehr kalten Tagen muss eventuell zusätzlich geheizt werden.
Entsprechend sind Passivhäuser so konstruiert, dass sie viel Energie von der Sonne aufnehmen und wenig Energie nach außen abgeben. Dabei wird auch durch ihre dreifach verglasten Fenster relativ viel Energie transportiert. Aus diesem Grund haben Passivhäuser auf der Südseite viele große Fenster, durch die viel Energie mit dem Sonnenlicht in das Haus gelangt. Jalousien verhindern bei Bedarf, dass die Räume zu warm werden. Nach Norden hin kann durch die Fenster dagegen nur Energie nach außen abgegeben werden. Um diese Abgabe möglichst gering zu halten, werden hier nur wenige kleine Fenster eingebaut.

Außerdem hat ein Passivhaus eine kontrollierte Be- und Entlüftung. Die warme Abluft wird dabei in einem Wärmetauscher genutzt, um die kalte Frischluft zu erwärmen, bevor sie in die Wohnräume gelangt.

Die Weiterentwicklung des Passivhauses ist das Plusenergiehaus. Es ist zusätzlich mit Sonnenkollektoren und Solarzellen ausgestattet. In den Sonnenkollektoren wird mithilfe der Sonnenstrahlen Warmwasser für die Heizung und die Dusche erzeugt. Die Solarzellen wandeln Lichtenergie in elektrische Energie um und werden so zur Stromerzeugung genutzt. Plusenergiehäuser beziehen im jährlichen Durchschnitt mehr Energie aus der Umwelt, als sie benötigen, und speisen den Überschuss in das Stromnetz ein.

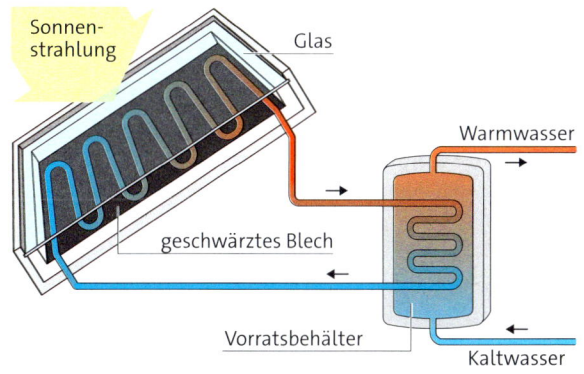

03 Aufbau eines Sonnenkollektors

VERSUCH A ▸ Wärmetransport

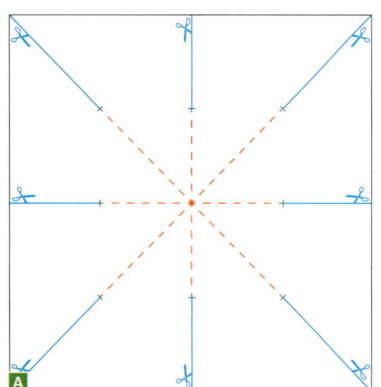

Material:
Alufolie (ungefähr DIN A4), Papier (etwa 8 cm x 8 cm), Schere, Bleistift, Becher, Suppen- und Kochlöffel, Trinkhalm, heißes Wasser

A1 Beschreibe zu den nachfolgenden Versuchen jeweils deine Beobachtungen. ☐

A2 Falte die Alufolie zweimal nacheinander in der Mitte und streiche sie glatt. Halte sie dann für etwa 2 min leicht gebogen in etwa 5 cm Abstand vor dein Ohr. ☐

A3 Fülle das Wasser in den Becher und stelle die Löffel sowie den Trinkhalm hinein. Fasse sie nach etwa 2 min am oberen Ende an. ☐

A4 Falte das Papier wie im Bild und schneide alle Faltlinien mehr als zur Hälfte ein. Falte an jeder Schnittkante die rechte Ecke nach unten, sodass eine Art Windrad entsteht. Halte es auf der Bleistiftspitze über deiner Hand und warte. ☐

A5 Gib jeweils an, welche Art von Wärmetransport entscheidend ist, und erkläre deine Beobachtungen. ✎

VERSUCH B ▸ Sonnendusche

Material:
Kanister oder Karton, durchsichtige Folie, schwarzes Tonpapier, Schlauch, Klebeband, Schere, Wasser

B1 Das Bild zeigt vereinfacht den Aufbau eines Solarkollektors. Erkläre die Aufgaben der dargestellten Bauteile. Gehe dabei auf die Arten des Wärmetransports ein. ✎

B2 Baue eine Sonnendusche, in der mindestens 0,5 ℓ Wasser erwärmt werden. Berücksichtige dabei deine Erklärungen aus B1. Du darfst gerne einen Duschkopf und eine Aufhängung ergänzen. ■

B3 Dokumentiere dein Vorgehen nachvollziehbar. ✎

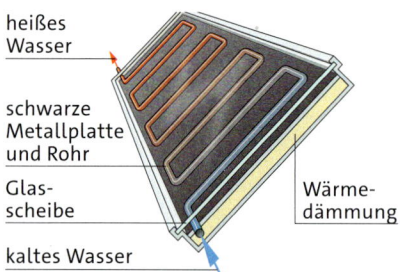

heißes Wasser

schwarze Metallplatte und Rohr

Glasscheibe

kaltes Wasser

Wärmedämmung

VERSUCH C ▸ Wärmedämmung

Material:
2 Marmeladengläser, Thermometer, verschiedene Verpackungsmaterialien, Klebefilm, warmes Wasser (etwa 50 °C)

C1 Isoliere eines der beiden Gläser mit ausgewählten Verpackungsmaterialien. ☐

C2 Fülle das Wasser in die Gläser und bestimme die Temperatur mehrfach über einen Zeitraum von etwa 15 min. ☐

C3 Beschreibe und erkläre die unterschiedlichen Temperaturverläufe. ✎

C4 Bewerte die Aussage „Wolle macht warm". ■

Material D ▸ Teebeutel-Rakete

Tom baut eine Teebeutel-Rakete: Er leert den Tee aus einem Teebeutel. Den Beutel faltet er auf und stellt ihn wie eine Röhre auf eine feuerfeste Unterlage. Dann

zündet er die Röhre oben an. Kurz bevor der Beutel ganz abbrennt, hebt er ab.

Hinweis: *Wenn du es selbst ausprobierst, nur unter Aufsicht.*

D1 Erkläre die Bedeutung der Wärmeströmung für den Start der „Rakete".

D2 Tom möchte die Rakete auf einem Fest vorführen und dazu eine lustige Geschichte erzählen. Schreibe einen Text, der mit dem Auspacken des Teebeutels beginnt und am Ende auch eine Erklärung liefert.

Material E ▸ Pinguine haben kalte Füße

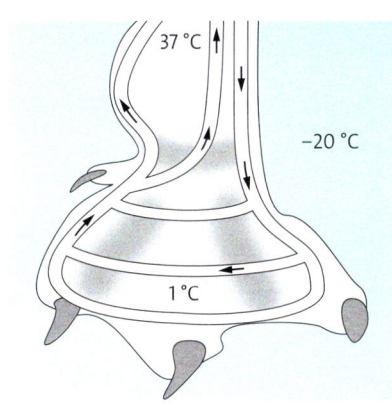

Pinguine haben an den Füßen weder eine Fettschicht noch Federn. Sie geben aber dank ihrer kalten Füße kaum Wärme an den Boden ab. In ihren Beinen fließt das Blut durch Arterien zu den Füßen. Ganz dicht an den Arterien liegen Venen, die das Blut in die entgegengesetzte Richtung transportieren. Zwischen den Arterien und Venen tritt Wärmeleitung auf.

E1 Begründe, warum durch kalte Füße weniger Wärme abgegeben wird als durch warme.

E2 Übertrage die Zeichnung in dein Heft. Beschrifte die Arterie und die Venen und stelle die Temperaturverläufe farbig dar. Nutze Rot für warmes, Blau für kaltes Blut, Farbübergänge für mittlere Temperaturen. Begründe deine Lösung.

Material F ▸ Golfstrom

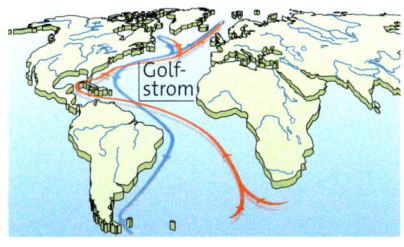

Durch den Golfstrom hat Europa ein mildes Klima verglichen mit anderen Gebieten derselben geografischen Breite. So beträgt die mittlere Tagestemperatur im Januar in New

York 3 °C und in Neapel 11 °C. Einer der Antriebe des Golfstroms liegt im Nordatlantik. Dort ankommendes warmes und salzreiches Oberflächenwasser kühlt rasch ab. Es sinkt in tiefere Schichten. Weiteres Oberflächenwasser strömt nach.

Durch die globale Erwärmung und das Abschmelzen des arktischen Eises erwärmt sich das Wasser des Nordatlantiks und sein Salzgehalt sinkt. Dadurch verlangsamt sich der

Golfstrom. Sollte er zum Erliegen kommen, würde es in Europa kälter.

F1 Den Golfstrom kann man als „Heizung Europas" bezeichnen. Begründe diese Aussage.

F2 Gib begründet an, welche Formen des Wärmetransports hier von Bedeutung sind.

F3 Erläutere, warum der Golfstrom langsamer wird, wenn die Erde sich weiter erwärmt.

01 Rapsfeld

Bau und Aufgaben von Wurzel, Sprossachse und Laubblatt

Schon aus der Ferne sind Rapsfelder an den leuchtend gelben Blüte zu erkennen. Aus den Blüten entwickelt sich im Laufe des Sommers der Samen. Der Raps ist eine Samenpflanze. Zieht man eine Pflanze vorsichtig aus dem Boden, erkennt man, dass sie aus oberirdischen und unterirdischen Pflanzenteilen aufgebaut ist. Wie heißen diese Pflanzenteile und welche Aufgaben haben sie?

WURZEL · Pflanzen sind mit ihren Wurzeln fest im Boden verankert. Sie können tief in die Erde reichen oder sich flach ausbreiten. Wurzeln dienen aber auch der Aufnahme von Mineralsalzen. An der Wurzel befindet sich ein Filz aus vielen feinen Härchen. Diese *Wurzelhaare* vergrößern die Oberfläche der Wurzel und erleichtern so die Aufnahme des Wassers und der Mineralsalze.

Wurzeln wachsen an den Spitzen ständig weiter in den Boden. Die Wurzeln mancher Samenpflanzen sind zu Speicherorganen umgebildet und besonders dick, zum Beispiel die Wurzel der Karotte.

SPROSSACHSE · Die Sprossachse ist ein oberirdisches Pflanzenorgan. Sie hebt die Laubblätter und Blüten zum Licht und gibt der Pflanze Gestalt und Festigkeit. Die Sprossachsen von Bäumen und Sträuchern sind verholzt und damit besonders stabil. Man bezeichnet sie als *Stamm*.
Andere Samenpflanzen haben weiche, krautige Sprossachsen. Solche Pflanzen heißen Kräuter. Zu den Kräutern gehören auch die Gräser. Ihre Sprossachse, der Halm, ist hohl. In den Leitungsbahnen der Sprossachse werden Wasser und Mineralsalze von den Wurzeln weiter in die Laubblätter transpor-

tiert. Nährstoffe, die in den Laubblättern gebildet wurden, leitet die Sprossachse weiter in die Wurzeln oder Blüten.

LAUBBLATT · Betrachtet man die Oberfläche eines Laubblatts genauer, lassen sich die *Blattadern* erkennen. Diese Leitungsbahnen verteilen das Wasser und die Mineralsalze innerhalb des gesamten Laubblatts. Die Laubblätter nehmen aus der Luft außerdem Kohlenstoffdioxid auf. Mithilfe des Sonnenlichts werden aus Wasser und Kohlenstoffdioxid der energiereiche Nährstoff *Traubenzucker* und Sauerstoff hergestellt. Dieser wichtige Vorgang findet in allen grünen Pflanzen statt. Er heißt **Fotosynthese**. Die durch Fotosynthese entstandenen Nährstoffe benötigen alle Lebewesen für ihr Wachstum und ihre Entwicklung.

BLÜTEN · Alle Samenpflanzen bilden Blüten, die der Fortpflanzung und Vermehrung dienen. Die Blüten sitzen meist an der Spitze der Sprossachse und bestehen aus unterschiedlich aufgebauten und gefärbten Blättern. Aus den Blüten bilden sich später die Früchte mit den Samen. Die Pflanzenarten kann man meist an Form und Farbe ihrer Blüten unterscheiden.

1 ⌡ Nenne die Aufgaben der Wurzel einer Samenpflanze. ☐

2 ⌡ Beschreibe den Bau der Sprossachsen von Raps, Rosskastanie, Knallerbsenstrauch und Hafer. ◨

3 ⌡ Beschreibe den Weg des Wassers in der Samenpflanze. ☐

4 ⌡ Erkläre, warum die Fotosynthese für alle Lebewesen lebenswichtig ist. ◨

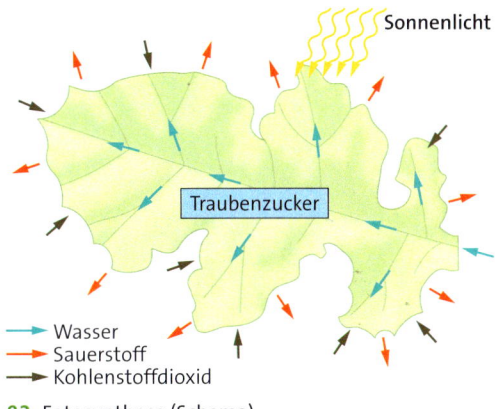

Wasser
Sauerstoff
Kohlenstoffdioxid

02 Fotosynthese (Schema)

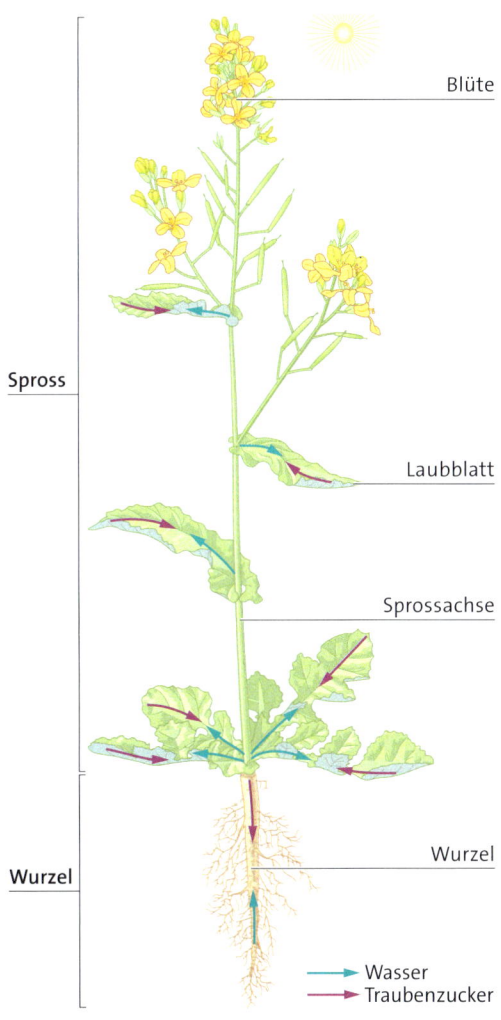

Wasser
Traubenzucker

03 Stofftransport in der Pflanze

04 Efeu

05 Kaktus

06 Sonnentau

ABGEWANDELTE GRUNDORGANE · Der **Efeu** ist eine häufige Kletterpflanze unserer Wälder und Gärten. Die *Wurzeln* des Efeus sind nicht nur am Grund der Sprossachse im Boden zu finden. Ein Teil seiner Wurzeln wächst an vielen Stellen des kletternden Sprosses. Diese Wurzeln werden *Haftwurzeln* genannt. Mit ihnen kann sich der Efeu an Bäumen und sogar an Hausfassaden verankern. So wächst der Efeu in die Höhe und kann auch im Wald ausreichend Sonnenlicht bekommen.

Der *Spross* kann ebenfalls umgebildet sein. In den trockenen Gebieten Amerikas wachsen **Kakteen.** Die Sprossachse eines Kaktus ist sehr dick und fleischig. Im Inneren dieses Sprosses kann der Kaktus große Mengen Wasser speichern. So übersteht er lange Trockenperioden in der Wüste und auch im Blumenfenster.

Beim nur wenige Zentimeter großen **Sonnentau,** der in Mooren wächst, sind die *Laubblätter* umgebildet. Auf den Blättern befinden sich auffällig rot gefärbte Haare mit glänzenden Flüssigkeitstropfen an der Spitze. Wird ein Insekt angelockt und setzt sich auf die Haare, bleibt es an der klebrigen Flüssigkeit hängen. Der Sonnentau krümmt langsam sein Blatt um das Opfer und beginnt, es mithilfe der Flüssigkeit zu verdauen. Der Sonnentau ist eine *fleischfressende Pflanze.* Sie nutzt tierische Nahrung als zusätzliche Mineralstoffquelle.

Abwandlungen der Grundorgane sind *Angepasstheiten* der Pflanzen an ihren Lebensraum und ihre Lebensweise.

5 Erläutere mithilfe eines Beispiels aus dem Text Angepasstheiten von Pflanzen an ihren Lebensraum. ⬭

Material A ▸ Grundorgane als Nahrungsmittel

A1 Nenne und beschreibe die pflanzlichen Grundorgane, aus denen die abgebildeten Nahrungsmittel bestehen. 🖊

A2 Erstelle eine Tabelle, in der du für die drei Grundorgane je eine Spalte anlegst. Trage die Nahrungsmittel in die dazu passende Spalte ein. 🖊

A3 Füge deiner Tabelle folgende Nahrungsmittel hinzu und ordne sie in die passende Spalte ein: Lauch, Rotkohl, Kohlrabi, Radieschen, Rettich und Spinat. 🖊

Material B ▸ Grundorgane können unterschiedlich aussehen

Einzelblüte

Laubblatt

Beim *Hahnenfuß* findet man die gleichen Grundorgane wie beim Raps. Aber auch Laubbäume wie die *Rosskastanie* gehören zu den Samenpflanzen und sind deshalb aus den gleichen Grundorganen aufgebaut.

B1 Benenne die einzelnen Pflanzenteile beim Hahnenfuß und bei der Rosskastanie. 🖊

B2 Vergleiche die Grundorgane des Hahnenfußes und der Rosskastanie. Beschreibe Gemeinsamkeiten und Unterschiede. 🖊

01 Blühende Kirschbäume

Die Kirsche – Aufbau einer Blüte

Im Frühling, noch bevor die ersten Laubblätter erscheinen, brechen die Knospen des Kirschbaums auf. Seine vorher kahlen Zweige sind dann ganz mit weißen Blüten bedeckt. Wie ist eine Kirschblüte aufgebaut?

BAU DER BLÜTE · Den auffälligsten Teil der Kirschblüte bilden die weißen und zarten Blütenblätter, die **Kronblätter.** Unter ihnen sitzen kleinere grüne Blätter, die **Kelchblätter.** Ihr kräftiger Bau weist darauf hin, dass sie die Blüte schützend umhüllt haben. Nach dem Aufblühen biegen sie sich zum Blütenstiel hin. Im Inneren der Blüte sieht man bis zu 30 dünne, fadenartige Gebilde, die **Staubblätter.**

02 Kirschblüte: **A** Aufsicht, **B** Legebild mit 20 Staubblättern, **C** Blütendiagramm mit 30 Staubblättern

Die kleinen gelben Köpfe der Staubblätter heißen *Staubbeutel* oder *Staubgefäße* und ihre langen, dünnen Stiele *Staubfäden.* Aus der Mitte der Blüte ragt ein Gebilde heraus, das wie eine winzige Flasche aussieht. Die Verdickung unten, der Flaschenbauch, ist der *Fruchtknoten.* Den schlanken Flaschenhals nennt man *Griffel.* Sein Ende, das sich oben zu einer kleinen Fläche verbreitert, ist die *Narbe.* Das gesamte Gebilde aus Fruchtknoten, Griffel und Narbe nennt man *Stempel.* Der Stempel der Kirschblüte besteht aus fünf miteinander verwachsenen **Fruchtblättern.** Die Blüte setzt sich also aus verschiedenen umgewandelten Blättern zusammen: Kelchblätter, Kronblätter, Staubblätter und Fruchtblätter. Bei genauer Betrachtung unter der Lupe erkennt man, dass alle Teile der Kirschblüte kreisförmig angeordnet sind. Wenn man die Blüte vereinfacht in der Ansicht von oben zeichnet, erhält man einen Blütengrundriss oder ein **Blütendiagramm.** Darin werden die einzelnen Blütenteile durch unterschiedliche Farben gekennzeichnet.

Die Bestandteile der Kirschblüte findet man in der Regel auch bei den übrigen Samenpflanzen, allerdings in anderer Form, Farbe oder Anzahl. Zum Beispiel bestehen die Blüten des Wiesenschaumkrauts aus nur vier Kelchblättern und nur vier blassvioletten Kronblättern. Im Inneren der Blüte stehen hier vier lange und zwei kurze Staubblätter, und der Stempel besteht aus nur zwei Fruchtblättern.

1) Vergleiche die Blüten der Kirsche und des Wiesenschaumkrauts miteinander. Lege dazu in deiner Mappe eine Tabelle an. Berücksichtige dabei die Anzahl der Kron- und Staubblätter und die Form des Fruchtknotens. 🍃

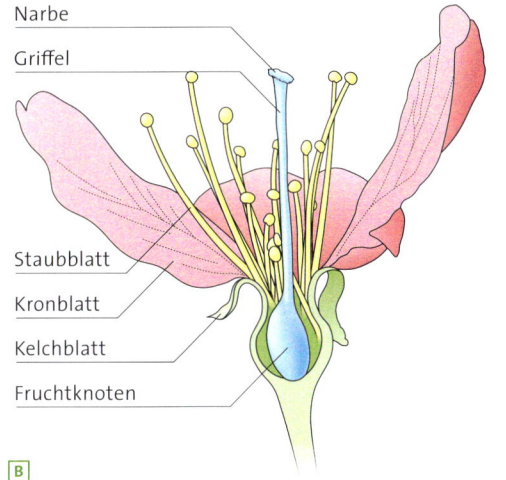

Narbe

Griffel

Staubblatt

Kronblatt

Kelchblatt

Fruchtknoten

03 Kirschblüte:
A Längsschnitt,
B Schema

04 Wiesenschaumkraut: **A** Aufsicht, **B** Längsschnitt

Bestimmen von Pflanzenfamilien mit einem Bestimmungsschlüssel

mindestens 5 Kronblätter und mindestens 5 gleich lange Staubblätter

4 Kronblätter, 4 Kelchblätter, 4 lange und 2 kurze Staubblätter

Andere Blütenform

5 Kronblätter (selten mehr), mehr als 20 Staubblätter, Kelch am Grund nicht verwachsen

5 Kronblätter (selten mehr), 10–20 Staubblätter, Kelchblätter am Grund verwachsen

Kreuzblütler (z. B. Raps)

Hahnenfußgewächse (z. B. Scharbockskraut)

Rosengewächse (z. B. Brombeere)

Viele Blüten bilden einen Blütenstand.

Blüten wirken zusammengedrückt.

Andere Blütenform

Einzelblüten mit meist weißen Kronblättern, Einzelblüten in Dolden

Blütenstand mit Röhren- und Zungenblüten

vierteilige Blüte, 10 Staubblätter, 5 meist verwachsene Kronblätter

Blüten- und Kelchblätter verwachsen, 2 lange und 2 kurze Staubblätter

Doldenblütler (z. B. Wiesenkerbel)

Korbblütler (z. B. Sonnenblume)

Schmetterlingsblütler (z. B. Gartenerbse)

Lippenblütler (z. B. Wiesensalbei)

In Deutschland gibt es mehr als 2500 Arten von Samenpflanzen. Wissenschaftler ordnen Arten, die sich in wichtigen Baumerkmalen gleichen, in Gruppen. Diese werden als Pflanzenfamilien bezeichnet. In Deutschland unterscheidet man ungefähr 130 Pflanzenfamilien. Mit dem abgebildeten Bestimmungsschlüssel kann man sieben Pflanzenfamilien unterscheiden.

Bei einem Bestimmungsschlüssel geht man nach einem schrittweisen Prinzip vor. Pro Schritt betrachtet man ein **Merkmal** wie die Anzahl der Kronblätter. Dabei werden zwei oder auch mehrere **Ausprägungen des Merkmals** genannt. Man entscheidet sich bei der Pflanze, die man bestimmen möchte, für eine Möglichkeit. Dann folgt der nächste Entscheidungsschritt und damit auch das nächste Merkmal.

Mithilfe von Apps und einem Smartphone oder Tablet lassen sich Blütenpflanzen direkt am Standort bestimmen. Die Apps sind nach dem gleichen Prinzip aufgebaut wie der Bestimmungsschlüssel in der Grafik. Bei den meisten Apps muss man zusätzlich ein oder mehrere Fotos zum Beispiel von der Blüte aufnehmen sowie verschiedene Umgebungsdaten wie Standort oder Jahreszeit eingeben.

1 ﹚ Nenne die Merkmalsausprägungen, an denen man die Familie der Lippenblütler erkennen kann. ☐

2 ﹚ Erstelle eine Liste der Entscheidungen, die du treffen musst, um zur Familie der Lippenblütler zu kommen. ◗

Material A ▸ Blütenformen

Raps

Hahnenfuß

Bärlauch

A   B   C

A1 Benenne die vier farblich unterschiedlich gekennzeichneten Blütenteile in den Blütendiagrammen. ☐

A2 Ordne die abgebildeten Blüten den Blütendiagrammen zu. Beachte, dass bei einer Blüte Kelch- und Kronblätter die gleiche Farbe haben. Begründe deine Zuordnungen. ☐

VERSUCH B ▸ Untersuchung einer Tulpenblüte

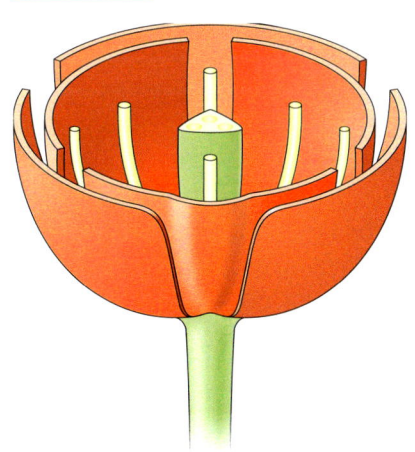

Material:
Tulpenblüte, grobe Schere, Lupe, Stereolupe, Bleistift, Holzfarbstifte

Durchführung:
Halte die Tulpenblüte mit einer Hand an der Sprossachse kurz unter der Blüte fest. Schneide mit der groben Schere alle Teile der Blüte quer durch, sodass noch etwa ein Viertel stehen bleibt. Bewahre die abgeschnittenen Teile der Blüte auf.

B1 Zeichne ein Blütendiagramm der Tulpe in deine Biologiemappe. Ziehe zunächst mit dem Zirkel Hilfslinien. ◧

B2 Vergleiche den Bau der Tulpenblüte mit dem einer Kirschblüte. Lege dazu in deiner Mappe eine Tabelle an. Trage in die Tabelle die Farbe und die Anzahl der einzelnen Blütenteile ein. ◧

B3 Betrachte den Querschnitt des Stempels mit der Lupe. Zeichne das Bild mit einem Bleistift in deine Biologiemappe. ◧

B4 Beschreibe den Bau der Narbe und eines Staubbeutels. Nimm dazu die Stereolupe zu Hilfe. ◧

B5 Botaniker bezeichnen Blüten wie die der Tulpe als dreizählig, weil im Blütendiagramm in jedem Kreis nur drei Blütenteile stehen. Gib die entsprechende Bezeichnung für die Blüte des Rapses und der Kirsche an. ◧

01 Honigbiene an einem blühenden Kirschzweig

Bestäubung, Früchte und Samen

Die Kirschbäume blühen nur für kurze Zeit. Bei schönem Wetter kann man unter ihnen das Summen vieler Bienen hören. Bald darauf entwickeln sich Kirschen. Weshalb besuchen Bienen den Baum und wo kommen die Kirschen her?

INSEKTENBESTÄUBUNG · Die auffälligen Kronblätter und der Duft der Kirschblüten locken die Bienen an. Am Grund der Blüten scheiden Drüsen einen stark zuckerhaltigen Saft ab, den Nektar. Zucker ist ein Nährstoff, aus dem die Tiere sehr viel Energie erhalten können. Auch die Staubblätter dienen als Futterquelle. Ihre Staubbeutel bilden große Mengen von sehr kleinen Kügelchen, den Pollenkörnern, die viel Eiweiß enthalten. Pollenkörner sind so zahlreich und winzig, dass man auch vom Blütenstaub spricht. Die Bienen tragen den Blütenstaub, den Pollen, in den Bienenstock und verfüttern ihn dort an ihre Larven.

Wenn eine Honigbiene versucht, an den Nektar zu gelangen, drückt sie die Staubblätter in der Blüte zur Seite. Dabei streift sie an den Staubbeuteln entlang und pudert sich so mit Blütenstaub ein. Beim Besuch der nächsten Blüte bleiben einige Pollenkörner auf deren klebriger Narbe haften. Die Übertragung des Pollens von einer Blüte auf eine andere nennt man Bestäubung. Pflanzen, die ihren Blütenstaub von Insekten transportieren lassen, bezeichnet man als Insektenblüter. Insektenblütige Pflanzen haben in der Regel auffällige, große Blüten, die häufig Nektar absondern und duften, um Insekten anzulocken.

POLLENSCHLAUCH · Nach der Bestäubung brechen die auf der Narbe liegenden Pollenkörner auf. Dann wachsen aus ihnen *Pollenschläuche* durch den Griffel in Richtung Fruchtknoten. In der Spitze dieser Pollenschläuche liegen meist zwei Samenzellen, die männlichen Geschlechtszellen der Pflanze.

BEFRUCHTUNG · Im Fruchtknoten liegt die **Eizelle,** die weibliche Geschlechtszelle. Sie ist von einer Hülle umgeben, der **Samenanlage.** Wenn ein Pollenschlauch die Samenanlage erreicht, öffnet sich seine Spitze und entlässt die Samenzellen. Eine verschmilzt daraufhin mit der Eizelle. Sobald sich beide vereinigt haben, ist die **Befruchtung** vollzogen. Die *befruchtete Eizelle* entwickelt sich zu einem Pflanzenembryo, den *Keimling*. Die andere Samenzelle verschmilzt mit einer weiteren Zelle der Samenanlage. Diese Zelle wird Nährgewebe für den Keimling bilden. Nach der Befruchtung bildet sich der **Samen.** In unserem Beispiel ist es der Samen einer Kirsche.

FRUCHTBILDUNG · Nach der Befruchtung nimmt der Fruchtknoten der Kirschblüte viel Wasser auf und lagert Zucker ein. Der äußere Bereich der Fruchtknotenwand wird zur Fruchtschale, der mittlere Teil zum süßen Fruchtfleisch und der innere zum steinharten Kirschkern. Dieser legt sich schützend um den Samen. Das süße Fruchtfleisch der Kirsche lockt Tiere zur Verbreitung der Samen an.

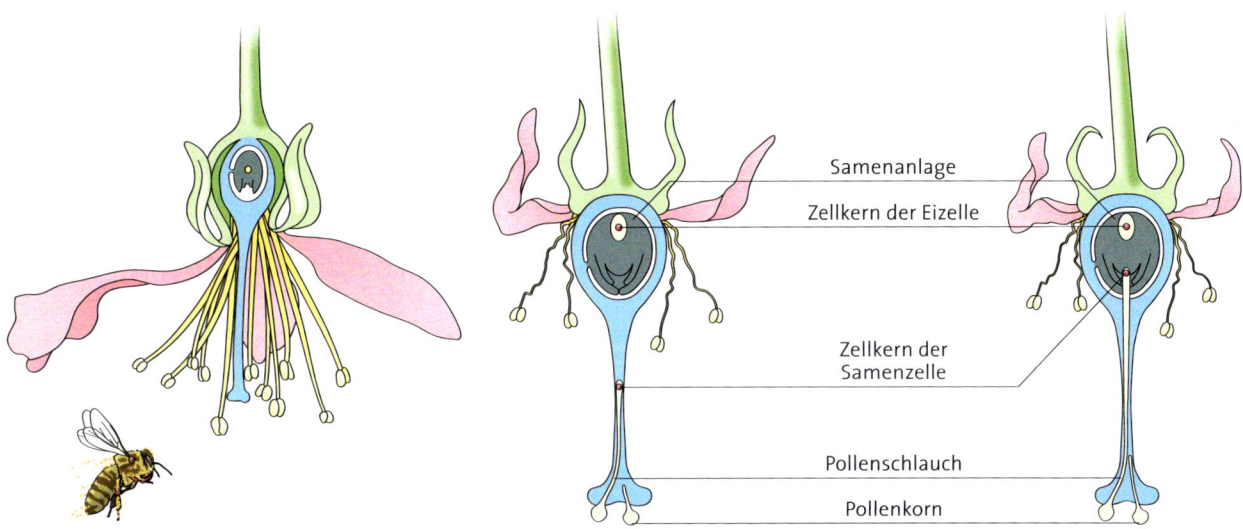

02 Bestäubung

03 Auswachsen des Pollenschlauchs

Samenanlage

Zellkern der Eizelle

Zellkern der Samenzelle

Pollenschlauch

Pollenkorn

04 Befruchtung

Samenanlage

befruchtete Eizelle

05 Eine Kirsche reift heran.

äußere Fruchtschale

Fruchtfleisch

innere Fruchtschale (= Stein)

Samen

FRUCHTFORMEN · Wegen der steinharten Hülle, die den Samen umgibt, nennt man eine Frucht wie die Kirsche **Steinfrucht.** Wenn der gesamte Fruchtknoten saftiges Fruchtfleisch bildet, das die Samen einhüllt, spricht man von einer Beere. Beispiele dafür sind Stachelbeere, Tomate und Paprika.

Wenn die Fruchtknotenwand vollständig aushärtet und einen Samen umgibt, entsteht eine **Nuss,** wie bei der Haselnuss oder den Nüsschen der Erdbeere.

VERBREITUNGSPROBLEME · Die Pollen und Samen der Pflanzen können von allein keine größeren Strecken überwinden. Bestäuben Pollenkörner aber weiter entfernte Pflanzen, sind die beiden Eltern nicht so nah miteinander verwandt, wodurch die Vielfalt innerhalb der Art wachsen kann. Durch die **Insektenbestäubung** ist dies gut möglich.

Auch durch den Wind können Pollen übertragen werden. An die **Windbestäubung** sind Arten der Gräser oder die Haselnuss angepasst. Die Blüten sind klein und unscheinbar.

1 Erläutere den Unterschied zwischen Bestäubung und Befruchtung. ◖

2 Beschreibe in Stichworten die Vorgänge, die ablaufen, bis eine Haselnuss entstanden ist. ◖

3 Halbiere eine Tomate und eine Pflaume und zeichne die Schnittfläche. Beschrifte deine Zeichnung. ◖

06 Stachelbeere (Beere)

07 Haselnuss (Nuss)

08 Erdbeere (Sammelfrucht mit Nüsschen auf dem Blütenboden)

09 Haselnusszweig mit männlichen Blütenständen

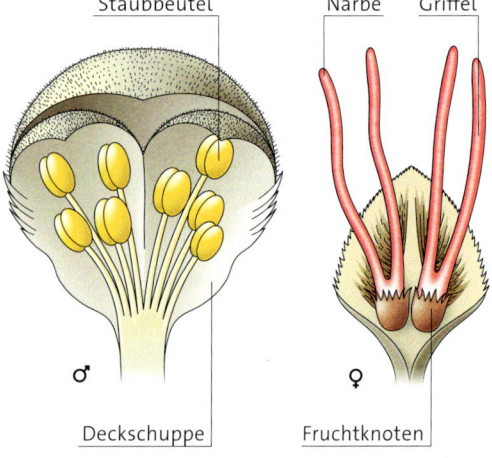

Staubbeutel · Narbe · Griffel

♂ · ♀

Deckschuppe · Fruchtknoten

10 Haselnusszweig mit weiblichem Blütenstand (oben links) und männlichen Blütenständen

Material A ▸ Angepasstheit an die Bestäubung

Wenn eine Hummel in die Blüte des Wiesensalbeis kriecht, um den Nektar zu saugen, löst sie einen besonderen Mechanismus aus.

A1 Beschreibe den Bau der Salbeiblüte. ☐

A2 Erkläre die Angepasstheit der Blüte an die Bestäubung mithilfe der beiden Abbildungen. ◣

A3 Nenne Merkmale von Blüten, die Insekten zur Bestäubung anlocken. ◼

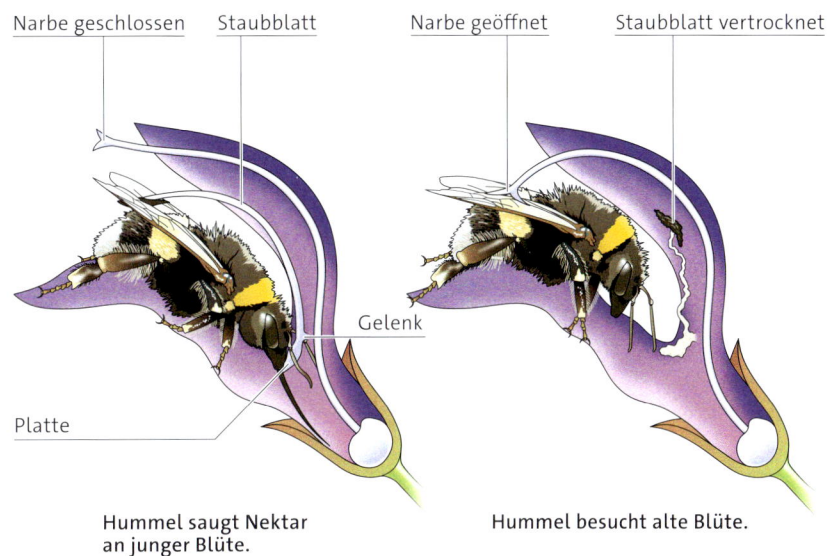

Hummel saugt Nektar an junger Blüte.

Hummel besucht alte Blüte.

Material B ▸ Fruchtformen

B1 Ordne die abgebildeten Früchte den Grafiken zu. Achte dabei nicht auf die Form der Früchte. Du kannst einer Grafik auch mehr als eine Frucht zuordnen. Eine der Grafiken passt zu keiner der abgebildeten Früchte. ◣

B2 Nenne jeweils den Namen der Früchte und ihre jeweilige Fruchtform. ◣

01 Löwenzahn-
pflanze in einer
Mauer

Vielfalt der Samenausbreitung

02 Löwenzahn-
frucht

03 Flugfrucht eines
Ahorns

Löwenzahnpflanzen gehören zu den ersten Pflanzen, die freie Flächen besiedeln. Sogar zwischen den Steinen einer neu gebauten Mauer wachsen sie. Wie ist die Löwenzahn-pflanze dorthin gelangt?

AUSBREITUNG DURCH DEN WIND · Die Früchte des Löwenzahns hängen an kleinen, aus Haaren gebildeten Fallschirmen. Sie sorgen dafür, dass die Früchte nur sehr langsam zu Boden fallen. So kann sie der Wind über weite Strecken mitnehmen. Die Früchte des Ahorns haben leichte, häutige Tragflächen, die ebenfalls die Sinkge-schwindigkeit verringern. Haare oder Trag-flächen sind typisch für solche **Flugfrüchte.**

AUSBREITUNG DURCH WASSER · Die Samen der Seerose, der Kokospalme und anderer im oder am Wasser lebender Pflanzen haben mit Luft gefüllte *Schwimmkörper*. Dadurch treiben die Samen auf dem Wasser und ent-fernen sich so von der Mutterpflanze.

AUSBREITUNG DURCH TIERE · Die reifen Beeren des Schneeballs machen mit ihrer auffälligen Farbe Tiere, vor allem Vögel, darauf aufmerksam, dass hier Früchte mit nahrhaftem Fruchtfleisch zu holen sind. Solche **Lockfrüchte** haben sehr widerstands-fähige Samen, die im Darm der Tiere nicht verdaut werden. Mit dem Kot gelangen sie meistens an Stellen, die weit entfernt von ihrer Mutterpflanze liegen.

Andere Pflanzen, zum Beispiel die Klette, haben Früchte entwickelt, die mit kleinen Widerhaken im Fell oder Gefieder von Tie-ren hängen bleiben. Diese **Klettfrüchte** wer-den so über weite Strecken verschleppt.

Eichhörnchen und einige Vögel, zum Bei-spiel der Eichelhäher, legen im Herbst meh-rere kleine Vorratslager im Boden an. Sie verstecken dort Eicheln, Haselnüsse und ähnliche Früchte. Wenn sie die Vorräte nicht benötigen oder nicht wiederfinden, wachsen im Frühling an dieser Stelle Jungpflanzen aus dem Boden.

Die Früchte der Taubnessel und der Samen der Veilchen haben ein kleines, fettreiches Anhängsel. Es heißt auch Ameisenbrot, weil Ameisen die Früchte und den Samen häufig in ihren oft weit entfernten Bau schleppen und dort fressen. Unterwegs verlieren sie zuweilen eine Frucht oder einen Samen, und bei günstigen Bedingungen kann daraus eine neue Pflanze heranwachsen.

SELBSTAUSBREITUNG · Je älter die Früchte des Springkrauts werden, desto stärker stehen sie unter Spannung. Reife Früchte platzen schon auf, wenn sie nur leicht berührt werden. Ihre Fruchtblätter rollen sich blitzartig auf und schleudern die Samen weit von sich. Solche **Schleuderfrüchte** hat auch der Besenginster.

Da Pflanzen sich nicht wie Tiere bewegen können, bilden viele von ihnen Samen, die über weite Strecken transportiert werden. Auf diese Weise besiedeln die Pflanzen neue Gebiete, der Löwenzahn sogar die mit Erde gefüllten Fugen einer Mauer. Außerdem vermeiden sie so die Konkurrenz mit den Elternpflanzen, die auftreten würde, wenn sie in nächster Nähe zu ihnen wachsen würden.

1 ⌡ Beschreibe Angepasstheiten von Samen oder Früchten, die ihrer Ausbreitung dienen. ⬜

2 ⌡ Informiere dich in Pflanzenbüchern, Lexika oder im Internet, wie Linde, Möhre, Holunder, Schöllkraut und Waldrebe ihre Früchte oder Samen verbreiten. 🍃

04 Eichelhäher mit Eichel

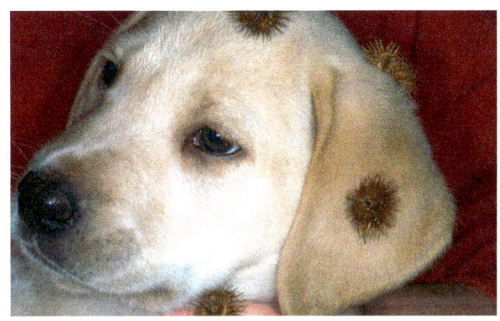

05 Früchte der Klette im Fell eines Hundes

06 Gartenameisen mit Veilchensamen

07 Früchte des Springkrauts

/// **METHODE** ///

Fotoherbarium

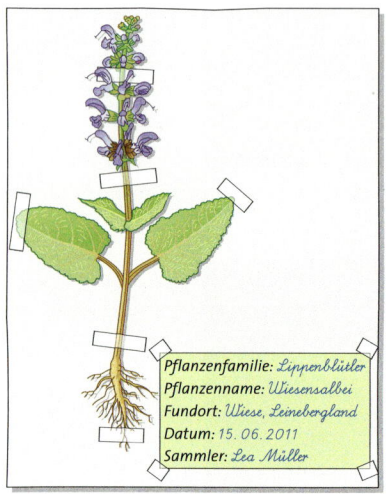

01 Gepresste Pflanze in einem Herbarium

Flugfrüchte

Bergahorn
- zerfallen in zwei Einzelfrüchte
- Vorlage für den Propellerbau

Hängebirke
- nur 1,3 mg schwer, dadurch Flugweite bis 1,6 km!

Hainbuche
- auch Versteckausbreitung durch kleine Nagetiere

02 Verschiedene Früchte mit ihren Informationen

Ein Herbarium ist ursprünglich eine Sammlung gepresster und getrockneter Pflanzen oder Pflanzenteile. Da die meisten Pflanzenteile sehr viel Wasser enthalten, verändern sie durch das Trocknen ihre ursprüngliche Form und Farbe und sind dann nicht mehr eindeutig zu bestimmen. Auch viele Früchte enthalten so viel Wasser, dass sie sich nur schwer trocknen lassen, zum Beispiel Himbeeren. Andere sind so groß und fest, dass man sie nicht pressen kann, wie Nüsse oder Kastanien. Vor dem Sammeln sollte die Pflanze bestimmt und geprüft werden, ob die Art unter Naturschutz steht, da man solche Pflanzen oder Teile davon nicht pflücken darf.

Manchmal ist es einfacher, die Pflanzen direkt an ihrem Standort zu fotografieren, zu zeichnen oder sogar zu filmen. Oft hat man dadurch ein besseres Ergebnis, da die Objekte im Originalzustand und in ihrer ursprünglichen Färbung abgebildet sind.

Ein digitales Fotoherbarium besteht aus einer Sammlung von Pflanzenfotos, die beschriftet und nach Gruppen sortiert sind. Wichtig ist, aussagekräftige Fotos zu machen. Man darf nicht gegen das Licht fotografieren und muss auf eine gute Ausleuchtung des Objekts achten. Sinnvoll ist, die Aufnahmen immer im selben Format zu machen. Dafür hält man die Kamera so, dass sie immer Längs- oder Querformat erzeugt. Das digitale Herbarium lässt sich im Laufe der Zeit erweitern, sodass man eine immer größere Sammlung an einheimischen Pflanzen erhält, die man selbst bestimmt hat.

Material:

Smartphone oder Digitalkamera, einfarbiges Papier, PC mit Bildbearbeitungsprogramm, Bestimmungsbuch oder Bestimmungs-App

Durchführung:

1. Sammeln: Suche für unterschiedliche Fruchtformen jeweils zwei Beispiele. Mache dazu Fotos im Gelände, die die Frucht und den Fundort zeigen. Fotografiere für die Bestimmung auch die ganze Pflanze und ihre besonderen Merkmale wie beispielsweise die Blattform und Blattstellung.

2. Bestimmen: Bestimme die Pflanze vor Ort mit einer Bestimmungs-App oder schaue nachträglich in einem Bestimmungsbuch nach.

3. Beschriften und Fotografieren: Lege die Pflanzen an einer gut beleuchteten Stelle auf weißes Papier. Notiere die Pflanzennamen und die Ausbreitungsart, den Fundort und das Funddatum sowie Wissenswertes direkt auf dem Papier oder später mit einem Bildbearbeitungsprogramm. Mache jeweils ein Foto und sammle die Bilder in einem Album oder archiviere sie als Dateien.

VERSUCH A ▸ Flugfrüchte

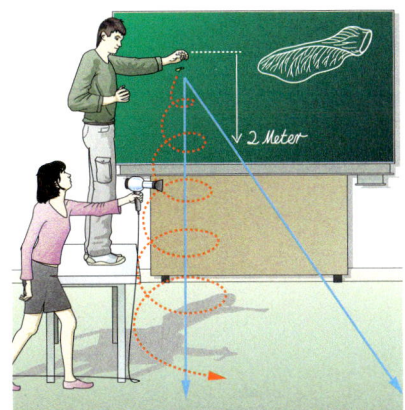

	Flugfrucht mit Flugeinrichtungen		Flugfrucht ohne Flugeinrichtungen	
	Einzelwerte	Mittelwert	Einzelwerte	Mittelwert
Flugdauer (in Zehntel-sekunden)	–	–	–	–
Flugweite (in Zenti-metern)	–	–	–	–

Material:

Samen oder Früchte von Löwenzahn, Ahorn, Linde oder von ähnlichen Flugfrüchten, Maßband, Föhn, Stoppuhr, feine Schere, Biologiemappe, Bleistift

Durchführung:

Lass die Flugfrüchte einer Pflanzenart aus mindestens zwei Metern Höhe fallen. Miss mit der Stoppuhr die Zeit, in der die Flugfrucht zu Boden fällt. Wiederhole den Versuch fünfmal.

Halte nun einen eingeschalteten Föhn seitlich der Flugstrecke. Wiederhole den Versuch fünfmal und miss jeweils, wie weit die Flugfrucht abgetrieben wird. Entferne die Flugeinrichtungen mit der Schere von der Flugfrucht und wiederhole die beiden vorangegangenen Versuche jeweils fünfmal. Trage die Ergebnisse in deine Biologiemappe ein.

A1 Übertrage die Tabelle in deine Biologiemappe und notiere dort alle Messergebnisse. ☐

A2 Berechne die Mittelwerte für die Versuche. Addiere dazu die Einzelwerte und dividiere die Summe durch die Anzahl der Werte. Notiere die Werte in der Tabelle. ◣

A3 Erstelle ein Versuchsprotokoll. Benutze die Tabelle zur Deutung. ◣

Material B ▸ Klettfrucht im Modell

B1 Nenne Gemeinsamkeiten und Unterschiede zwischen Klettfrucht und Klettverschluss. ◣

B2 Erkläre die Aussage: Der Klettverschluss ist ein Funktionsmodell für die Klettfrucht. ◣

B3 Erkläre anhand des Modells, wie Klettfrüchte verbreitet werden. ◣

01 Gartenbohnen-
pflanze

02 Samen der
Gartenbohne

Aus Samen entwickeln sich Pflanzen

Bohnensamen kann man viele Monate lang aufbewahren, ohne dass sie sich verändern. Sobald man sie aber in feuchten Boden legt, wachsen daraus neue Pflanzen heran. Wie ist das zu erklären?

BAU DES SAMENS · Wenn man die **Samenschale** entfernt, zerfällt ein Bohnensamen in zwei dicke, ovale, leicht gewölbte Hälften, die **Keimblätter.** Zwischen den Keimblättern liegt ein winziges Pflänzchen. Die Keimblätter bilden zusammen mit diesem kleinen Pflänzchen den **Embryo,** auch Keimling genannt. Das Pflänzchen besteht aus zwei Keimblättern, zwei kleinen zusammengefalteten Laubblättern, der **Keimwurzel,** und der Sprossachse, die man auch **Keimstängel** nennt.

Die Lebensprozesse in einer Pflanze oder einem Tier können nur ablaufen, wenn Wasser vorhanden ist. Ein Bohnensamen enthält nur sehr wenig Wasser. Daher ruht der Samen weitgehend und entwickelt sich nicht weiter. Er verharrt in einem Zustand der **Samenruhe.** So kann er ungünstige Bedingungen, zum Beispiel Trockenheit oder Frost, lange Zeit überstehen.

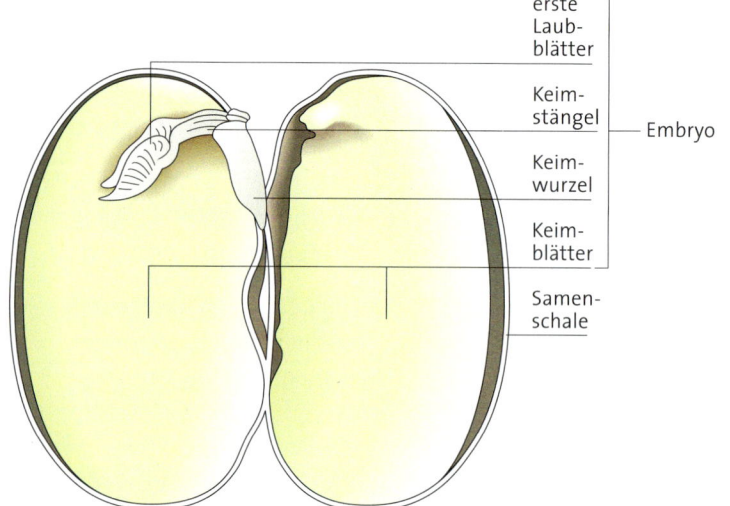

erste
Laub-
blätter

Keim-
stängel

Embryo

Keim-
wurzel

Keim-
blätter

Samen-
schale

03 Aufgeklappter Samen der Gartenbohne

QUELLUNG · Nachdem man einen Bohnensamen ausgesät hat, nimmt er im feuchten Boden viel Wasser auf. Er schwillt dadurch stark an. Diesen ersten Teil der Samenentwicklung bezeichnet man als *Quellung*.

WACHSTUM DES KEIMLINGS · Erst bei höheren Temperaturen bewirkt das aufgenommene Wasser eine Beschleunigung der Lebensprozesse des Bohnenkeimlings. Der Keimling beginnt zu wachsen. Zunächst durchbricht die größer werdende Keimwurzel die Samenschale, die durch die Quellung aufgeplatzt ist, und schiebt sich in den Boden. Dadurch kann sich der Keimling in der Erde verankern und noch mehr Wasser mit den darin gelösten Mineralstoffen aufnehmen. Bald wächst auch der Keimstängel des Bohnenkeimlings, durchbricht bogenförmig die Bodenoberfläche, zieht die Keimblätter und die ersten, noch kleinen Laubblätter nach oben und richtet sich auf.

VERSORGUNG MIT NÄHRSTOFFEN · Die Nährstoffe, die der Bohnenkeimling zum Wachstum benötigt, sind in den dicken Keimblättern gespeichert. Nachdem der Bohnensamen bei der Quellung Wasser aufgenommen hat, kann der Keimling diese Nährstoffe abbauen und als Energie- und Baustofflieferanten für das Wachstum nutzen.

Sobald die ersten Laubblätter das Tageslicht erreicht haben, werden sie grün und beginnen mit der *Fotosynthese*. Jetzt benötigt die junge Pflanze keine Nährstoffe mehr aus den Keimblättern. Sie kann sich selbstständig durch Fotosynthese in den Laubblättern ernähren. Da der Nährstoffvorrat in den Keimblättern auch weitgehend verbraucht ist, schrumpfen sie und fallen schließlich ab. Die Wachstums- und Entwicklungsvorgänge einer Pflanze von der Quellung bis zum Ergrünen der ersten Laubblätter fasst man unter dem Begriff **Keimung** zusammen. Sobald die kleine Pflanze mit der Fotosynthese beginnt, ist die Keimung beendet.

ERBINFORMATION · Die *Erbinformation* der Elternpflanzen liegt im Zellkern der befruchteten Eizelle. Er enthält die Informationen, die die Eigenschaften der neuen Pflanze weitgehend bestimmen. Diese *Erbinformation* stellt eine Art Programm dar, das dafür sorgt, dass die neu entstehende Pflanze den Elternpflanzen ähnelt. So entsteht also aus einem Bohnensamen stets eine Bohnenpflanze und nicht eine Erbsen- oder Linsenpflanze.

04 Keimung und Wachstum bei der Gartenbohne

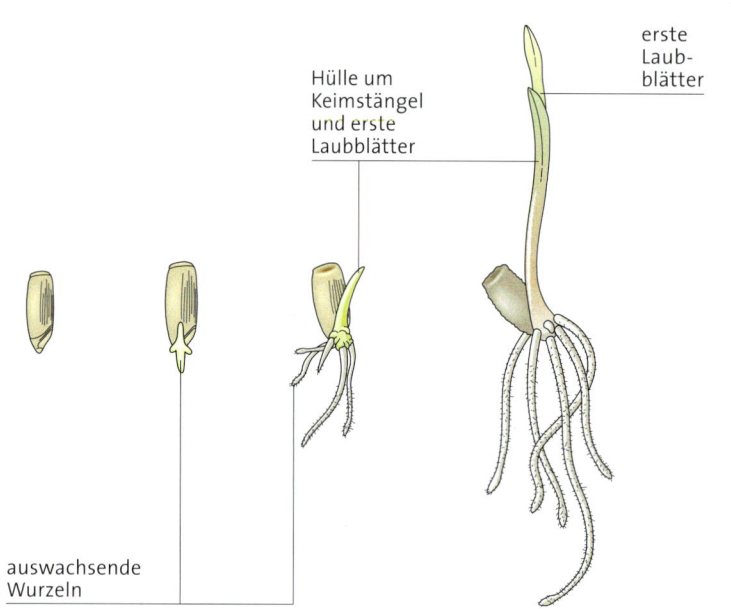

Hülle um
Keimstängel
und erste
Laubblätter

erste
Laub-
blätter

auswachsende
Wurzeln

05 Keimung eines Roggenkorns

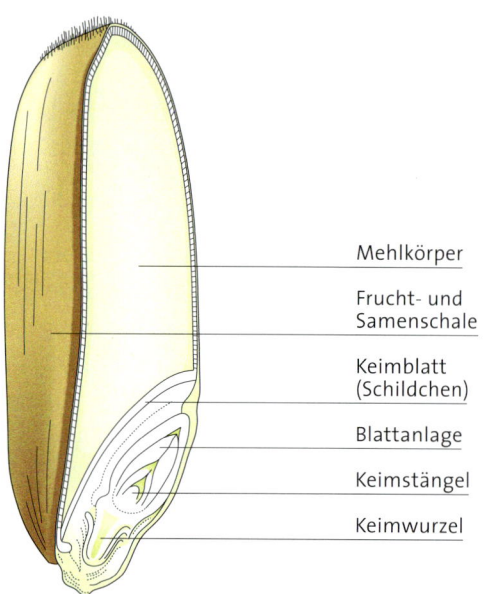

Mehlkörper

Frucht- und
Samenschale

Keimblatt
(Schildchen)

Blattanlage

Keimstängel

Keimwurzel

07 Roggenkorn im Längsschnitt

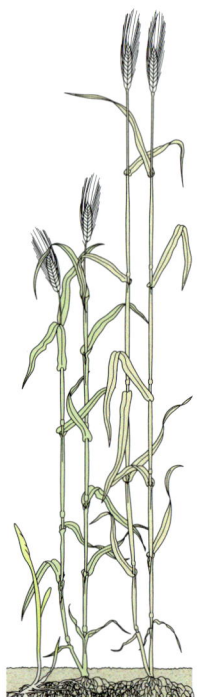

06 Wachstum der
Roggenpflanze

SAMENFORMEN · Viele Samen sind ähnlich gebaut wie die Bohne. Auch Erbsensamen, Eicheln und Kastanien zerfallen in zwei dicke, nährstoffhaltige Keimblätter, wenn man sie öffnet. Die Früchte der *Gräser* aber, zu denen auch Weizen, Roggen, Mais, Reis und andere *Getreidearten* gehören, haben nur ein einziges dünnes Keimblatt. Die für die Keimung erforderlichen Nährstoffe speichert ein Getreidekorn nicht im Keimblatt, sondern im **Mehlkörper.** Das Keimblatt dient nur dazu, die Nährstoffe aus dem großen Mehlkörper an den Keimling weiterzuleiten.

KEIMUNG EINES ROGGENKORNS · Wie der Bohnensamen keimt auch das Roggenkorn nur in einer feuchten und nicht zu kühlen Umgebung. Zu Beginn der Keimung quillt es auf und schiebt zunächst die Keimwurzel durch die aufgeplatzte Schale in den Boden. Danach wächst der *Keimstängel* mit

den Anlagen für die ersten *Laubblätter* und durchbricht die Bodenoberfläche. Stängel und Blätter sind zunächst noch von einer derben, spitzen *Schutzhülle* umgeben, die sich später öffnet.

1 Nenne die Bestandteile eines Bohnensamens. ☐

2 Beschreibe den Verlauf der Keimung des Bohnensamens in Stichworten. ☐

3 Erkläre, weshalb die Keimblätter der Gartenbohne am Ende der Keimung schlaff und runzlig aussehen. ☐

4 Vergleiche den Bau des Samens und den Verlauf der Keimung von Gartenbohne und Roggen. ■

5 Begründe, weshalb Bohnensamen oder Weizenkörner bei der Keimung „verhungern", wenn sie zu tief im Boden stecken. ◨

Material A ▸ Keimungs-bedingungen

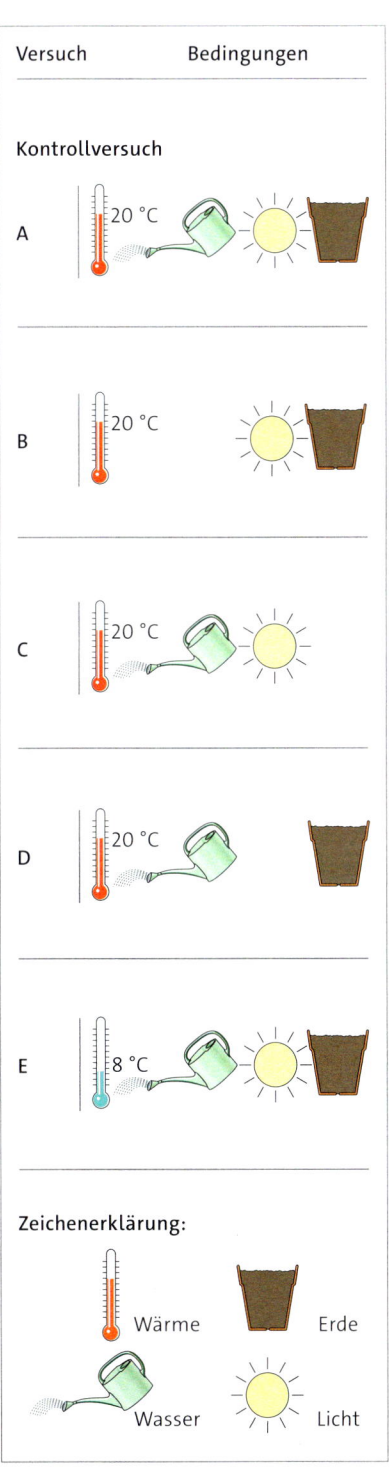

Versuch	Bedingungen
Kontrollversuch	
A	20 °C 🌡️ 🚿 ☀️ 🪴
B	20 °C ☀️ 🪴
C	20 °C 🌡️ 🚿 ☀️
D	20 °C 🚿 🪴
E	8 °C 🌡️ 🚿 ☀️ 🪴

Zeichenerklärung:

🌡️ Wärme 🪴 Erde

🚿 Wasser ☀️ Licht

Es werden fünf Keimungsversuche mit Erbsen unter verschiedenen Bedingungen durchgeführt: Pro Versuchsansatz wird ein Faktor verändert.

A1 Formuliere die passende Forscherfrage zu dem Versuch. ⬜

A2 Benenne den Faktor, der in den Versuchsansätzen jeweils verändert wird. ⬜

A3 Stelle Vermutungen an, ob die Samen jeweils keimen werden, und begründe. Überprüfe die Vermutungen, indem du die links abgebildeten Keimungsversuche A–D durchführst und auswertest. 🔖

A4 Erstelle eine Materialliste und ein Protokoll. ⬜

A5 Niko möchte den Faktor Temperatur verändern und stellt den Versuchsansatz in den Kühlschrank. Begründe, weshalb das für diesen Ansatz nicht die richtige Vorgehensweise ist. 🔖

VERSUCH B ▸ Keimungs-untergründe

Samenkeimung kann auch auf anderen Untergründen als Erde gelingen. Kressesamen keimen leicht auf feuchter Watte.

Material:

Kressesamen, Petrischalen, Wasser, verschiedene Keimuntergründe wie Watte, Sägespäne oder andere

B1 Entwickle ein Experiment, mit dem du herausfinden kannst, welche Untergründe für die Keimung geeignet sind. 🔖

B2 Ermittle, welche Eigenschaften ein Substrat, also ein Untergrund, auf dem die Samenkeimung gelingt, haben muss. 🔖

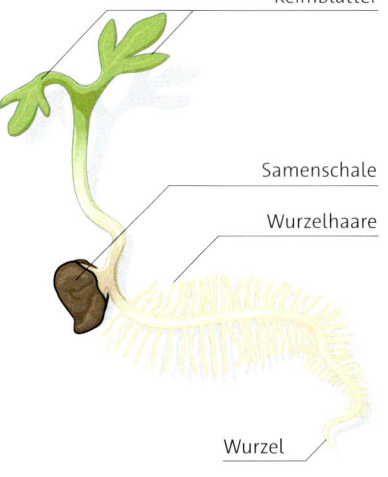

Keimblätter

Samenschale

Wurzelhaare

Wurzel

VERSUCH C ▸ Keimung in Früchten

Obwohl das Fruchtfleisch viel Wasser enthält, keimt der Samen in der Frucht nicht.

Forscherfrage: Warum keimen Samen nicht direkt in der Frucht?

Vermutung: Die Frucht enthält Stoffe, die die Samenkeimung verhindern.

Material:
5 Petrischalen, Watte, Wasser, Klarsichtfolie, Teelöffel, Glas, etwa 100 Kressesamen, Zucker, frisch gepresste Säfte aus: Äpfeln, Pflaumen, Tomaten

Versuchsaufbau und Durchführung:
Es werden Kressesamen auf befeuchteter Watte angezüchtet. Die Watte wird mit unterschiedlichen Flüssigkeiten getränkt. Man setzt vier Schalen wie folgt an:
Schale 1 wird mit Watte auslegt, die mit Wasser beträufelt wurde. Anschließend werden 20 Kressesamen gleichmäßig darauf verteilt.

Die Schalen 2–4 werden wie der erste Versuchsansatz angesetzt. Jedoch wird die Watte mit den jeweiligen frisch gewonnenen Säften getränkt statt mit Wasser.
Bei Schale 5 wird die Watte mit Zuckerwasser getränkt. Hierfür werden ein Teelöffel Zucker mit vier Teelöffeln Wasser vermischt. Spanne Klarsichtfolie über die Petrischalen. Einmal pro Tag ziehst du die Folie ab und beträufelst die einzelnen Versuchsansätze mit der jeweiligen Flüssigkeit.
Stelle die Petrischalen an einen möglichst gleich warmen Ort und achte darauf, dass alle Petrischalen gleich viel Licht bekommen.

Beobachtung und Auswertung:
Dokumentiere die Ergebnisse täglich mit einer Digital- oder Handykamera. Beschreibe die Vorgänge, die du erkennen kannst.
Lege jeweils einzelne Samen aus den Versuchsansätzen unter die Lupe und fertige eine Zeichnung an. Du kannst zusätzlich ein

Foto mit einer Handy- oder Digitalkamera unter der Stereolupe und der Lupe machen. Zeichne gekeimte, nicht gekeimte oder zum Teil gekeimte Samen und beschrifte sie.

Versuchsansatz	Flüssigkeit		Tag 1	Tag 2	Tag 3
1	Wasser	Keimung	☐ Ja ☐ Nein	☐ Ja ☐ Nein	☐ Ja ☐ Nein
2	Apfelsaft	Keimung	☐ Ja ☐ Nein	☐ Ja ☐ Nein	☐ Ja ☐ Nein
3	Pflaumensaft	Keimung	☐ Ja ☐ Nein	☐ Ja ☐ Nein	☐ Ja ☐ Nein
4	Tomatensaft	Keimung	☐ Ja ☐ Nein	☐ Ja ☐ Nein	☐ Ja ☐ Nein
5	Zuckerwasser	Keimung	☐ Ja ☐ Nein	☐ Ja ☐ Nein	☐ Ja ☐ Nein

VERSUCH D ▸ Sprengkraft von Samen

Samen gleichmäßig darauf. Fülle dann so viel Gipsmasse dazu, bis der Becher fast voll ist. Arbeite zügig, damit der Gips nicht zu schnell eintrocknet. Stelle den Becher an einen warmen und trockenen Ort. Befeuchte die Oberfläche täglich etwas mit einem Wasserzerstäuber.

D1 Fotografiere das Aussehen der Samen vor dem Versuchsbeginn und am Ende und beschreibe sie. ☐

D2 Protokolliere zweimal täglich in einer Fotodokumentation den Versuchsablauf mit Datum und Uhrzeit. ◣

D3 Erkläre die Vorgänge, die du beobachten konntest. ■

Material:

10 trockene Bohnen- oder Erbsensamen, Gips, Löffel zum Anrühren, ein größerer Kunststoffbecher und ein kleinerer Kunststoffbecher, warmes Wasser, Wasserzerstäuber

Durchführung:

Rühre den Gips im großen Becher nach der Packungsanweisung mit Wasser zu einem zähflüssigen Brei an. Gieße den kleineren Becher halb voll mit der Gipsmasse. Verteile die 10

⧸⧸⧸ METHODE ⫻⫻⫻⫻⫻⫻⫻⫻⫻⫻⫻⫻⫻⫻⫻⫻⫻⫻⫻⫻⫻⫻⫻⫻⫻⫻⫻⫻⫻⫻⫻⫻⫻⫻⫻⫻

Fotodokumentation

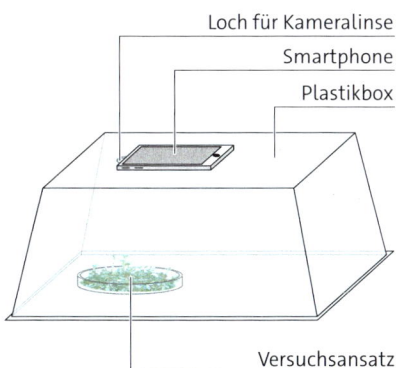

Loch für Kameralinse
Smartphone
Plastikbox

Versuchsansatz

Eine Fotodokumentation hilft, einen Vorgang über einen längeren Zeitraum genau zu beobachten. Wichtig sind Aufnahmen von guter Bildqualität. Im Nachhinein werden die Fotos beschriftet oder mit einem Computerprogramm bearbeitet.

So gehst du vor:

- *Stelle den Versuchsansatz in die Mitte und wähle den richtigen Abstand, sodass man alles gut erkennt.*
- *Fotografiere in einer möglichst neutralen Umgebung, zum Beispiel auf einem weißen Tisch.*
- *Fotografiere nie gegen das Licht.*
- *Sorge für eine gleichmäßige Ausleuchtung, zum Beispiel mit einer Schreibtischlampe.*

- *Achte darauf, dass kein Schatten auf den Versuch fällt.*
- *Entscheide, ob du eine Aufsicht oder eine Seitenansicht fotografieren möchtest.*
- *Verwende für die Aufsicht eine durchsichtige Plastikbox. Schneide ein Loch hinein, das groß genug für die Linse ist.*
- *Fotografiere in regelmäßigen Zeitabständen und immer aus der gleichen Perspektive.*

Diagramme erstellen und auswerten

01 Wachstumsbeobachtung bei einer Bohnenpflanze

Alter in Tagen	4	8	12	16
Länge der Sprossachse in Millimetern	3	11	50	80

02 Messergebnisse der Wachstumsbeobachtung in einer Tabelle

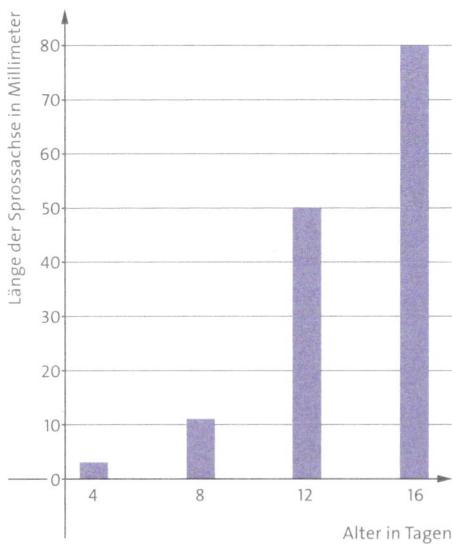

03 Messergebnisse der Wachstumsbeobachtung in einem Säulendiagramm

Viele Fragen über die Natur können nur durch Beobachtungen und Experimente sowie deren Auswertung beantwortet werden. Möchte man beispielsweise wissen, wie schnell eine Bohnenpflanze wächst, versucht man, diese Frage mithilfe einer Beobachtung zu beantworten. Dabei misst man die Länge der Sprossachse an verschiedenen Tagen und notiert die Messwerte.

TABELLE · Sollen mehrere Messwerte erfasst werden, ist es oft sinnvoll, sie in einer Tabelle darzustellen. Im Fall der Bohnenpflanze ist das Alter der Pflanze in Tagen zum Messzeitpunkt in die obere Zeile eingetragen. In die zweite Zeile wird die gemessene Länge der Sprossachse eingetragen. So sieht man deutlich, wie groß die Bohnenpflanze an einem bestimmten Tag war. Um die erfassten Messwerte noch schneller und einfacher überblicken zu können, werden sie in einem **Diagramm** zeichnerisch dargestellt.

SÄULENDIAGRAMM · Die Messwerte werden auf zwei Achsen übertragen. Auf der Hochachse, der **y-Achse,** des Diagramms wird die Länge der Sprossachse in Millimetern abgebildet. Auf der Rechtsachse, der **x-Achse,** des Diagramms wird das Alter der Pflanze in Tagen eingetragen. Markiert man die Länge der Sprossachse an einem bestimmten Tag und zeichnet einen senkrechten Balken von diesem Punkt nach unten, erhält man ein Säulendiagramm. Die Höhe der Säule entspricht also der Länge der Sprossachse an einem bestimmten Tag. In einem Säulendiagramm können einzelne Werte somit schnell verglichen werden.

LINIENDIAGRAMM · *Auch bei dieser Diagrammform muss man die verschiedenen Achsen beschriften. Auch hier zeigt die y-Achse die Längenzunahme in Millimetern, die x-Achse das Alter in Tagen. Die an den jeweiligen Tagen gemessenen Werte werden eingetragen. Verbindet man die Messpunkte durch eine Linie miteinander, erhält man ein Liniendiagramm. Aus Liniendiagrammen kann der **Verlauf** oder eine **Änderung** von Daten leicht abgelesen werden. Im Beispiel der Bohnenpflanze zeigt das Liniendiagramm den Wachstumsverlauf der Pflanze. Je mehr Messpunkte man hat, desto genauer kann ein Verlauf aus dem Diagramm abgelesen werden.*

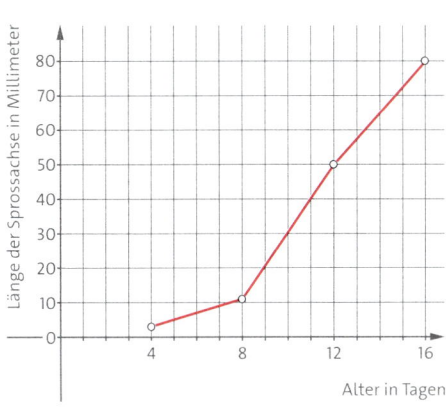

04 Messergebnisse der Wachstumsbeobachtung in einem Liniendiagramm

KREISDIAGRAMM · *Mit einem Kreisdiagramm können besonders gut Anteile eines Ganzen abgebildet werden. Kreisdiagramme werden auch **Tortendiagramme** genannt, da ihre einzelnen Teile wie Tortenstücke aussehen. In Abbildung 05 ist ein Beispiel für ein Kreisdiagramm dargestellt. Hier veranschaulichen die einzelnen Abschnitte den Anteil der jeweiligen Inhaltsstoffe eines Bohnensamens. Kreisdiagramme können einfach hergestellt werden, indem man entsprechende Computerprogramme nutzt, die die eingegebenen Daten umwandeln.*

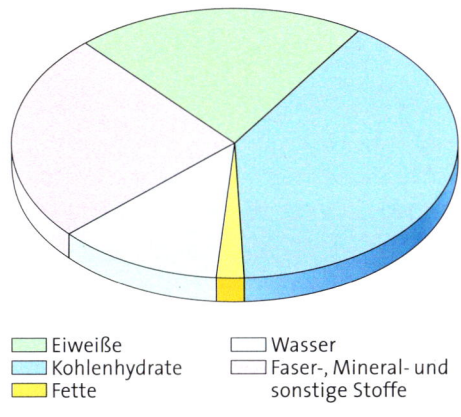

☐ Eiweiße · ☐ Wasser
☐ Kohlenhydrate · ☐ Faser-, Mineral- und
☐ Fette · sonstige Stoffe

05 Inhaltsstoffe eines reifen Bohnensamens in einem Kreisdiagramm

Diagramme helfen dabei, sich schnell einen Überblick über Daten zu verschaffen. Erklärungen für Beobachtungen oder Ergebnisse können Diagramme jedoch nicht liefern.

1) *Zeichne aus den Daten in Tabelle 06 ein Säulendiagramm und ein Liniendiagramm. Vergleiche die beiden Diagramme.* 🗎

Alter der Pflanze	Länge der Sprossachse
1 Tag	5 Millimeter
2 Tage	10 Millimeter
3 Tage	35 Millimeter
4 Tage	63 Millimeter
5 Tage	75 Millimeter
6 Tage	120 Millimeter
7 Tage	140 Millimeter
8 Tage	155 Millimeter

06 Wachstum einer Rapspflanze

01 Blühender
Bärlauch im
Laubwald
im Frühling

Der Laubwald im Jahresverlauf

Frühling, Sommer, Herbst und Winter – in jeder Jahreszeit sieht ein Laubwald anders aus. Was sind die Ursachen hierfür?

DER BUCHENWALD IM FRÜHLING · Der häufigste Baum unserer Laubwälder ist die *Rotbuche*. Ihr glatter, silbergrauer Stamm ragt bis zu 40 Meter in die Höhe und verzweigt sich erst weit oben in eine breite, dachartige Krone.

Kaum haben die Sonnenstrahlen den Schnee im Buchenwald verschwinden lassen, bahnen sich die ersten krautigen Pflanzen ihren Weg durch das am Boden liegende Laub und fangen an zu blühen. Diese **Frühblüher** bedecken dann oft wie ein Teppich den ganzen Waldboden unter den noch kahlen Bäumen.

Neben dem stärker werdenden Licht steht den Pflanzen im Frühling auch mehr Wasser zur Verfügung, weil die Niederschläge ansteigen und das gefrorene Bodenwasser auftaut. Außerdem läuft die *Fotosynthese* stärker ab, weil die Temperatur höher ist als im Winter. Dadurch können die Pflanzen mehr Nährstoffe herstellen und deswegen schneller wachsen.

Die Rotbuche treibt erst im April, wenn wieder ausreichend Wasser in die Krone transportiert wird, die ersten zarten, hellgrünen Laubblätter aus. Diese beginnen mit der Fotosynthese und werden schnell dunkler. Dabei sind die im vollen Sonnenlicht stehenden äußeren Laubblätter, die **Sonnenblätter,** kleiner, dicker und daher auch dunkler als die weiter innen, im Schatten liegenden, helleren **Schattenblätter.** Kurz nach den Laubblättern entfalten sich auch die unscheinbaren Blüten der Buche, die in getrennten männlichen und weiblichen *Blütenständen* stehen und vom Wind bestäubt werden.

DER BUCHENWALD IM SOMMER · Die Baumkronen der Rotbuchen bilden nun ein dichtes Kronendach, das das Sonnenlicht

A

B

02 Blätter der
Rotbuche:
A Sonnenblatt,
B Schattenblatt

intensiv zur Fotosynthese nutzt. Die Fotosynthese läuft noch stärker ab als im Frühjahr, weil die Temperaturen und die Niederschläge höher sind. Die dabei hergestellten Nährstoffe werden über die *Leitbündel* im ganzen Baum verteilt, für das Wachstum genutzt oder gespeichert. Durch die hohen Temperaturen verdunstet über die Laubblätter aber auch viel Wasser, das über die Wurzeln nachgeliefert werden muss.

Auf den Boden dagegen dringt kaum mehr Licht. Dort können deshalb nur noch wenige Pflanzenarten wachsen, die mit diesen geringen Lichtmengen zurechtkommen.

DER BUCHENWALD IM HERBST · Wenn die Tage kürzer und kälter werden und die Niederschläge sinken, läuft die Fotosynthese schwächer ab.

Das Laub der Rotbuche verfärbt sich allmählich rotbraun. Gleichzeitig werden die nährstoffhaltigen Früchte der Buchen, die *Bucheckern,* reif, die in den befruchteten weiblichen Blütenständen über den Sommer herangewachsen sind. Laub und Früchte fallen nach und nach von den Zweigen, bis der Baum kahl ist. Das abgefallene Laub bildet am Boden eine dichte Schicht, die Schutz und Lebensraum für viele Kleinstlebewesen bietet. Diese verarbeiten die Blätter allmählich zu natürlichem Bodendünger, dem **Humus.** Die Bucheckern dienen bis in den Winter vielen Tieren als Nahrung.

DER BUCHENWALD IM WINTER · Ohne Laubblätter übersteht der Laubbaum nun die ungünstigen Licht- und Temperaturverhältnisse des Winters. Er befindet sich in einem *Ruhezustand* und zehrt von den gespeicherten Nährstoffen. Ohne die Laubblätter kann er kein Wasser mehr aus dem Boden durch die Wurzeln aufnehmen.

03 Buchenwald im Sommer

04 Buchenwald im Herbst

Buchecker

05 Buchenwald im Winter

1) Nenne die Umweltbedingungen, die dafür verantwortlich sind, dass die Pflanzen im Frühjahr schnell wachsen. ☐

2) Nenne die Ursachen für die Veränderungen des Laubwalds im Jahresverlauf. 🍃

06 Buschwindröschen mit Erdspross

07 Weitere Frühblüher: **A** Scharbockskraut mit Wurzelknöllchen (vergrößert), **B** Krokus mit Sprossknolle (vergrößert), **C** Schneeglöckchen mit Zwiebel (vergrößert)

FRÜHBLÜHER · Frühblüher wie der Bärlauch oder das Buschwindröschen bedecken den Boden im Buchenwald bereits Anfang März. Ermöglicht wird das frühe Austreiben durch ihre unterirdischen *Speicherorgane* voller Nährstoffe. Diese wurden im Vorjahr gebildet und stehen den Pflanzen nun sofort zur Verfügung. So können sie sehr schnell wachsen und Laubblätter bilden, bevor ihnen die Laubbäume das Licht zur Fotosynthese nehmen.

Die Speicherorgane von Frühblühern sind sehr unterschiedlich. *Buschwindröschen* haben eine verdickte Sprossachse, die waagerecht unter der Erde wächst und sich jedes Jahr weiterverzweigt, den **Erdspross.**
Bei anderen Frühblühern handelt es sich um rundliche, verdickte Pflanzenteile. Beim *Scharbockskraut* findet man verdickte Wurzeln, die **Wurzelknöllchen.** In Gärten und Parks sind *Krokusse* sehr verbreitet. Bei ihnen ist hingegen der Teil der Sprossachse verdickt, der sich direkt über den Wurzeln befindet. Sie besitzen also eine **Sprossknolle.**
Schneeglöckchen, die man auch im Laubwald findet, besitzen unterirdische, dickfleischige Blätter. Sie liegen dicht beieinander und bilden eine **Zwiebel.** Wenn das Schneeglöckchen im Frühjahr die Vorräte aus der Zwiebel verbraucht hat, liefern seine Laubblätter neue Nährstoffe, die in einer **Ersatzzwiebel** gespeichert werden. Außerdem werden **Brutzwiebeln** gebildet, mit denen sich die Pflanze vermehren kann.

3 Erkläre das Prinzip der Angepasstheit am Beispiel der Frühblüher.

4 Vergleiche Wurzelknöllchen, Sprossknolle und Zwiebel miteinander.

Material A ▸ Licht und Pflanzenwachstum im Laubwald

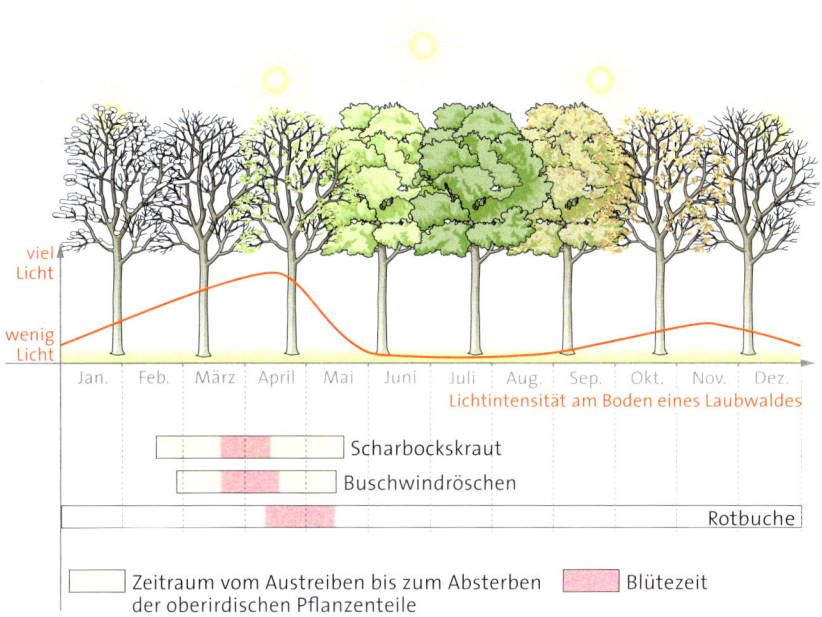

Lichtintensität am Boden eines Laubwaldes

Scharbockskraut
Buschwindröschen
Rotbuche

☐ Zeitraum vom Austreiben bis zum Absterben der oberirdischen Pflanzenteile ▨ Blütezeit

A1 Beschreibe und erkläre den Verlauf der Kurve „Lichtintensität am Boden eines Laubwalds" in der Abbildung. ◪

A2 Beschreibe anhand der Abbildung, wie das Scharbockskraut an das Leben im Laubwald angepasst ist. ◪

A3 Erkläre, weshalb die Rotbuche nicht zu den Frühblühern gezählt wird. ◪

A4 Im Balken für die Rotbuche ist nur die Blütezeit farblich markiert. Ordne den ausgesparten Zeiträumen selbst gewählte, passende Farben zu und begründe. ◪

Material B ▸ Das Schneeglöckchen im Jahresverlauf

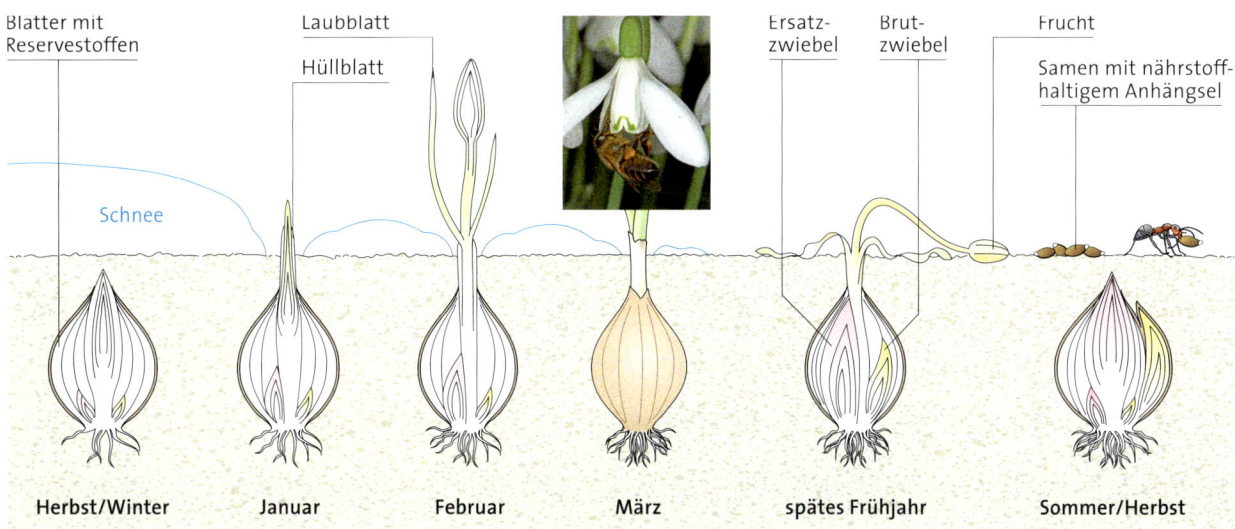

Blätter mit Reservestoffen · Laubblatt · Hüllblatt · Ersatzzwiebel · Brutzwiebel · Frucht · Samen mit nährstoffhaltigem Anhängsel · Schnee

Herbst/Winter · Januar · Februar · März · spätes Frühjahr · Sommer/Herbst

B1 Beschreibe die Entwicklung des Schneeglöckchens und seiner Zwiebel im Jahresverlauf. ☐

B2 Beschreibe die Aufgaben der verschiedenen Zwiebeltypen, die das Schneeglöckchen bildet. ◪

B3 Erläutere die Wechselwirkung zwischen Schneeglöckchen und den in der Abbildung dargestellten Insekten. ◪

01 Blätter und Frucht der Rosskastanie im Herbst

Die Rosskastanie im Jahresverlauf

> *Die Rosskastanie ist wegen ihrer ausladenden Krone und großen Laubblätter ein guter Schattenspender und deshalb in Parks, Gärten und Alleen häufig zu finden. Weshalb wirft sie im Herbst ihre Blätter ab?*

LAUBFALL · Solange die Rosskastanie ihre Laubblätter besitzt, benötigt sie große Mengen Wasser. Es wird dort bei der Foto-

synthese verbraucht und verdunstet außerdem an der Oberfläche der Blätter. Deshalb muss ständig frisches Wasser über die Wurzel nachgeliefert werden. Sobald es kalt wird, entstehen daraus Probleme für den Baum. Ist das Bodenwasser gefroren, würde die Pflanze vertrocknen, weil sie Wasser über die Blätter abgäbe, aber keines mehr über die Wurzeln aufnehmen könnte. Ne-

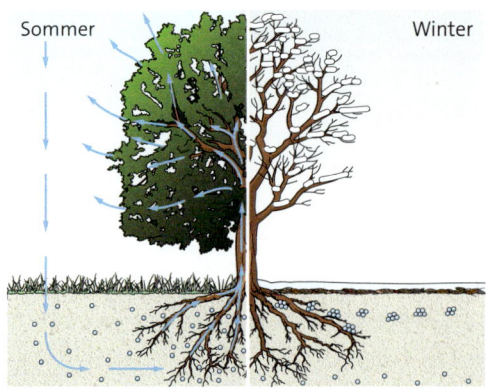

02 Wasseraufnahme und -verdunstung

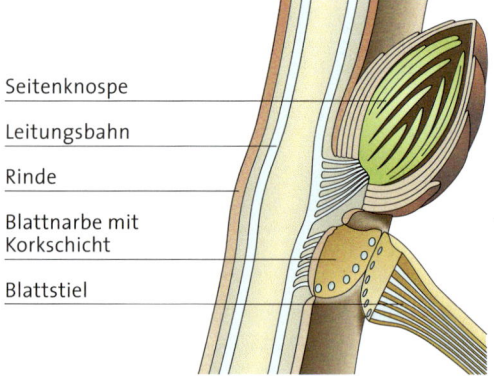

03 Laubfall und Knospenbildung

ben dieser *Frosttrocknis* könnte auch gefrierendes Wasser in den Blättern den Laubbaum schädigen. Gefrierendes Wasser in den Zellen dehnt sich aus und die Blätter sterben ab. Weiterhin könnte auf den Blättern so viel Schnee liegen bleiben, dass Zweige und Äste unter dieser Last abbrächen. Durch den Laubfall im Herbst vermeidet die Rosskastanie all diese Probleme. Erstes Anzeichen des Laubabwurfs ist die Verfärbung der Blätter, die **Herbstfärbung.** Der für die Pflanze wichtige grüne Blattfarbstoff, das *Chlorophyll,* geht nicht verloren, weil er im Herbst aus den Blättern abgezogen wird; rote und gelbe Farbstoffe bleiben zurück. Am Ende des Blattstiels entsteht eine Korkschicht. Diese trennt das Blatt vom Zweig, sodass es abfällt. An den Trennstellen der Blätter bleiben *Blattnarben* zurück. Auch die Früchte werden durch eine Korkschicht abgetrennt, sodass die Kastanien zu Boden fallen. Diese stärkehaltigen Samen wurden früher an Pferde verfüttert, was der Rosskastanie ihren Namen gab. Woher kommen im Frühjahr die neuen Blätter?

KNOSPEN · Noch vor dem Laubfall werden in den Blattachseln winzige Anlagen von neuen Pflanzenorganen, die **Knospen,** gebildet. Sie sind von braunen Hüllblättern umgeben. Diese liegen wie Dachziegel übereinander und sind durch *Harz* miteinander verklebt. Darunter befinden sich grüne Hüllblätter, die mit wolligen Haaren bedeckt sind. So ist das Innere der Knospe vor dem Austrocknen und Erfrieren geschützt. An den Zweigen der Rosskastanie bildet sich in jeder Blattachsel eine Knospe, die **Seitenknospe,** die winzige Laubblättchen enthält. An der Spitze jedes Zweiges findet man eine besonders große Knospe, die **Endknospe,** mit Anlagen von Blättern und Blüten. Im Frühjahr wachsen die Blätter und Blüten in den Knospen, sprengen so die Knospenhülle, treiben aus und entfalten sich.

1 ⌡ Beschreibe die Vorteile des jährlichen Laubfalls für die Rosskastanie. ☐

2 ⌡ Nenne die Aufgaben der Knospen. ☐

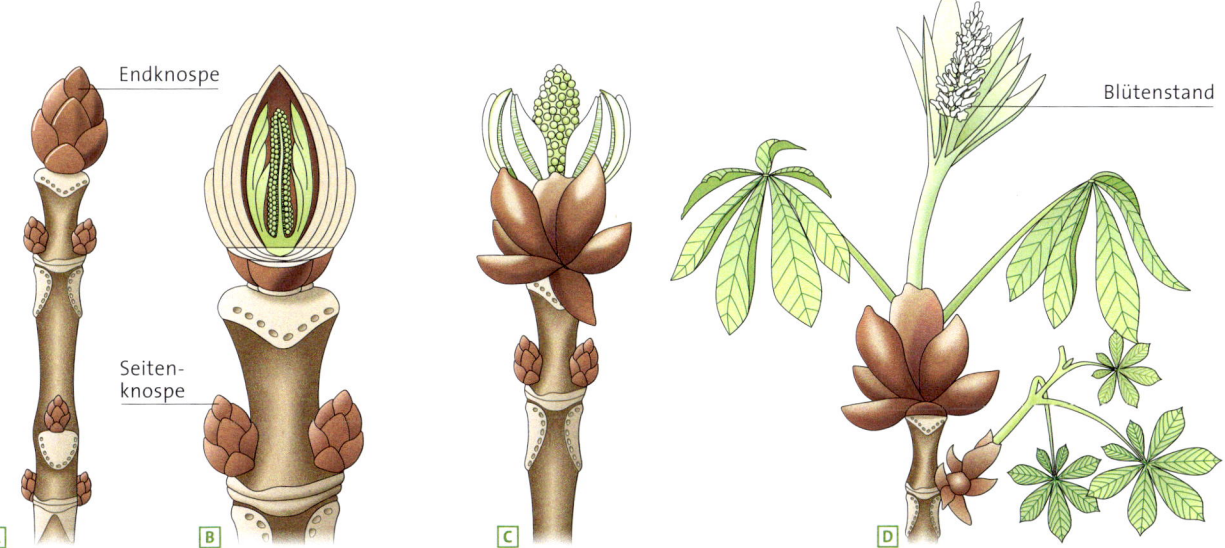

04 Knospen der Rosskastanie: **A** Knospen im Winter, **B** Endknospe im Längsschnitt, **C** Endknospe beim Austrieb, **D** Knospen bei der Entfaltung

Langzeitprotokoll: Ein Baumtagebuch erstellen

Manche Erkenntnisse in der Biologie können nur gewonnen werden, wenn man Vorgänge über längere Zeit genau beobachtet und protokolliert. Solche Vorgänge sind beispielsweise die Keimung oder die Veränderung eines Laubbaums im Jahresverlauf. Für das Langzeitprotokoll eignet sich die Form eines Tagebuchs, in das man regelmäßig Einträge macht.

Ein Baumtagebuch sollte folgende Angaben und Inhalte enthalten:
- Deckblatt mit einem Bild deines Baumes, deinem Namen und deiner Klasse
- genaue Beschreibung des beobachteten Baumes, zum Beispiel Baumart, genauer Standort, Beschaffenheit des Bodens und der Umgebung
- genaue Messungen, zum Beispiel Umfang des Stammes in einem Meter Höhe, durchschnittliche Masse eines Blattes und eines Samens
- genaues Datum, vor allem bei wichtigen Ereignissen, zum Beispiel erste Blätter, erste Blüten

Weitere Angaben und Inhalte können sinnvoll sein:
- Zeichnung oder Foto, zum Beispiel eines Blattes, einer Blüte, einer Frucht
- Liste von Tieren, die im und am Baum zu beobachten sind
- Angaben zum Wetter mit Datum: Temperatur, Niederschlag und Wind

Dabei solltest du immer auf eine genaue Vorgehensweise achten, indem du deine Beobachtungen und Messungen möglichst regelmäßig, zum Beispiel einmal pro Woche, vornimmst.

Material A ▸ Überwinterung bei krautigen Blütenpflanzen

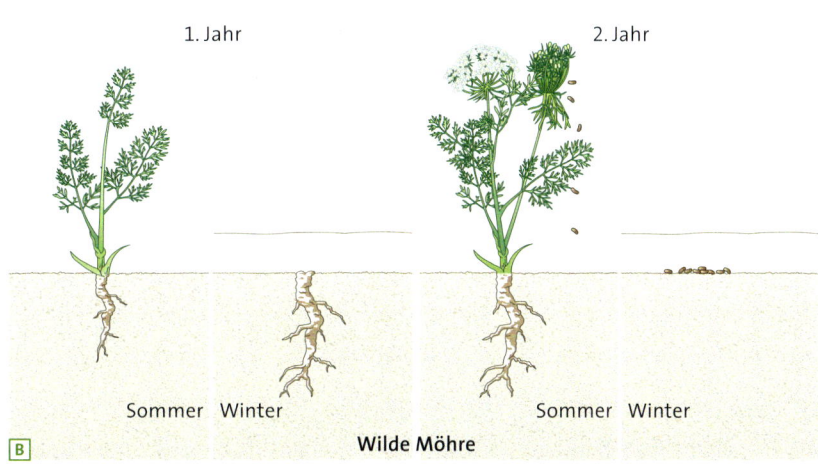

1. Jahr · 2. Jahr

Sommer · Winter
Klatschmohn

A · Sommer · Winter · **Wilde Möhre** · B

Krautige Blütenpflanzen sterben nach der Bildung von Früchten ab. Bei der Überwinterung unterscheidet man zwischen einjährigen und zweijährigen Pflanzen.

A1 Vergleiche anhand der Abbildungen die Überwinterung einer einjährigen und einer zweijährigen Pflanze. 🖊

A2 Stelle Vermutungen an, welche Vor- und Nachteile die zweijährige Überwinterungsform hat. 🟧

Material B ▸ Überwinterung der Möhre

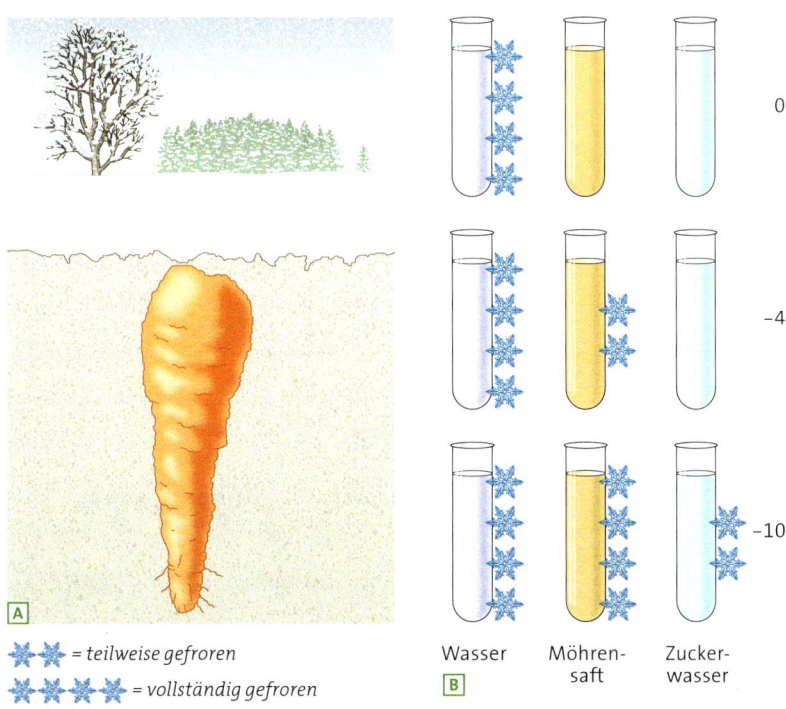

0 °C

−4 °C

−10 °C

Wasser · Möhren-saft · Zucker-wasser
B

✳✳ = teilweise gefroren
✳✳✳✳ = vollständig gefroren

A

Biologen prüften in einem Versuch, ob der Zucker in der Möhre für die Überwinterung von Bedeutung ist.

B1 Beschreibe die Beobachtungen in den drei Ansätzen in Abbildung B. ☐

B2 Erläutere die Bedeutung des Zuckers für die Überwinterung der Möhre. 🖊

B3 Stelle Vermutungen an, weshalb die Möhre auch bei einer Lufttemperatur von −10 °C nicht erfriert. 🟧

B4 Beschreibe Versuche, mit denen diese Vermutungen geprüft werden könnten. 🟧

01 Weißstörche sammeln sich vor dem Flug in den Süden

Vom Überwintern der Vögel

Im Spätsommer kann man zahlreiche Weißstörche auf Sammelplätzen beobachten. Sie bereiten sich auf den Zug in den Süden vor. Wenige Wochen später fliegen sie nach Afrika und verbringen dort in ihren warmen Quartieren den Winter. Warum ziehen sie in den Süden?

ZUGVÖGEL · Störche ernähren sich von Fröschen, Eidechsen, Mäusen, Insekten und Würmern. Im Winter ist diese Nahrung sehr knapp. Im Süden gibt es hingegen genug Nahrung. Vogelarten, die in den Süden ziehen, können diese Nahrung nutzen und so überleben. Vögel, die regelmäßig im Winter aus ihren Brutgebieten in wärmere Länder ziehen, nennt man *Zugvögel*. In Deutschland kommen etwa 70 verschiedene Zugvogelarten vor. Manche von ihnen kann man am Himmel aufgrund ihrer typischen Flugordnungen erkennen.

VOGELZUG · Die Flugformationen bieten einige Vorteile. So fliegen die hinteren Vögel

Küstenseeschwalben fliegen von ihren Brutgebieten in der Arktis zum Überwintern in die Antarktis. Hin und zurück sind es 44 000 Kilometer.

Kette (Enten, Austernfischer)

Staffel oder versetzte Reihe (Schwäne)

Schwarm (Schwalben, Stare) Reihe (Enten)

Keil (Wildgänse, Kraniche)

02 Flugformationen von Zugvögeln

kraftsparend im Windschatten der Vordervögel. Die große Anzahl der Vögel kann Feinde verwirren oder erschrecken. Jungvögel lernen außerdem von der Erfahrung der Altvögel in der Gruppe.

ORIENTIERUNG DER ZUGVÖGEL · Viele Zugvögel orientieren sich an den Gestirnen. **Tagzieher** wie Störche oder Greifvögel finden mithilfe des Sonnenstands den Weg. **Nachtzieher** wie Grasmücken orientieren sich an Mond, Sternen und Sternbildern. Manche Vogelarten wie das Rotkehlchen spüren zusätzlich das Erdmagnetfeld. Sie besitzen dafür spezielle Magnetfühler im Kopf, die wie ein Kompass wirken. Außerdem merken sich die Vögel beim Flug Landmarken wie Berge, Küsten und Flüsse für spätere Reisen. Die meisten Zugvogelarten, besonders die Segelflieger wie Störche und Greife, wählen nicht die Zugrouten mit möglichst kurzen Strecken über das Meer, weil dort die kräftesparenden Aufwinde weitgehend fehlen.

ERFORSCHUNG DES VOGELZUGS · Erste Informationen über den Vogelzug lieferten die vielen beringten Zugvögel, die man in fernen Ländern wiederfand. Man hatte sie zuvor an ihren Beinen mit Metallringen markiert, auf denen Ort und Datum der Beringung eingraviert waren. Inzwischen können Zugvögel mit Radar oder mithilfe von Sendern, die an einzelnen Vögeln angebracht sind, über Satelliten geortet werden. **Kurzstreckenzieher** wie der Star fliegen meist weniger als 2000 Kilometer, während **Langstreckenzieher** wie der Kuckuck in der Regel mehr als 4000 Kilometer ziehen.

	Jan.	Febr.	März	April	Mai	Juni	Juli	Aug.	Sept.	Okt.	Nov.	Dez.
Mauersegler												
Kuckuck												
Nachtigall												
Rauchschwalbe												
Storch												
Graugans												
Hausrotschwanz												
Feldlerche												
Singdrossel												
Rotkehlchen												
Mehlschwalbe												

Legende: ■ Durchzug ■ Aufenthalt

03 Vogelzugkalender

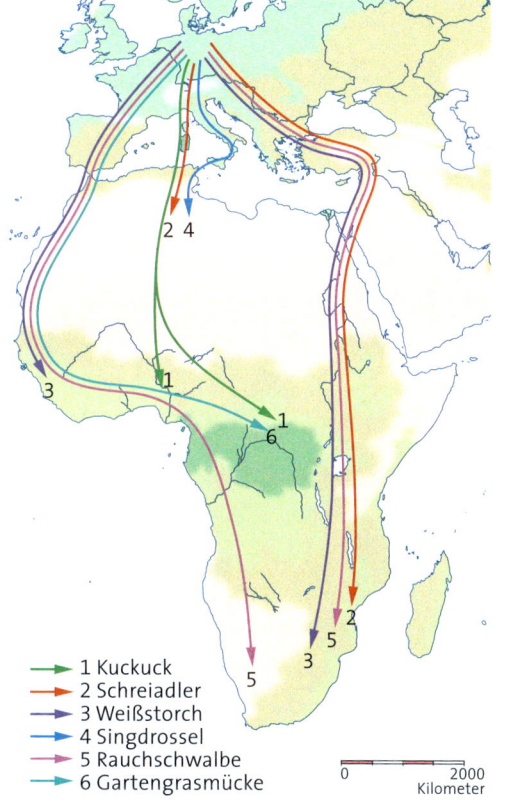

04 Zugrouten einiger Zugvögel nach Afrika

Legende:
→ 1 Kuckuck
→ 2 Schreiadler
→ 3 Weißstorch
→ 4 Singdrossel
→ 5 Rauchschwalbe
→ 6 Gartengrasmücke

0 — 2000 Kilometer

Streifengänse überqueren zweimal jährlich das Himalaya-Gebirge in über 7000 Metern Höhe.

Mauersegler fliegen nonstop mit einem Tempo bis 160 Kilometer pro Stunde aus der Sahara nach Deutschland und schlafen im Flug.

Nonstop-Flugrekord: Pfuhlschnepfen mit 10 000 Kilometern

1 Nenne Gründe, weshalb Zugvögel ihre Brutgebiete jedes Jahr verlassen und im Frühjahr zurückkehren.

2 Ermittle mithilfe des Vogelzugkalenders die Verweildauer der Zugvögel in ihren Sommerquartieren.

STANDVÖGEL · Viele Vogelarten finden auch in der kalten Jahreszeit ausreichend Futter und bleiben in ihrem Brutgebiet. Diese *Standvögel* ernähren sich von den übrig gebliebenen Samen und Früchten oder von den wenigen Insekten und Spinnen, die sie im Winter noch finden können. Andere jagen nach Beute oder fressen verendete Tiere. Manche Vögel legen sogar Wintervorräte an wie Eichel- und Tannenhäher, Meisen und Kleiber.

STRICHVÖGEL · Manche Vögel streichen im Winter je nach Nahrungsangebot in der weiteren Umgebung ihres Brutgebiets umher, unternehmen aber keine regelmäßigen weiten Wanderungen in warme Gebiete wie die Zugvögel. Bei harten Winterbedingungen und Futtermangel suchen *Strichvögel* oft etwas wärmere Regionen oder auch menschliche Siedlungen auf. Zu ihnen zählen verschiedene Finkenarten, der Fasan, der Graureiher und viele andere. Bei manchen Vogelarten zieht nur ein Teil der Tiere im Winter fort, der andere Teil bleibt im Brutgebiet, zum Beispiel der Zaunkönig, der Buchfink und der Star. Diese Vögel nennt man **Teilzieher.**

VOGELFÜTTERUNG · Die Vögel brauchen bei Kälte viel mehr Nahrung als bei warmem Wetter. Nur so können sie ihre Körpertemperatur konstant halten. Die Standvögel haben in kalten, schneereichen Wintern große Schwierigkeiten, genügend Nahrung zu finden. Will man ihnen helfen und sie füttern, ist die richtige Auswahl des Futters wichtig. Finken, Sperlinge und Ammern mögen gern Sonnenblumenkerne, Hanf und andere Sämereien. Rotkehlchen, Zaunkönig, Amsel und Star bevorzugen Weichfutter. Sie fressen im Winter Haferflocken, Rosinen und Obst. Spechte, Kleiber und Meisen nehmen beide Futtersorten. Keinesfalls darf Brot gefüttert werden. Auch andere Essensreste sind ungeeignet, weil sie gewürzt und gesalzen sein können. Die beste Hilfe für unsere Wintervögel ist der naturnahe Garten. Einheimische Sträucher bieten auch im Winter ausreichend Nahrung. Sie sollten vor dem Winter nicht zurückgeschnitten und Gras und Unkräuter nicht gemäht werden.

Eichelhäher
Seidenschwanz
Buch-fink
Blaumeise
Haus-sperling
Kohlmeise
Kleiber
Rotkehlchen
Amsel

05 Stand- und Strichvögel am Futterhaus

3 Erkläre die Begriffe Standvögel und Strichvögel. ☐

4 Informiere dich über Regeln der Vogelfütterung. Schreibe sie in deine Biologiemappe. ◖

Material A ▸ Nahrung

Vogelart	Nahrung
Amsel	Würmer, Insekten, Schnecken, Beeren, Früchte, Samen
Buchfink	Bucheckern, Samen, Beeren, Getreidekörner, Insekten
Rauchschwalbe	fliegende Insekten
Gartengrasmücke	Insekten, Spinnen

A1 Ordne den vier Vogelarten die Begriffe Stand- und Zugvögel zu. Begründe die Zuordnung. ☐

Material C ▸ Vogelzug

Vogelart	Fluggeschwindigkeit beim Vogelzug	Flugstrecken beim Vogelzug	Flugdauer in das Winterquartier
Küstenseeschwalbe	$80 \frac{km}{h}$	22 000 km	110 Tage
Mönchsgrasmücke	$50 \frac{km}{h}$	5 000 km	100 Tage
Rauchschwalbe	$50 \frac{km}{h}$	9 000 km	60 Tage
Weißstorch	$75 \frac{km}{h}$	12 000 km	40 Tage

Angaben über den Vogelzug beruhen auf Untersuchungsergebnissen einzelner Vögel. Diese Ergebnisse können sich innerhalb einer Vogelart unterscheiden. So ziehen Altvögel meistens schneller als Jungvögel. In der Tabelle sind deshalb nur Daten einzelner Zugvögel aufgeführt.

C1 Berechne für die vier Vögel in der Tabelle, welche Strecke sie durchschnittlich pro Tag zurückgelegt haben und wie viele Stunden pro Tag sie im Durchschnitt unterwegs waren. ◣

Material B ▸ Störche

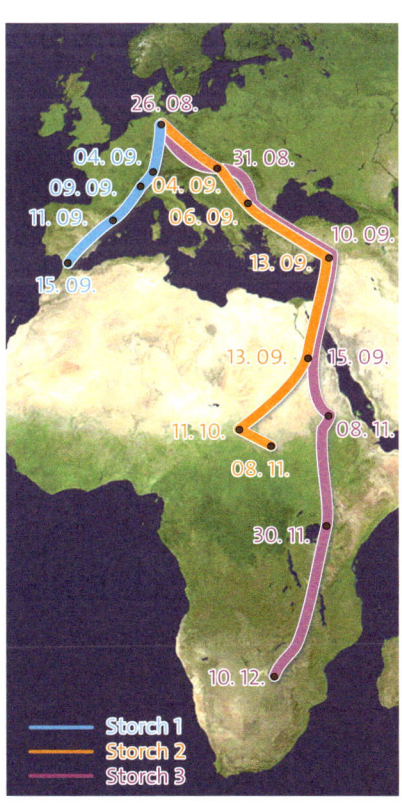

Der Naturschutzbund Deutschland (NABU) hat vor einigen Jahren einzelne Störche mit Sendern ausgestattet und beobachtet seitdem den Zug der Tiere in ihre Überwinterungsgebiete und zurück. Unter *https://blogs.nabu.de/ stoerche-auf-reisen* erhält man aktuelle Daten zu den Flugrouten dieser Störche.

B1 Beschreibe mithilfe der interaktiven Karte sowie der Blogeinträge auf der Internetseite die aktuelle Flugroute eines Storches. Du kannst die Aufgabe auch mit der links abgebildeten Karte bearbeiten. ◣

B2 Begründe, weshalb die Störche nicht die kürzesten Zugrouten in ihre Winterquartiere wählten, sondern Umwege flogen. ◣

B3 Beschreibe die Arbeit von Vogelforschern. Schaue dir dazu den Film *Forschung für den Storchenschutz* auf *www.storchenreise.de* an. ◣

01 Feldhase im Winter

Überwinterungsformen bei Säugetieren

Auch bei Schneefall und starkem Frost sieht man manchmal im Winter auf Wiesen und Feldern einzelne Hasen, die unter dem Schnee nach Nahrungspflanzen suchen. Wie schaffen es Hasen, trotz schwieriger Nahrungssuche und niedriger Außentemperaturen die Winterzeit zu überstehen?

AKTIVE ÜBERWINTERUNG · Findet der Feldhase nicht mehr genügend frische Kräuter im Winter, scharrt er bei niedriger Schneedecke in seinem Revier nach Knollen, Wurzeln und Kräutern. Auch die Rinde junger Bäume wird manchmal abgenagt. Droht Gefahr, duckt sich der Hase in sein Versteck, die Sasse. Es ist nur eine Vertiefung im Erdboden. Auch bei großer Kälte und eisigem Wind lässt er sich dort vorübergehend einschneien. Das dichte Fell mit vielen Wollhaaren schützt ihn dabei vor Auskühlung. Trotzdem muss der Hase nach einigen Stunden wieder hervorkommen und nach Nahrung suchen. Er versucht, sich bei der Futtersuche möglichst wenig zu bewegen, damit er nicht zu viel Energie benötigt. Wird der Hase gestört, flüchtet er durch blitzschnelles Wegrennen und plötzliche Richtungswechsel, er schlägt Haken. Das kostet jedes Mal sehr viel Energie und gerade im Winter sind die Tiere schnell erschöpft und dadurch anfälliger für Krankheiten.

Um den Winter zu überstehen, fressen die Hasen im Herbst zudem vermehrt energiereiche Samen und bilden damit Fettreserven. Diese brauchen sie im Winter auf. Hasen vermeiden im Winter zwar Bewegung, so gut es geht, müssen aber trotzdem häufig auf Nahrungssuche gehen und damit aktiv sein. Die Art, wie sie den Winter überstehen, nennt man deshalb *aktive Überwinterung.*

02 Tiere im Winter:
A Eichhörnchen,
B Braunes Langohr

WINTERRUHE · Eichhörnchen sind tagaktive Baumbewohner. Sie leben in Wäldern, Parks und Gärten. Ihre Hauptnahrung besteht aus Beeren, Nüssen und anderen Früchten. Sie fressen aber auch Vogeleier, Schnecken und Insekten.

Im Spätsommer und Herbst finden Eichhörnchen zahlreiche Früchte und Nüsse. Viele der gesammelten Nüsse vergraben sie im Boden als Vorrat für den Winter. Die Wintermonate verbringen Eichhörnchen ruhend in einem ausgepolsterten, kugelförmigen Nest, dem *Kobel*. Dieser schützt vor Auskühlung, sodass die Tiere für die Aufrechterhaltung ihrer Körpertemperatur weniger Energie aufwenden müssen als aktive Überwinterer. Nur von Zeit zu Zeit verlassen sie den Kobel, suchen ihre Vorräte auf und fressen. In den langen Ruhephasen dazwischen sinken ihre Atemfrequenz und ihr Herzschlag leicht ab. Hierdurch ist ihr Energiebedarf auch für diese Körperfunktionen gering, sodass sie den Winter trotz geringer Nahrungszufuhr überdauern können. Die Überwinterungsstrategie der Eichhörnchen aus langen Ruhephasen mit kurzen Unterbrechungen zur Nahrungsaufnahme nennt man *Winterruhe*.

WINTERSCHLAF · Einheimische Fledermäuse wie das Braune Langohr ernähren sich im Sommer von Insekten, die sie in der Dämmerung fangen. Da ihr Flatterflug sehr energieaufwendig ist, benötigen sie große Mengen an Nahrung. Im Winter gibt es jedoch keine Fluginsekten. Diese Zeit ohne Nahrung verbringen Fledermäuse in Höhlen oder anderen geschützten Orten, ihren *Winterquartieren*. Dort verharren sie kopfüber hängend in einem tiefen Schlafzustand. Herzschlag und Atemfrequenz sind stark verlangsamt. Zusätzlich sinkt ihre Körpertemperatur. Hierdurch haben Fledermäuse im Winter einen sehr geringen Energiebedarf, den sie über die im Spätsommer angefressenen Fettreserven decken. Diese Überwinterungsstrategie mit einer deutlichen Verminderung des Energiebedarfs nennt man *Winterschlaf*.

1) Informiere dich über die Überwinterung von Maulwurf, Braunbär und Siebenschläfer. Nutze hierzu Lexika, Tierbücher und das Internet. 🍃

2) Erkläre, weshalb häufige Unterbrechungen des Winterschlafs zum Tod von Fledermäusen führen können. 🍃

03 Haarwechsel beim Fuchs: **A** Sommerfell, **B** Winterfell

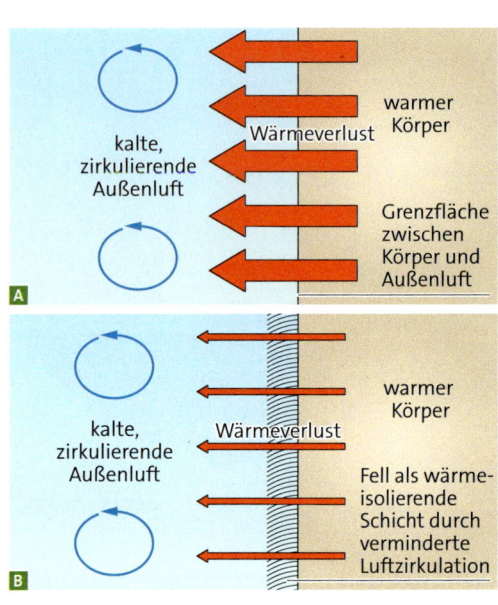

04 Wärmeverlust eines Körpers: **A** ohne Fell, **B** mit Fell

SCHUTZ VOR KÄLTE · Füchse durchstreifen an Wintertagen auf der Suche nach Beutetieren ihr Revier. Als Säugetiere mit aktiver Überwinterung sind sie während ihrer Streifzüge der Kälte ausgesetzt. Dennoch sind sie in der Lage, ihre hohe Körpertemperatur aufrechtzuerhalten. Hierbei hilft ihnen ihr dichtes Winterfell, das ihren Körper im Winter breiter erscheinen lässt. Doch wie schützt ein Winterfell vor Auskühlung? Das Fell von Füchsen besteht aus langen *Deckhaaren* und vielen kurzen *Wollhaaren*. Zwischen den Wollhaaren befindet sich eine dünne, vom Körper erwärmte Luftschicht. Dort ist die Zirkulation der Luft im Vergleich zur Umgebungsluft stark vermindert. Hierdurch vermischt sich die erwärmte Luftschicht kaum mit der kälteren Außenluft. Die körpernahe Luftschicht wirkt somit wärmeisolierend und vermindert das Auskühlen des Körpers.

Bei der Bildung des Winterfells im Herbst verlängern sich die Wollhaare, sodass das Fell dichter wird. Hierdurch verstärkt sich die wärmeisolierende Wirkung des Fells, sodass das Winterfell den Austausch mit der kalten Außenluft noch stärker vermindert. Winterfell wärmt einen Körper also nicht aktiv, sondern verhindert den Wärmeverlust des Körpers durch Wärmeisolation.

3 Nenne Unterschiede und Gemeinsamkeiten von Winterschlaf und Winterruhe. ☐

4 Nenne Faktoren, durch die der Energiebedarf zur Aufrechterhaltung der Körpertemperatur bei Eichhörnchen vermindert ist. ☐

5 Bei einer einheimischen Hirschart wurde nachgewiesen, dass die Tiere im Winter während der Nachtruhe ihre Körpertemperatur absenken. Erkläre, welche Vorteile sich hieraus für die Hirsche ergeben. ◣

6 Kommentiere die folgende Aussage: Fell wärmt. ☐

Material A ▸ Körperfunktionen im Winter

Umgebungs-temperatur in °C	Körpertemperatur in °C	Atemzüge pro Minute	Herzschläge pro Minute
30	37	35	200
25	37	35	200
20	37	35	200
13	25	20	100
10	10	10	50
2	5	2	20
0	35	35	200

Biologen haben die Körpertemperatur sowie die Atemzüge und Herzschläge pro Minute bei Hase, Eichhörnchen und Fledermaus bei unterschiedlicher Umgebungstemperatur untersucht. In der Tabelle sind die Ergebnisse der Messung zu einem dieser Tiere dargestellt.

A1 Belege mithilfe der Messdaten, dass das unbekannte Tier gleichwarm ist. ☐

A2 Entscheide und begründe anhand der Messdaten, ob es sich um einen Hasen, ein Eichhörnchen oder eine Fledermaus handelt. ◣

A3 Stelle eine begründete Vermutung zur Erklärung der Messdaten bei einer Umgebungstemperatur von 0 °C auf. ▪

VERSUCH B ▸ Wärmedämmung durch Haare

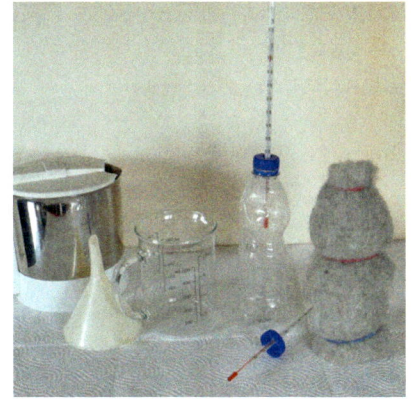

Material:
2 Wasserflaschen (0,5 l)
1 Trichter
1 Messbecher (0,5 l)
1 Wasserkocher (1,5 l)
2 Thermometer, bis 100 °C
1 Uhr, möglichst digital
Filztuch, etwa 20 cm x 40 cm
Tablett, etwa 20 cm x 30 cm
2 Haushaltsgummibänder
Haushaltswatte

Durchführung:
Man stellt die beiden Wasserflaschen auf das Tablett. Eine Flasche umwickelt man vollständig mit dem Filztuch. Es wird mit den Gummibändern fixiert.
Man erhitzt im Wasserkocher etwas mehr als 1 Liter Wasser auf etwa 60 °C. Dann füllt man mithilfe des Messbechers und Trichters jeweils 0,5 Liter heißes Wasser in die beiden Flaschen. In jede Flasche stellt man ein Thermometer, dichtet die Flaschenöffnung mit Watte ab und wartet etwa eine Minute.
Dann liest man die Temperatur ab.
Für 30 Minuten misst man alle 5 Minuten die Temperatur. Die Werte trägt man in eine Tabelle mit drei Spalten ein.

Zeit in min	Flasche 1 mit Filz: Temperatur in °C	Flasche 2 ohne Filz: Temperatur in °C
0	55	56
5	...	...
10	...	...
...	...	...

B1 Führe den Versuch durch und fertige ein Versuchsprotokoll an. ◣

B2 Erstelle aus den Daten ein Liniendiagramm. Nimm Seite 229 zu Hilfe. ☐

B3 Begründe mithilfe der Versuchsergebnisse, wie das Winterfell bei einem Tier zur Wärmedämmung führt. ▪

01 Rehe auf Nahrungssuche im Winter

Energiebedarf und Angepasstheit

Rehe überdauern die Wintermonate trotz niedriger Außentemperaturen und eines geringen Nahrungsangebots. Wie schaffen sie es, im Winter nicht zu verhungern?

ENERGIE · Alle Säugetiere sind auf energiereiche Nahrung angewiesen. Die aufgenommene Nahrung wird im Magen und Darm verdaut. Die aus der Nahrung freigesetzte Energie können Tiere zur Aufrechterhaltung von Lebensvorgängen wie Fortbewegung oder Aufrechterhaltung der Körpertemperatur nutzen. Je weniger Nahrung die Tiere aufnehmen, umso weniger Energie steht ihnen hierfür zur Verfügung. Der Nahrungsmangel im Winter stellt also für Tiere vor allem ein Energieproblem dar.

ERNÄHRUNG IM JAHRESLAUF · Rehe fressen je nach Angebot viele verschiedene Pflanzenarten. In einem Wald, in dem man die Rehe beobachtet hat, fraßen sie im Frühjahr vor allem Kräuter wie Wachtelweizen und Weidenröschen, zusätzlich Knospen von Laubbäumen. Im Sommer bevorzugten sie die Blätter von Heidelbeere und Heidekraut sowie von Bäumen.

Aufgrund des unterschiedlichen Nahrungsangebots vermuteten Forscher, dass Rehe im Winter länger für das Fressen benötigen, weil sie unter dem Schnee die Nahrung schlechter finden. Die Beobachtung einiger Tiere wurde mithilfe von Sendehalsbändern durchgeführt. Der Sender zeigt an, wo sich die Tiere aufhalten und wie stark sie sich bewegen. Aus der Geschwindigkeit der Fortbewegung kann man erkennen, ob die Tiere fressen, schlafen oder wandern. Die Messwerte wurden zu einem Satelliten gefunkt, anschließend mit einem Empfänger auf der Erde aufgefangen und mit einem Computerprogramm ausgewertet. Ein überraschendes Ergebnis ist, dass die Rehe

Jahreszeit	Hauptnahrungspflanzen, die wichtigste steht jeweils vorn
Frühjahr	Eiche, Walderdbeere, Wachtelweizen, Weidenröschen, Weißbuche
Sommer	Himbeere, Heidelbeere, Eiche, Salweide, Birke
Herbst	Heidekraut, Himbeere, Heidelbeere, Kiefer, Birke
Winter	Kiefer, Heidekraut, Heidelbeere, Fichte, Preiselbeere

02 Hauptnahrung der Rehe in verschiedenen Jahreszeiten

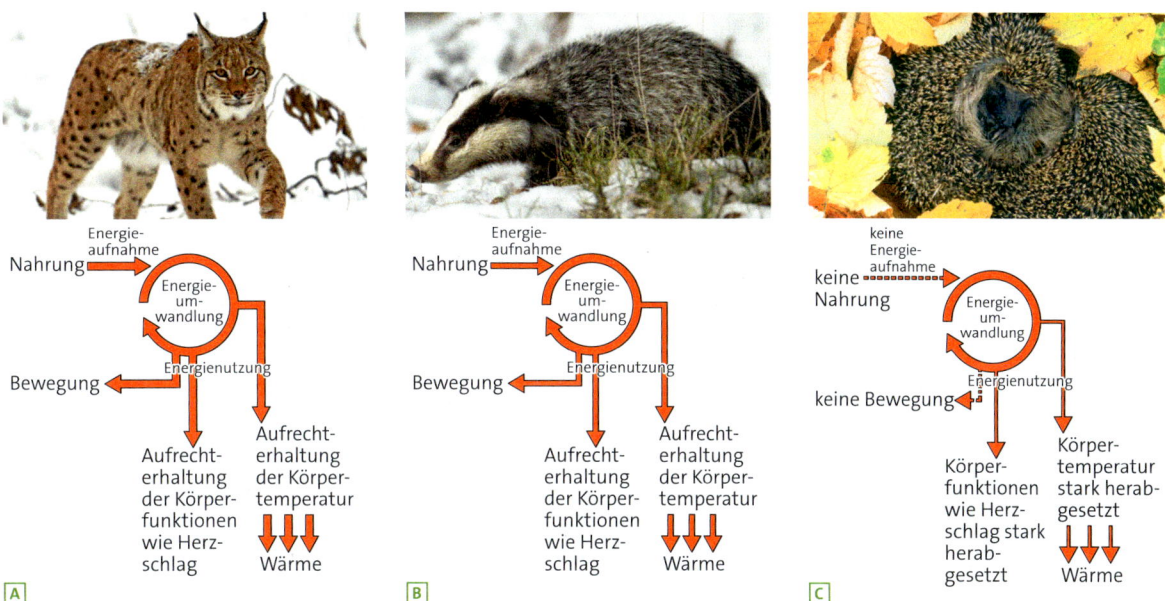

03 Energiefluss: **A** Luchs, **B** Dachs, **C** Igel

im Winter nicht so lange fressen wie im Frühjahr. Stattdessen schlafen sie länger. Dabei sparen sie Energie. Im Herbst fressen sie sich einen Fettvorrat an, den sie im Winter aufbrauchen. Im Frühjahr fressen die abgemagerten Tiere dann wieder mehr.

ANGEPASSTHEITEN · Alle Säugetiere mit *aktiver Überwinterung* sind auch im Winter auf Nahrungssuche. Durch Bewegung und Auskühlung haben sie einen großen Energiebedarf, finden aber nur wenig energiereiche Nahrung. Ihren Energiebedarf decken sie zusätzlich durch den angefressenen Winterspeck. Ihr Winterfell vermindert zudem ihre Auskühlung. Fettreserven und Winterfell sind somit Angepasstheiten aktiver Überwinterung. *Winterruher* wie der Dachs verlassen nur selten ihren Ruheplatz, um zu fressen. Geringer Energiebedarf und geringe Nahrungsaufnahme kennzeichnen die Angepasstheit der Winterruher. Den geringsten Energiebedarf haben *Winterschlä-*

fer wie der Igel. Sie setzen ihre Körpertemperatur, ihren Herzschlag und ihre Atmung stark herab. So können sie den Winter ohne Nahrungsaufnahme überdauern.

1 Fasse zusammen, wie Rehe das Nahrungsangebot im Jahresverlauf nutzen. ⬭

2 Werte die unterschiedlichen Fress- und Schlafenszeiten der Rehe im Jahresverlauf aus. ◣

3 Vergleiche die drei Überwinterungsformen hinsichtlich Nahrungsaufnahme und Energiebedarf. ◣

04 Fress- und Schlafzeiten von Rehen im Jahresverlauf

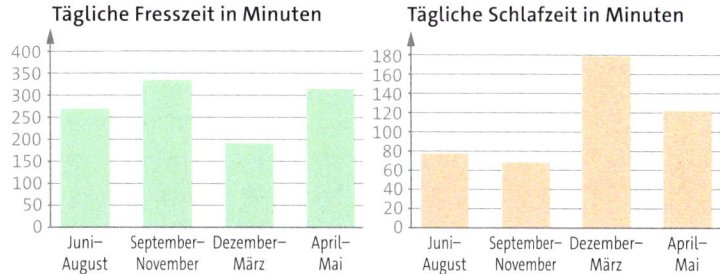

Der Eisbär – ein Leben in der Kälte

Eisbären kommen nur in der Arktis in Küstennähe vor. Sie sind hervorragend an die extremen Wetterbedingungen der kalten Polarregion im Norden der Erde angepasst. Ausgewachsene Eisbärmännchen werden über zwei Meter groß. Da große Körper nicht so schnell auskühlen wie kleine, ist die Körpergröße eine wichtige Angepasstheit an die Temperaturen in ihrem Lebensraum. Das dichte, helle Fell besteht aus wasserabweisenden Haaren, die ebenfalls gut vor Kälte schützen. Die farblosen Haare sind innen hohl und leiten die Wärmestrahlung der Sonne direkt auf die darunter liegende schwarze Haut. Eine bis zu 10 cm dicke Fettschicht in der Haut isoliert zusätzlich. Die meiste Zeit im Jahr sind Eisbären Einzelgänger, nur während der Paarungszeit im Frühsommer kommen mehrere Tiere zusammen. In der eisigen Kälte im Winter bringen die Weibchen in einer selbst gegrabenen Eishöhle meist zwei Junge zur Welt. Die Jungen sind bei der Geburt nur so groß wie Meerschweinchen und bleiben mit der Mutter zwei Monate in der Höhle. Im Frühling, wenn das Eis schmilzt, gehen sie mit der Mutter auf Nahrungssuche. Die Jungtiere werden 1,5 bis 2,5 Jahre lang von der Mutter gesäugt und erlernen dabei von ihr das Jagen.

ANPASSUNGEN IM JAGVERHALTEN *· Eisbären sind sehr gute Schwimmer und ernähren sich überwiegend von Robben. Im ewigen Eis sind die Bären durch ihr helles Fell gut getarnt. So werden sie von den Robben leicht übersehen, wenn sie sich heranschleichen. Oft wartet ein Eisbär lange auf einer Eisscholle oder an einem Eisloch, bis eine Robbe vorbeischwimmt oder auftaucht, um Luft zu holen. Dann wird sie mit einem Sprung ins Wasser erbeutet.*

01 Eisbärin mit Jungen

DER „KÖNIG DER ARKTIS" IST BEDROHT *· Wird es im Frühling wärmer, folgen die Eisbären dem schmelzenden, zurückweichenden Packeis nach Norden. Die Erderwärmung bewirkt, dass die Eisschmelze immer früher und schneller erfolgt. So verlieren die Eisbären große Teile ihres wichtigsten Jagdreviers – die großen Eisschollen auf dem Meer. Schaffen die Bären es nicht, rechtzeitig nach Norden zu wandern, müssen sie auf dem eisfreien Festland bleiben. Dort finden sie häufig nur noch kleine Säugetiere, Vögel und Beeren als Nahrung. Es fehlen die fetten, energiereichen Beutetiere. Vor allem viele Jungbären verhungern oder suchen immer häufiger in der Nähe menschlicher Siedlungen nach Essbarem. Das führt zu Konflikten mit Menschen.*

Daneben zerstören Erdöl- und Erdgasbohrungen in der Arktis die einsamen Gebiete, in die sich die Weibchen zur Winterruhe und Geburt zurückziehen.

1 Fasse die körperlichen und die Verhaltensanpassungen des Eisbären an seinen Lebensraum zusammen. ☐

Material A ► Nahrungsaufnahme und Energiebedarf im Winter

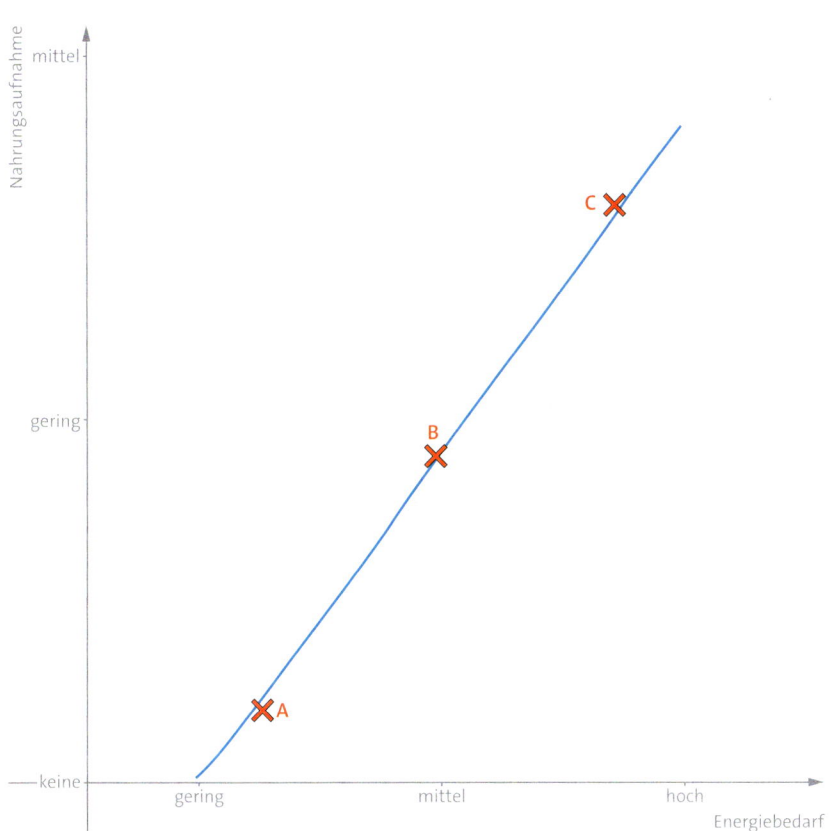

Bei drei Tierarten wurde im Winter gemessen, wie hoch ihr Energiebedarf ist und wie viel Nahrung sie aufnehmen. Die Linie zeigt die Tendenz der vielen Einzelmessungen. Einzelne Messpunkte zu Tieren mit Winterruhe, Winterschlaf und aktiver Überwinterung sind als Kreuze A, B und C besonders hervorgehoben.

A1 Beschreibe anhand des Liniendiagramms den Zusammenhang zwischen Nahrungsaufnahme und Herabsetzung des Energiebedarfs. Nutze hierzu Wenn-dann-Formulierungen. Erkläre den Zusammenhang. 📝

A2 Ordne den Datenpunkten A, B und C die entsprechende Art der Überwinterung zu. Begründe deine Zuordnungen. 🔲

Material B ► Wiederkäuen und Jahreszeit

Monate	Fresszeit in Minuten	Wiederkäuzeit in Minuten
April – Mai	314	269
Juni – August	270	357
September – November	335	429
Dezember – März	190	273

D2		▼	⋮	✕	✓	f_x	=C2/B2

	A	B	C	D
1	Monate	Fresszeit	Wiederkäuzeit	Faktor
2	Juni-August	270	357	1,3
3	September-November	335	429	
4	Dezember-März	190	273	
5	April-Mai	314	269	

Rehe sind Wiederkäuer. Unterschiedliche Nahrung muss unterschiedlich lange verdaut werden. Laubblätter sind besser verdaulich als Nadeln. Daher hat man die Vermutung aufgestellt, dass Rehe im Winter länger wiederkäuen, weil ihre Nahrung dann schlechter verdaulich ist. Zum besseren Vergleich der Messwerte rechnet man aus, mit welchem Faktor man die Fresszeit multiplizieren muss, um die Wiederkäuzeit zu erhalten. Man teilt also die Wiederkäuzeit durch die Fresszeit, zum Beispiel mit einem Tabellenkalkulationsprogramm. Beim Faktor 2 müsste das Reh doppelt so lange wiederkäuen wie fressen.

B1 Vergleiche die Dauer der Fress- und Wiederkäuzeiten zu den verschiedenen Jahreszeiten. 📝

B2 Berechne die weiteren Faktoren und werte die Ergebnisse mit Bezug auf die Vermutung aus. 📝

01 Männliche Zauneidechse beim Sonnenbad

Die Zauneidechse im Jahresverlauf

An warmen Sommertagen sitzt die Zauneidechse häufig regungslos auf von der Sonne erwärmten Steinen, streckt die Beine weg und macht ihren Körper lang und flach. Warum verhält sie sich so?

KÖRPERTEMPERATUR · Beobachtet man eine Zauneidechse an einem Frühlings- oder Sommertag, kriecht sie langsam und träge aus ihrem Versteck und sucht sich einen sonnigen, warmen Platz. Dort angekommen, verharrt sie in ausgestreckter, flacher Körperhaltung, um möglichst viel Sonnenwärme einzufangen. Ist ihr Körper durch die Sonne aufgewärmt, ist die Eidechse flink und aktiv. Wird die Sonnenwärme gegen Mittag zu stark, sucht sie Schutz an einem schattigen Platz, um nicht zu überhitzen. Wenn es nachmittags langsam wieder kühler wird, sonnt sie sich wieder auf Steinen oder Holzstümpfen. Gegen Abend, bevor die Sonne untergeht, zieht sie sich in ihren Unterschlupf zurück, bevor es zu kühl wird und sie sich nur noch langsam bewegen kann. Wenn es kühl wird, sinkt die Körpertemperatur der Eidechse, sodass sie sich nur noch träge und schwerfällig bewegen kann. Durch die Sonnenwärme erwärmt sich der Körper der Zauneidechse und die Körpertemperatur steigt. Anders als bei Säugetieren bleibt die Körpertemperatur der Zauneidechse also nicht gleich, sondern ändert sich ständig mit der Umgebungstemperatur. Wegen der ständig wechselnden Körpertemperatur gehört die Zauneidechse zu den **wechselwarmen** Tieren. Im Herbst, wenn die Sonnenwärme nicht mehr ausreicht, um den Körper der Eidechse und die Umgebung ausreichend aufzuwärmen, suchen sich die Tiere einen Unterschlupf zum Überwintern. Sinkt die Körpertemperatur der Zauneidechse dauerhaft unter 10 °C, kann sie sich kaum noch bewegen und verharrt starr und steif die nächsten Monate in der **Kältestarre**. In diesem Zustand schlägt das Herz nur sehr langsam und die Atmung ist stark herabgesetzt. So spart sie Energie ähnlich dem Winterschlaf. Im Gegensatz zu Tieren im Winterschlaf müssen die Zauneidechsen in ihrer Starre verharren, bis die Sonne die Umgebung ausreichend erwärmt. Sie können sich nicht selbst aus dieser Starre lösen und erwachen. Sinkt ihre Körpertemperatur unter den Gefrierpunkt, sterben die Tiere. Sie brauchen daher zum Überwintern einen frostsicheren Platz, zum Beispiel Höhlen im Erdboden. Auch Amphibien und manche Insekten überwintern in einer solchen Kältestarre.

FORTPFLANZUNG UND ENTWICKLUNG ·
Von Anfang bis Mitte Mai zur Paarungszeit ist das Männchen an den Seiten auffällig grün gefärbt. Es wirbt um fortpflanzungsbereite Weibchen. Die Balzhandlung läuft dabei immer nach dem gleichen Muster ab: Mit trippelnden Schritten nähert sich das Männchen einem Weibchen und verbeißt sich in dessen Flanke. Es dreht und wendet sich so lange, bis seine Geschlechtsöffnung und die des Weibchens übereinander liegen. Dann kommt es zur Paarung. Bei diesem Vorgang werden die Spermienzellen in den Eileiter des Weibchens übertragen, sodass die Eizellen im Körper des Weibchens befruchtet werden. Die Zauneidechse hat wie alle Reptilien eine *innere Befruchtung*. Die im Inneren des Körpers reifenden Eizellen bilden eine feste, pergamentartige Schale aus. Nach etwa vier Wochen gräbt das

02 Zauneidechsen während der Paarung

Weibchen an einem warmen, sandigen Platz ein Loch und legt die Eier hinein. Anschließend wird das Gelege zugescharrt und verlassen. Die Eier sind durch ihre Schale vor Austrocknung geschützt. Je stärker der Boden durch die Sonneneinstrahlung aufgewärmt wird, desto schneller werden die 5 bis 15 Eier ausgebrütet. Während dieser Zeit ernährt sich der Embryo vom Dottervorrat im Ei. Sind die kleinen Eidechsen vollständig entwickelt, ritzen sie mit dem Eizahn die Schale auf und schlüpfen. Die etwa fünf Zentimeter langen Jungtiere sind sofort selbstständig.

1 ⌡ Erkläre, warum die Eidechsenweibchen ihre Eier nicht ausbrüten können. ◖

03 Entwicklung der Zauneidechse: **A** schlüpfende Zauneidechse, **B** geschlüpftes Jungtier

04 Nahrungs-
beziehungen:
Zauneidechse
A mit Beute,
B mit nachwachsen-
dem Schwanz

LEBENSWEISE · Die Jungtiere leben wie die erwachsenen Tiere als Einzelgänger an warmen, trockenen Stellen in Wäldern, an Feldrändern, Böschungen, Kiesgruben und Steinbrüchen. Sie ernähren sich von Spinnen, Asseln, Insekten und Schnecken. Von Zeit zu Zeit sieht man, wie die Eidechse die Zunge herausstreckt und gleich darauf wieder zurückzieht. Sie züngelt. Mit ihrer dünnen, gespaltenen Zungenspitze nimmt sie Geruchsstoffe aus ihrer Umgebung auf und bringt sie beim Zurückziehen der Zunge an ihren Gaumen zu einem ausgebildeten Riechorgan. Beutetiere werden so schnell aufgespürt. Ihre gutes Sehvermögen hilft ihr ebenfalls dabei.

Zauneidechsen haben aber auch Feinde wie Igel, Wiesel, Hauskatzen und größere Vögel wie Raubvögel und Krähen. Durch ihre Körperfarbe ist die Zauneidechse vor ihren Feinden gut getarnt. Wenn sie aber doch von einem Feind am Schwanz gepackt wird, kann dieser an einer unverknöcherten Bruchstelle der Wirbelsäule abbrechen. Das abgeworfene Schwanzstück zuckt noch einige Zeit und lenkt so die Aufmerksamkeit des Jägers auf sich, während die Zauneidechse blitzschnell verschwindet. Der Schwanz wächst zwar nach, kann dann aber nicht mehr abgeworfen werden.

KÖRPERBEDECKUNG · Passend zu ihrem trockenen Lebensraum besitzt die Zauneidechse eine trockene Haut aus Hornschuppen. Sie schützt das Tier vor Austrocknung und Verletzungen. Zauneidechsen sind Trockenlufttiere. Da die Hornschuppen beim Größerwerden des Tieres nicht mitwachsen, wird der Schuppenpanzer zu eng und muss von Zeit zu Zeit abgestreift werden. Die Zauneidechse häutet sich. Unter dem alten Schuppenpanzer liegen die bereits neu gebildeten Hornschuppen. Durch die Hornschuppenhaut gelangt kein Sauerstoff, weshalb die Eidechse allein auf Lungenatmung angewiesen ist. Die Oberfläche der Lunge ist durch viele Einfaltungen vergrößert. Über diese Oberfläche gelangt ausreichend viel Sauerstoff aus der Atemluft in den Körper.

05 Häutung einer
Zauneidechse

2 Begründe, warum Eidechsen sich Häuten müssen. ☐

Material A ▸ Körpertemperatur

Zeit	Temperatur		
Sommertag	Luft	Tier 1	Tier 2
8 Uhr	16,0 °C	38,8 °C	16,0 °C
10 Uhr	22,0 °C	38,8 °C	21,5 °C
14 Uhr	35,0 °C	38,8 °C	34,7 °C
18 Uhr	26,0 °C	38,8 °C	26,0 °C
20 Uhr	20,0 °C	38,8 °C	20,0 °C

In einem Versuch haben Wissenschaftler an einem Sommertag zu bestimmten Uhrzeiten die Lufttemperatur gemessen. Gleichzeitig haben sie auch die Körpertemperatur von zwei verschiedenen Tieren gemessen.

A1 Formuliere eine Fragestellung zu den Messungen. ✎

A2 Ordne Eidechse und Katze den Messwerten zu. Begründe deine Zuordnung. ☐

A3 Erstelle ein Liniendiagramm (y-Achse: Temperatur in Grad Celsius, x-Achse: Uhrzeit). Verwende für die Messwerte von Tier 1 einen roten, für Tier 2 einen blauen Stift. ✎

Material B ▸ Weitere Eidechsenarten

Mauereidechse

Westliche Smaragdeidechse

Waldeidechse

Neben der Zauneidechse kommen bei uns noch weitere Eidechsenarten vor.

B1 Informiere dich über diese drei Arten im Internet und erstelle zu jeder Art ein Kurzporträt. ✎

B2 Beschreibe die Gemeinsamkeiten und Unterschiede der drei Arten. ✎

Material C ▸ Der Artbestand nimmt ab

Zauneidechsen haben viele Feinde, die sie und ihre Jungen fressen wollen. Auch Hauskatzen machen aus reinem Vergnügen Jagd auf sie. Für den Rückgang dieser Eidechsenart sind aber noch weitere Faktoren verantwortlich: In der Landwirtschaft sollen Äcker leicht bewirtschaftet werden können und viel Ertrag liefern. Daher werden Hecken als Einfassung zwischen Äckern und Feldern entfernt, Äcker und Weinberge mit Insektenvernichtungsmitteln gespritzt. Es werden kaum noch naturnahe Kleingärten mit insektenfreundlichen Stauden und Trockenmauern angelegt. Viele Brachflächen werden sehr dicht mit Häusern bebaut oder für Freizeitaktivitäten genutzt.

C1 Erläutere, inwiefern der Mensch verantwortlich für den Rückgang der Zauneidechse ist. ✎

C2 Überlege dir Maßnahmen, die zu einer Wiederzunahme der Zauneidechsen führen könnten. ✎

Die Sonne bestimmt unseren Jahresverlauf

Bewegung der Erde: Die Erde führt zwei Bewegungen aus: Sie umkreist auf der Erdumlaufbahn die Sonne und dreht sich gleichzeitig um die eigene Achse.

Tag und Nacht: Der Wechsel von Tag und Nacht folgt aus der Drehung der Erde um die eigene Achse. Eine Drehung dauert 24 Stunden.

Jahreszeiten: Die Jahreszeiten beruhen auf der Neigung der Erdachse zur Bahnebene. Im Laufe der jährlichen Sonnenumrundung ändert sich, welche Erdhalbkugel der Sonne zugewandt ist, und damit, wie steil die Sonnenstrahlen auf die Erde treffen. Wenn auf der Nordhalbkugel Sommer ist, dann ist auf der Südhalbkugel Winter und umgekehrt.

Energiehaushalt der Erde: Die Sonne ist die primäre Energiequelle der Erde. Sie erwärmt Luft, Land und Wasser und bewirkt so die Entstehung von Jahreszeiten und Luftströmungen. Zudem liefert Sonnenlicht den Pflanzen die Energie, um in der Fotosynthese Zucker und Stärke zu produzieren.

Aggregatzustände: Stoffe treten in verschiedenen Aggregatzuständen auf: fest, flüssig oder gasförmig. Bei Zufuhr oder Abgabe von Wärme kann sich der Aggregatzustand ändern. Das **Teilchenmodell** hilft, die Aggregatzustände und ihre Wechsel über Teilchenbewegung und Teilchenzusammenhalt zu erklären:
– In **Festkörpern** liegen die Teilchen dicht beieinander und haben einen starken Zusammenhalt.
– In **Flüssigkeiten** liegen die Teilchen auch dicht beieinander, lassen sich aber leicht gegeneinander verschieben.
– In **Gasen** befinden sich die Teilchen in deutlich größerem Abstand zueinander ohne jeden Zusammenhalt.

Wasserkreislauf: Das gesamte Wasser der Erde ist innerhalb eines Kreislaufs miteinander verbunden. Regenwasser fällt auf die Erde und wird zu Oberflächen- und Grundwasser und letztlich zu Meerwasser. Durch Verdunstung gelangt das Wasser als Wasserdampf zurück in die Atmosphäre.

Wärme: Wärme breitet sich immer von Orten höherer zu Orten niedrigerer Temperatur aus. Je größer der Unterschied ist, desto schneller.
– **Wärmemitführung:** Wärme wird durch bewegte Körper mitgeführt.
– **Wärmeleitung:** Wärme wird innerhalb eines Körpers transportiert.
– **Wärmestrahlung:** Wärme wird unabhängig von Stoffen über Strahlung transportiert.

Pflanzen im Laufe der Jahreszeiten

Pflanzenorgane: Samenpflanzen bestehen aus Grundorganen, wobei jedes Organ seine eigene Funktion besitzt. Die **Wurzel** verankert die Pflanze im Boden und nimmt Wasser und Mineralstoffe auf. Die **Sprossachse** transportiert Nähr- und Mineralstoffe zwischen Wurzeln, Blüten und Laubblättern und gibt der Pflanze seine Struktur. In den **Laubblättern** findet die Fotosynthese statt. Die **Blüten** dienen der Fortpflanzung. Zur

Befruchtung werden Pollen übertragen. Die Grundorgane können abgewandelt sein und eine neue Funktion übernehmen, je nach Angepasstheit der Pflanze an ihren Lebensraum.

Frucht: Nach der Bestäubung der Blüte bildet sich die Frucht, die den Samen trägt. Je nach Aufbau kann man unterschiedliche Fruchtformen wie Steinfrucht, Nuss oder Beere unterscheiden.

Ausbreitung: Pollen werden über Insekten oder Wind transportiert. Samen können auf verschiedene Weise verbreitet werden: durch Wind oder Wasser, Tiere oder durch Selbstausbreitung. Die Samen und ihre Früchte sind an die jeweilige Verbreitungsart angepasst.

Samen: Im Inneren des Samens befindet sich ein kleines Pflänzchen, der Embryo oder Keimling genannt. Er nutzt anfangs die Speicherstoffe der Keimblätter zum Wachstum.

Überwinterungsformen von Pflanzen: Bäume werfen im Herbst Laub und Früchte ab und verfallen in einen Ruhezustand. Noch vor dem Laubfall werden in den Blattachseln winzige Anlagen, die Knospen, für neue Pflanzenorgane gebildet. Frühblüher speichern Nährstoffe in Speicherorganen wie Erdsprossen, Wurzelknöllchen, Sprossknollen oder Zwiebeln, um nach der Winterruhe schnell wieder austreiben zu können.

Tiere im Laufe der Jahreszeiten

Überwinterungsformen gleichwarmer Tiere: Vögel und Säugetiere sind gleichwarme Tiere. Sie können ihre Körpertemperatur steuern und sind unterschiedlich an die Überwinterung angepasst. **Zugvögel** ziehen aus ihrem Brutgebiet in wärmere Länder. Hasen nutzen ihre angefressenen Fettreserven und vermeiden Bewegungen nach Möglichkeit, um Energie zu sparen. Dies bezeichnet man als **aktive Überwinterung**. Eichhörnchen halten **Winterruhe** und wachen nur auf, um ihre Nahrungsvorräte aufzusuchen. Fledermäuse halten **Winterschlaf**, sie regulieren ihren Herzschlag, ihren Atem und ihre Körpertemperatur herunter, um ihren Energieverbrauch zu reduzieren.

Schutz vor Kälte: Das Winterfell bei Säugetieren besitzt die Eigenschaft, dass die vom Körper erwärmte Luft im Fell bleibt. Winterfell wärmt einen Körper also nicht aktiv, sondern verhindert den Wärmeverlust des Körpers durch Wärmeisolation.

Überwinterungsformen wechselwarmer Tiere: Die Körpertemperatur von Eidechsen ändert sich abhängig von der Umgebungstemperatur, sie sind wechselwarme Tiere. Wenn ihre Körpertemperatur dauerhaft unter 10 °C sinkt, fallen die Eidechsen in Kältestarre. Herzschlag und Atmung sind dann stark herabgesetzt. Zum Überleben darf die Körpertemperatur nicht unter den Gefrierpunkt fallen.

Ernährung: Tiere beziehen ihre Energie über die Nahrung. Durch die Verdauung wird Energie freigesetzt und zum Beispiel für die Aufrechterhaltung der Körpertemperatur oder zur Fortbewegung verwendet. Das Nahrungsangebot verändert sich mit den Jahreszeiten.

Geräte und Maschinen im Alltag

In diesem Kapitel beschäftigst du dich mit

- ► den Bestandteilen eines elektrischen Stromkreises. Du lernst, wann Strom fließt und welche Stoffe den elektrischen Strom leiten. Du erfährst auch, wie du sicher mit Strom umgehen kannst.

- ► mit einfachen elektrischen Schaltungen. Dabei lernst du auch, sie in Schaltplänen darzustellen, sie mithilfe geeigneter Software zu planen und sie selbstständig aufzubauen.

- ► dem Aufbau, den Bauteilen und der Funktion von elektrischen Geräten. Du befasst dich mit der Energieumwandlung in elektrischen Geräten. Außerdem lernst du das EVA-Prinzip als Grundprinzip der elektronischen Datenverarbeitung kennen.

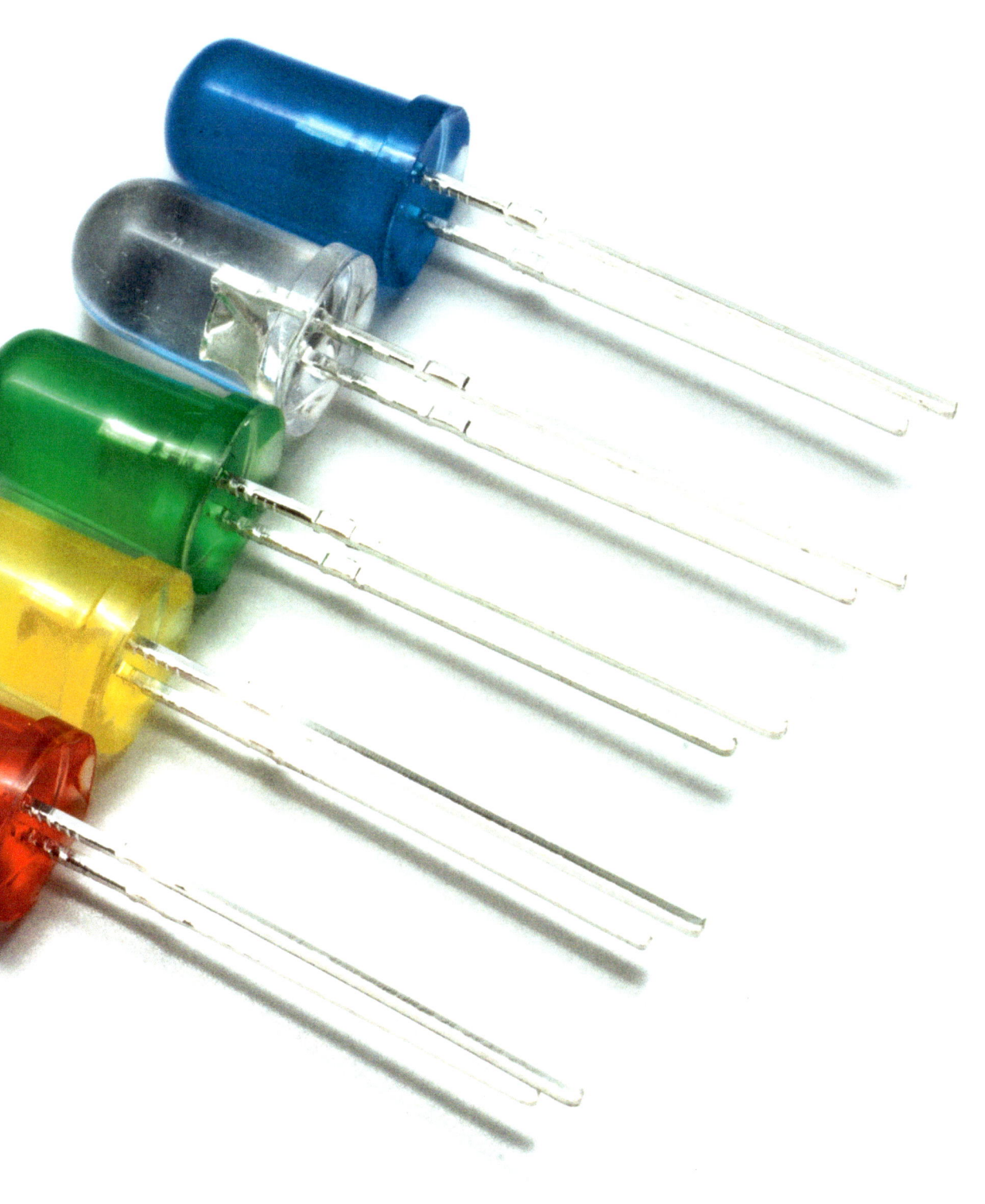

01 Fahrradreparatur

Elektrische Stromkreise

Es ist wieder passiert, das Licht am Fahrrad geht nicht mehr. Mit dem Hinweis „Die Lampe kann nicht leuchten, weil der Stromkreis unterbrochen ist" geht Daniel auf Fehlersuche. Aber wo und was ist überhaupt nötig, damit elektrischer Strom fließen kann?

DER STROMKREIS AM FAHRRAD · Die Fehlersuche bei der Fahrradbeleuchtung ist manchmal schwierig. Da hilft es zu wissen, welche Bauteile zur Beleuchtung dazugehören und was ihre Aufgabe ist. Es gibt die Lampe, die Kabel und den Dynamo. Die Lampe benötigt elektrische Energie zum Leuchten. Man bezeichnet sie daher als elektrisches Gerät. Der Dynamo stellt die nötige Energie zum Betrieb der Lampe bereit, er ist eine elektrische Energiequelle, kurz „elektrische Quelle".

Der Dynamo kann seitlich am Reifen oder in der Radnabe angebracht sein. Er wandelt Energie von einer Form in eine andere um, ist also ein Energiewandler. Beim Fahrrad wandelt er Bewegungsenergie des Rades in elektrische Energie um, die zum Betrieb der Lampe benötigt wird. Seine Bewegungsenergie erhält das Rad wiederum aus dem Antreiben durch Muskelkraft.

Manche Fahrradlampen nutzen auch eine Batterie als elektrische Quelle. Im Gegensatz zum Dynamo ist die Batterie aber ein Energiespeicher. Ihr muss nicht ständig Energie zugeführt werden.

Der Dynamo oder die Batterie als elektrische Quelle und die Lampe als elektrisches Gerät sind durch Kabel verbunden.

DER ELEKTRISCHE STROMKREIS · Bild 03 zeigt zwei Möglichkeiten, eine Glühlampe an eine Batterie anzuschließen. In beiden Fällen muss das Gewinde und das Kontaktplättchen der Glühlampe mit einem Anschluss der Batterie verbunden werden. Die Anschlussstellen der Batterie nennt man Pluspol (+) und Minuspol (–). Verbindet man die Batterie als Stromquelle mit der Lampe, kann Strom hindurchfließen und die Lampe leuchtet. Der Stromkreis ist geschlossen.

02 Verschiedene Fahrraddynamos

KREISLÄUFE · In Natur und Technik haben Kreisläufe eine große Bedeutung. Im Kreislauf bewegt sich etwas in eine Richtung und hat einen Antrieb.

Eine Fahrradkette wird mithilfe des Pedals und des Kettenblatts angetrieben. Die Kette wiederum versetzt das Hinterrad des Fahrrads in Bewegung. Die Kette bewegt sich dabei im Kreis. Sie kann sich aber nur dann im Kreis bewegen, wenn sie geschlossen ist.

Im Wasserstromkreislauf wird mit einer Pumpe das Wasser durch die Leitungen im Kreis umhergetrieben. Das Wasserrad beginnt sich durch das strömende Wasser zu drehen. Auch hier gilt, dass der Kreislauf geschlossen sein muss. Wenn der Kreislauf durch das Absperrventil unterbrochen wird, kann das Wasser nicht mehr fließen.

Beim elektrischen Stromkreis treibt eine elektrische Quelle wie die Batterie den elektrischen Strom an. Er fließt durch die Kabel über das Elektrogerät wieder zur elektrischen Quelle fortwährend im Kreis. Wenn der Stromkreis unterbrochen wird, kann kein Strom mehr fließen.

GERÄT UND QUELLE MÜSSEN PASSEN · Nicht jedes elektrische Gerät passt zu jeder elektrischen Quelle. So ginge ein Fahrradlämpchen kaputt, wenn man es an die Netzsteckdose anschließen würde, weil dann viel zu viel Strom fließen würde.

Woran erkennt man, dass es sich um eine passende Quelle handelt? Elektrische Quellen werden durch die Angabe der elektrischen Spannung gekennzeichnet. Diese gibt an, wie stark die Quelle den Strom antreibt, und wird in der Einheit 1 Volt, kurz 1 V, angegeben. Eine Micro-AAA-Batterie ist zum Beispiel mit 1,5 V beschriftet.

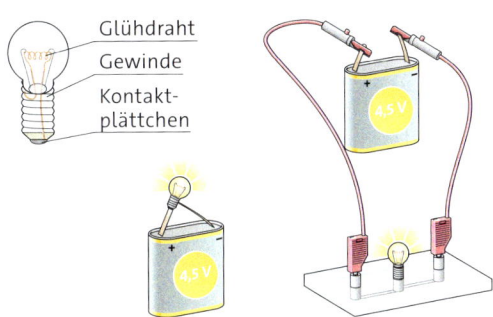

03 Glühlampe an einer Batterie

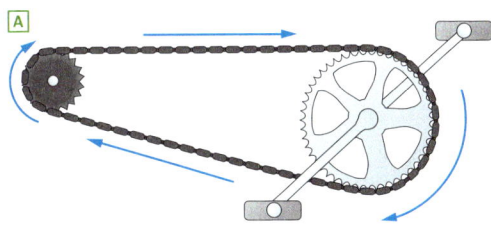
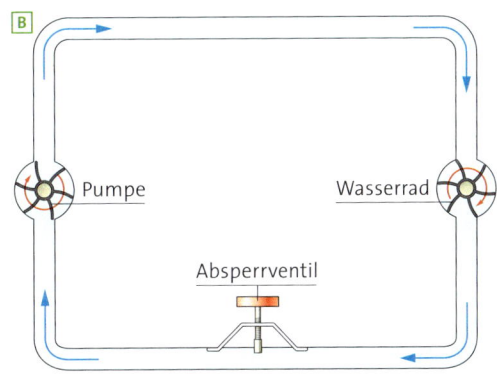

04 **A** Fahrradkette, **B** Wasserstromkreis

UNTERBROCHENE STROMKREISE · Bei der nicht funktionierenden Fahrradbeleuchtung passen Quelle und Gerät allerdings zueinander, denn sie funktionierte kurz vorher noch. Stattdessen liegt meist eine Unterbrechung des Stromkreises vor. So kann kein Strom fließen und keine Energie von der Quelle zur Lampe transportiert werden. Die Lampe leuchtet nicht. Ursachen können etwa gelockerte Kontakte zwischen Kabel und Lampe, ein gebrochenes Kabel oder eine durchgebrannte Glühlampe sein.

05 Batterie 1,5 V „Micro" (AAA)

06 Flachbatterie 4,5 V

SCHALTER UNTERBRECHEN STROMKREISE · Es gibt auch Situationen, in denen der Stromkreis absichtlich unterbrochen werden soll. Das ist etwa bei einfachen Lichtschaltern der Fall, mit denen das Licht im Zimmer ein- und ausgeschaltet wird. Auch das Fahrradlicht besitzt einen Schalter.
Im Unterricht nutzt man Schalter wie in Bild 07. Je nach Stellung des Schalters ist der Stromkreis geschlossen oder unterbrochen. Wenn man einen Stromkreis selbst aufbaut, sollte immer ein Schalter eingebaut sein. So lässt sich das Gerät jederzeit sicher von der Quelle trennen.

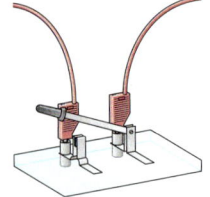

07 Schalter

KURZSCHLUSS · Manchmal leuchtet die Fahrradlampe nicht, weil ein Kurzschluss vorliegt. Bei einem Kurzschluss sind beide Pole der elektrischen Quelle direkt miteinander verbunden wie in Bild 08. Man beobachtet, dass die Leitungen und die Batterie heiß werden. Die Quelle gibt ihre Energie im Kabel und in der Quelle selbst ab. Es fehlt ein Gerät, das die elektrische Energie aufnehmen könnte. Die Quelle kann dabei leicht zerstört werden. Außerdem wird das Kabel möglicherweise so heiß, dass ein Brand entsteht.
Ein Kurzschluss entsteht auch, wenn es eine gut leitende Verbindung der Pole am elek-

08 Achtung: Kurzschluss – nicht nachmachen!

trischen Gerät vorbei gibt, wie in Bild 09B dargestellt. Dann fließt fast der gesamte Strom durch diese Verbindung und die Quelle kann die Energie nicht an das Gerät abgeben.

LEUCHTDIODEN · Immer mehr Fahrradlampen nutzen Leuchtdioden (LEDs) statt einer Glühlampe. LEDs nutzen die Energie besser zur Lichterzeugung als Glühlampen. Sie werden weniger warm und leuchten trotz geringerer Energiezufuhr heller. Im Unterschied zur Glühlampe muss man hier aber auf die Polung achten. Das lange Beinchen der LED muss mit dem Pluspol und das kurze mit dem Minuspol einer elektrischen Quelle verbunden werden, damit die LED leuchtet. Wenn man sie andersherum anschließt, leuchtet sie nicht, wie in Bild 10 zu sehen ist.

1) Nenne die Bestandteile eines Stromkreises und deren Aufgaben. ▢

2) Im Fußballstadion wird ein breites Tor neben der Durchlasskontrolle geöffnet. Vergleiche die Änderung des Stroms hier mit der beim Kurzschluss. ◣

3) Nenne Gründe, warum ein Stromkreis manchmal unterbrochen ist. ◣

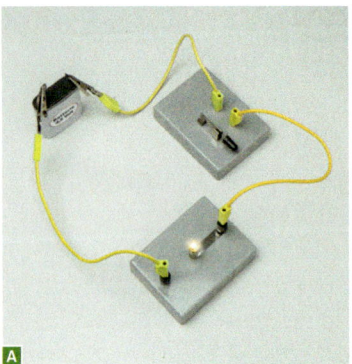

09 A Korrekter Stromkreis. **B** So nicht!

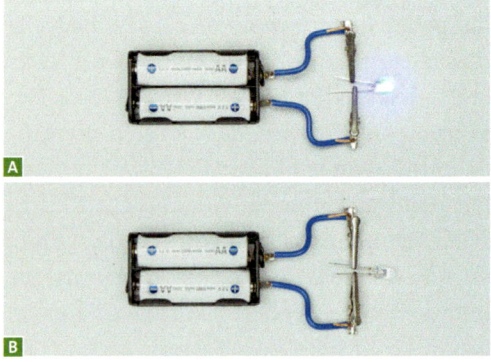

10 Anschließen einer Leuchtdiode

Sicher mit Strom umgehen

VORSICHT · Die Verwendung von Batterien oder der ordnungsgemäße Gebrauch von Elektrogeräten ist ungefährlich, aber die Spannung an einer Steckdose kann Leben kosten. Hohe Ströme können zu Verbrennungen, Muskelverkrampfungen und als Folge zu Herzrhythmusstörungen oder Herzstillstand führen. Bastle daher nie an der elektrischen Anlage im Haus und überlass die Reparatur von Elektrogeräten immer Fachleuten. Beachte stets, dass Leitungswasser ein elektrischer Leiter ist und daher zu einem Kurzschluss führen kann. Berücksichtige auch beim Umgang mit Strom und Elektrogeräten immer folgende Sicherheitsregeln:

- Berühre keine blanken Kabel oder die Kontakte einer Steckdose, auch nicht nur einen Kontakt.
- Stecke niemals etwas anderes als einen geeigneten Stecker in die Steckdose, auch keinen Stift oder Nagel.
- Schütze Steckdosen vor kleinen Kindern.
- Ziehe Netzkabel immer am Stecker, niemals am Kabel aus der Steckdose.
- Benutze keine Geräte mit defekten Leitungen.
- Arbeite nur mit trockenen Händen an elektrischen Geräten.
- Nutze keine an eine Steckdose angeschlossenen Geräte, wenn du in der Badewanne oder unter der Dusche bist.
- Ziehe immer erst den Stecker aus der Steckdose, falls du ein Gerät feucht abwischen möchtest.

SICHERES EXPERIMENTIEREN · Beim Experimentieren musst du immer vorsichtig sein. Lies vor dem Experimentieren die Arbeitsanweisung genau durch und halte dich stets an die Experimentieranweisungen. Beginne erst, wenn dir der Arbeitsauftrag wirklich klar ist.

Oft ist es sinnvoll, erst einen Schaltplan zu zeichnen und nicht sofort die Schaltung aufzubauen. Schaltpläne sind übersichtlicher als die Schaltungen selbst. Fehler sind leichter zu finden. Du kannst Schaltungen auch mit geeigneter Software erstellen und die Funktion deiner Schaltung mit einer Simulation überprüfen. Erst nach der Kontrolle sollte die Quelle eingeschaltet und vor jedem Umbau ausgeschaltet werden. Nutze als Quelle dabei nur Batterien oder spezielle Netzgeräte mit Spannungen unter 25 Volt.

Falls doch einmal etwas passiert, bewahre Ruhe! Berühre bei einem Stromunfall niemals die betroffene Person direkt oder mit einem leitenden Gegenstand, solange der Stromkreis noch nicht unterbrochen ist. Es besteht Lebensgefahr! Drücke im Fachraum der Schule sofort den Not-Aus-Schalter, der alle Strom- und Gaszuleitungen unterbricht und hole Hilfe.

01 Warnschild elektrische Gefährdung

02 Not-Aus-Schalter

/// IM BLICKPUNKT TECHNIK //

Was strömt denn da?

01 Strom in verschiedener Form: **A** Wasserstrom, **B** Autostrom, **C** elektrischer Strom

Im alltäglichen Sprachgebrauch nutzt man das Wort Strom in verschiedenen Situationen. Man spricht vom Wasserstrom eines Flusses, vom Autostrom auf einer stark befahrenen Straße oder auch vom elektrischen Strom. Anders als beim Wasser- und beim Autostrom kann man den elektrischen Strom allerdings nicht direkt sehen. Was strömt denn da eigentlich?

Vor dieser Frage stand die Wissenschaft am Ende des 19. Jahrhunderts ebenfalls, bis schließlich winzige elektrisch geladene Teilchen entdeckt wurden, die für die Stromleitung wichtig sind.

In Metallen, aus denen die meisten Kabel und elektrischen Leitungen bestehen, kann sich ein Teil dieser kleinen Teilchen relativ frei bewegen. Wenn ein Stromkreis geschlossen wird, dann bewegen sich diese Teilchen langsam in eine gemeinsame Richtung. Es ergibt sich ein elektrischer Strom, der von der elektrischen Quelle angetrieben wird.

Wenn man den Schalter im Stromkreis aus Bild 02 schließt, dann leuchtet die Lampe sofort auf. Die Kabel sind recht lang, sodass die kleinen Teilchen in der kurzen Zeit nicht von der Batterie bis in die Lampe gelangt sein können. Dafür bewegen sie sich viel zu langsam. Die Lampe leuchtet sofort auf, weil die Leitungen bereits überall bewegliche Teilchen enthalten. Diese set-

zen sich alle gemeinsam in Bewegung, sobald der Schalter geschlossen wird – also auch die Teilchen, die sich bereits in der Nähe der Lampe befinden.

Während der Strom fließt, kommen am Ende an der Batterie genauso viele Teilchen an, wie am Anfang von der Batterie starten. Die Teilchen gehen also nicht verloren, sondern strömen durch das Gerät und kehren zur elektrischen Quelle zurück. Strom wird also nicht „verbraucht". Durch den Stromfluss wird Energie von der Quelle auf die Geräte übertragen. Mit der umgangssprachlichen Rede vom „Stromverbrauch" ist also eigentlich eine Umwandlung und letztlich auch eine Entwertung der elektrischen Energie gemeint.

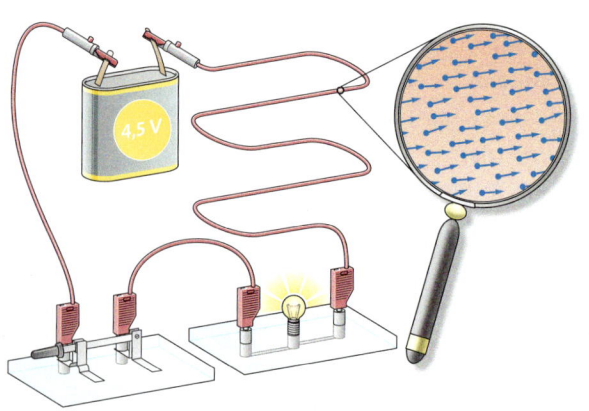

02 Im geschlossenen Stromkreis fließt Strom.

VERSUCH A ▸ Glühlampe im Stromkreis

Mit den folgenden Versuchen untersuchst du genauer, wie du eine Glühlampe anschließen musst, damit sie leuchtet:

V1 Kontakte der Glühlampe

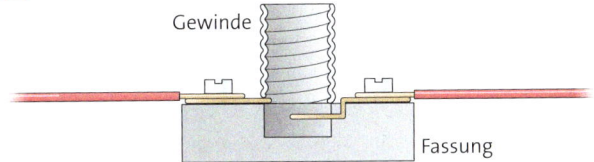

Gewinde

Fassung

Material:
   Flachbatterie, Glühlampe, Fassung, Kabel

Durchführung:
   Schließe eine Fassung für eine Glühlampe über Kabel an eine Batterie an.
   a) Schraube die Glühlampe ein. Gib an, wann sie zu leuchten beginnt. ☐
   b) Skizziere die Fassung vom Bild oben. Ergänze nun eine Glühlampe so, dass in deiner Skizze die elektrischen Kontakte deutlich zu erkennen sind. ◧
   c) Beschreibe deinem Sitznachbarn den Weg des Stroms durch die Fassung und die Glühlampe. ◧

V2 Stromkreise

1   2   3   4   5   6

Material:
   Flachbatterie, Glühlampe

Durchführung:
   Hier siehst du verschiedene Möglichkeiten, eine Glühlampe mit einer Batterie zu verbinden.
   a) Gib die Anordnungen an, bei denen die Lampe leuchten wird. ☐
   b) Überprüfe dein Ergebnis, indem du die verschiedenen Schaltungen ausprobierst. Achtung: Unterbrich den Stromkreis sofort, wenn die Lampe nicht leuchtet! ☐
   c) In einigen Fällen leuchtet die Lampe nicht. Erkläre jeweils, warum dies so ist. ◧

Material B ▸ Elektrischer Strom im Alltag

25 000 Menschen noch immer ohne Strom

Münster – 28.11.2005 Seit drei Tagen sind die Menschen rund um die Kleinstadt Ochtrup bereits von der Stromversorgung abgeschnitten. Auslöser war ein Schneesturm, der den gesamten 25. November über anhielt und über 50 cm Neuschnee mit sich brachte. Unter dem Gewicht von Eis und Schnee knickten mehr als 80 Strommasten um. Damit ging für die Bevölkerung viel mehr als nur das Licht aus. Es droht nun die vierte Winternacht ohne Heizung.

B1 Erkläre, warum die Oberleitung bei der Eisenbahn (Bild links) nur aus einer Leitung bestehen muss, während der elektrische Stadtbus (Bild rechts) zwei Oberleitungen benötigt. ◧

B2 Stelle dir vor, bei euch fällt der Strom ebenfalls für mindestens einen ganzen Tag aus.
Schreibe darüber einen Artikel für die Schülerzeitung. ◧

264

01 Sporthalle

Schaltungen

Mit einem einzigen Lichtschalter werden in der Sporthalle mehrere Deckenleuchten gleichzeitig angeschaltet. Wie kann das funktionieren?

SCHALTUNGEN MEHRERER LAMPEN · Wenn große Räume gleichmäßig erhellt werden sollen, dann sind meist mehrere Lampen erforderlich. So können sie verschiedene Bereiche des Raums ausleuchten. Die Lampen lassen sich oft gemeinsam ein- und ausschalten. Wenn eine Lampe defekt ist, leuchten die anderen trotzdem weiter. Mit einem Experiment kann man überprüfen, wie die Lampen dafür in den Stromkreis eingebaut werden müssen. Dazu wer-

den zwei Glühlampen und ein Schalter an eine Batterie angeschlossen. Dies kann man grundsätzlich auf zwei Arten tun. In beiden Fällen lassen sich die Lampen mit dem Schalter gemeinsam schalten.

Im ersten Fall wie in Bild 02 liegen die Lampen in einer Reihe im Stromkreis. Daher heißt diese Schaltung **Reihenschaltung**. Da es hier nur einen einzigen Weg für den Strom gibt, spricht man auch von einem unverzweigten Stromkreis. Das bedeutet, dass sich der Strom an keiner Stelle aufteilt. Der Stromkreis ist dann geschlossen, wenn der Schalter geschlossen ist und alle Lampen funktionieren. Sobald eine der Lampen

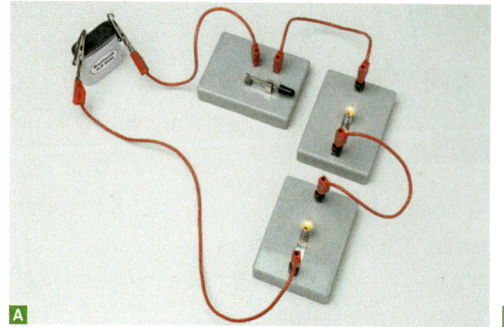

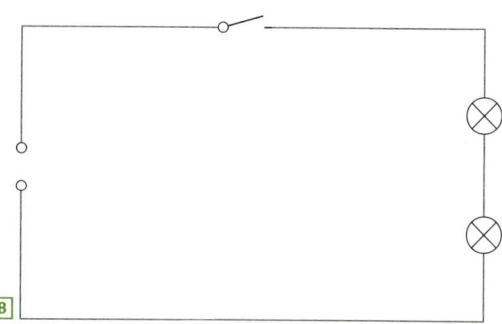

02 Reihenschaltung:
A Aufbau,
B Schaltplan

defekt ist oder aus der Fassung gedreht wird, erlischt auch die andere.

Damit eignet sich die Reihenschaltung nicht für die Beleuchtung von Räumen. Hier soll das Licht weiterhin leuchten, auch wenn eine der Lampen nicht mehr funktioniert. Außerdem leuchten die Lampen umso schwächer, je mehr in Reihe geschaltet sind.

Im zweiten Fall werden beide Lampen wie in Bild 03 direkt mit den Polen der Batterie verbunden. Der Stromweg teilt sich an einer Stelle auf, geht jeweils durch die beiden Lampen und kommt am Ende wieder zusammen. Die Lampen liegen dabei in parallelen Zweigen des Stromkreises. Eine solche Schaltung heißt daher **Parallelschaltung**.

Wenn nun eine der beiden Lampen aus der Fassung gedreht wird oder defekt ist, dann leuchtet die andere unverändert weiter, weil dort der Stromkreis immer noch geschlossen ist.

Ein weiterer Vorteil der Parallelschaltung liegt darin, dass hier die Lampen in den einzelnen Zweigen des Stromkreises heller leuchten als in der Reihenschaltung mit mehreren Lampen.

SCHALTERTYPEN · Mit einem einfachen Schalter können Elektrogeräte ein- oder ausgeschaltet werden. In der Stellung „Aus"

unterbricht er den Stromkreis, bei „Ein" ist der Stromkreis geschlossen.

Daneben gibt es Tastschalter, die den Stromkreis nur schließen, solange sie gedrückt werden. Dies ist bei der Türklingel der Fall.

SCHALTPLÄNE · Will man den Aufbau einer Schaltung wiedergeben, kann man sie fotografieren oder eine genaue Zeichnung des Versuchsaufbaus anfertigen.

Für ein Foto braucht man eine Kamera, ihn zu zeichnen ist aufwendig. Einfacher geht es mit einem Schaltplan. Er ist schnell erstellt und meistens auch übersichtlicher als ein Foto oder eine Zeichnung. Ein Schaltplan zeigt, welche Bauteile im Stromkreis miteinander verbunden sind. Dabei werden für die einzelnen Bauteile einfache Symbole verwendet, die international festgelegt sind. In den Bildern 02B und 03B sind die Schaltpläne der beschriebenen Schaltungen mit diesen Symbolen dargestellt.

1 ⌐ Vergleiche Reihen- und Parallelschaltung miteinander. ▢

2 ⌐ Zeichne einen Schaltplan mit zwei Lampen und einem Schalter, der aber nur eine der beiden Lampen schaltet. ◣

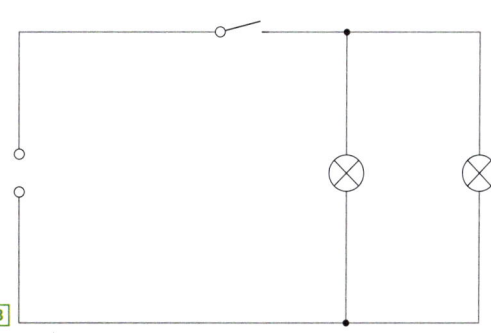

03 Parallelschaltung:
A Aufbau,
B Schaltplan

METHODE

Schaltpläne und -symbole

Bild 01 zeigt jeweils die gleiche Schaltung in drei verschiedenen Darstellungen. Da es meist sehr umständlich wäre, in einer Schaltung die Lampe, den Motor, den Kühlschrank oder den Computer einzuzeichnen, hat man sich auf einfache, internationale Symbole geeinigt.

Während Begriffe wie Lampe, Motor, Schalter, Batterie oder Kabel in jeder Sprache einen anderen Namen haben, werden die Symbole in Form von kleinen einfachen Zeichnungen in der ganzen Welt verstanden.

Dabei zeigt ein Schaltplan nicht, wie eine Schaltung aussieht, sondern was miteinander verbunden ist.

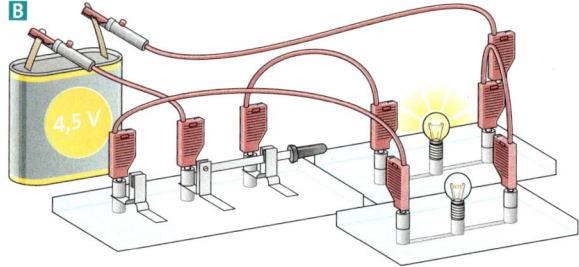

Regeln zum Aufbau von Schaltungen
– Lege die Bauteile übersichtlich auf den Tisch.
– Ordne die Teile so wie in der Schaltskizze an.
– Beginne mit dem Aufbau an einem Pol der elektrischen Quelle. Verbinde den zweiten Pol der Quelle erst dann, wenn du die Schaltung überprüft hast.

Regeln zum Zeichnen von Schaltplänen
– Achte auf eine übersichtliche Darstellung.
– Verwende stets einen Bleistift.
– Zeichne die Leitungen mit dem Lineal.
– Zeichne Leitungen nur mit rechten Winkeln.
– Beachte, dass elektrische Quellen und Geräte immer zwei Anschlüsse haben.
– Zeichne Symbole nicht in die Ecken.
– Vermeide Kreuzungen der Leitungen.

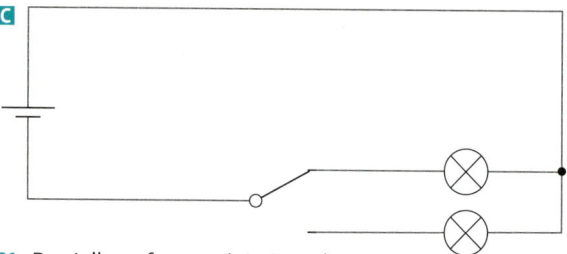

01 Darstellungsformen eines Stromkreises:
A Foto, **B** genaue Zeichnung, **C** Schaltplan

1 Baue eine Schaltung aus Lampen, Schaltern und einer Batterie auf. Zeichne den zugehörigen Schaltplan. Lass deinen Nachbarn die Schaltung anhand deines Schaltplans nachbauen. ◗

Die folgende Tabelle zeigt einige Schaltsymbole:

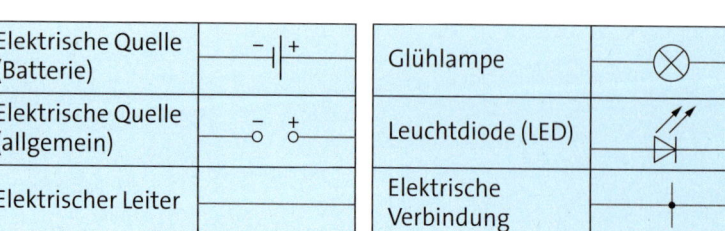

Elektrische Quelle (Batterie)		Glühlampe		Schalter	
Elektrische Quelle (allgemein)		Leuchtdiode (LED)		Umschalter	
Elektrischer Leiter		Elektrische Verbindung		Motor	

Schaltpläne mit Software planen

Mithilfe von Programmen oder Apps lassen sich mit einem Computer, einem Tablet oder einem Smartphone elektrische Schaltungen entwickeln. Als Beispiel betrachten wir eine Schaltung mit einer elektrischen Quelle, zwei Schaltern und zwei Glühlampen.

Beim Vorgehen solltest du dich an folgenden Schritten orientieren:

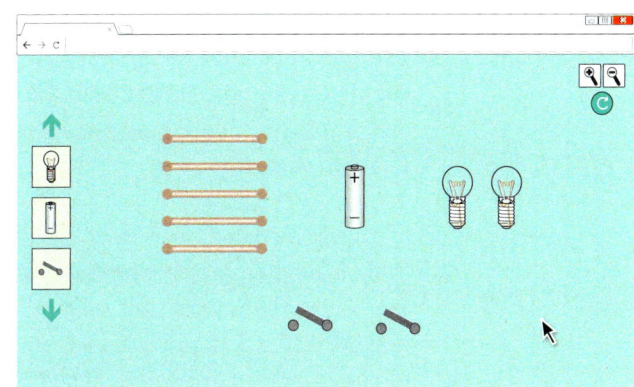

01 Auswahl und Anordnung der erforderlichen Bauelemente

1. Software auswählen

Es gibt eine Vielzahl unterschiedlicher Programme und Apps. Nutze die Empfehlung der Lehrkraft. Wenn du dir selbst ein Programm suchst, dann verwende nur Freeware. Mache dich mit der Bedienung des Programms vertraut.

2. Bauelemente auswählen

Suche die Bauelemente heraus, die du für deine Schaltung brauchst (Bild 01). Ordne sie übersichtlich an. Beachte dabei:

- Manche Programme arbeiten mit bildhaften Darstellungen.
- Die Schaltzeichen können sich von denen unterscheiden, die du aus dem Physikunterricht kennst.

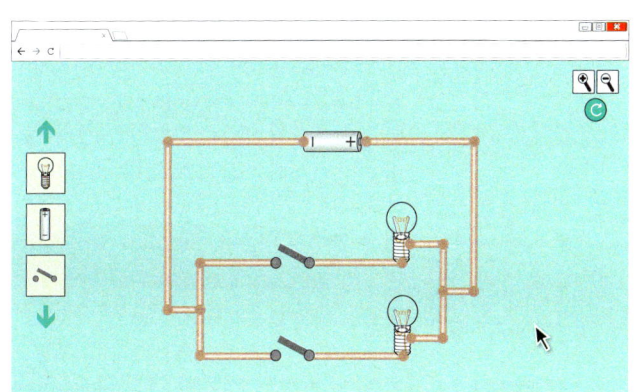

02 Verbindung der Bauelemente durch Leiter

3. Bauelemente verbinden und Schaltung prüfen

Verbinde die Bauelemente durch Leiter (Bild 02). Achte dabei auf Übersichtlichkeit. Bei manchen Programmen kannst du prüfen, ob die Schaltung funktioniert (Bild 03). Führe, wenn möglich, diese Prüfung durch.

4. Reale Schaltung aufbauen und prüfen

Baue die Schaltung nach dem Schaltplan mit realen Bauelementen auf. Lass sie von der Lehrkraft prüfen. Probiere aus, ob die Schaltung funktioniert.

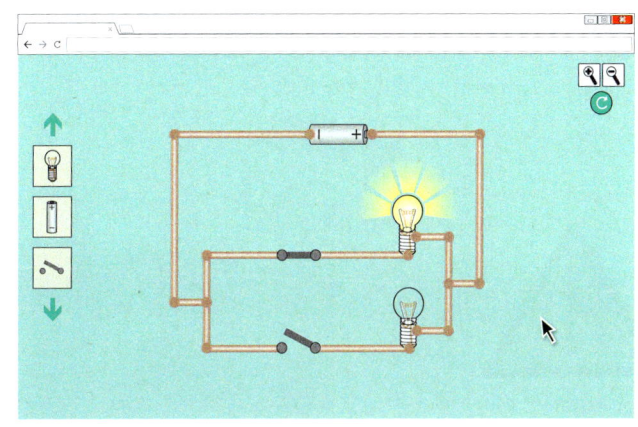

03 Prüfung der Schaltung

///// IM BLICKPUNKT TECHNIK ///

Sicherungen

Um zu verhindern, dass zu starke Ströme Leitungen oder Geräte zerstören, verwendet man elektrische Sicherungen. Sie sollen den Stromkreis unterbrechen, wenn der Strom zu stark wird.

In einem Modellversuch wird ein dünner Draht in den Stromkreis eingebaut (Bild 01). Die Glühlampe wird mit einem Kabel überbrückt und erzeugt so einen Kurzschluss. Dadurch fließt ein starker Strom. Der dünne Draht erhitzt sich so sehr, dass er schmilzt und den Stromkreis unterbricht, bevor Schlimmeres geschieht. Eine Sicherung, die so funktioniert, nennt man **Schmelzdrahtsicherung.**
Solche Schmelzdrahtsicherungen werden häufig in elektrischen Geräten und im Auto eingesetzt. Im Haus verwendet man meistens Sicherungen, die den Stromkreis unterbrechen, ohne zerstört zu werden.

Alle Sicherungen müssen auf ihren Stromkreis abgestimmt sein. Ein Elektroherd benötigt zum Beispiel einen stärkeren Strom für den Betrieb als die Zimmerbeleuchtung. Daher sollen seine Sicherungen den Stromkreis auch erst bei einem stärkeren Strom unterbrechen.

Temperaturschalter

Eine Kochplatte oder ein Bügeleisen darf nicht zu heiß werden. Um die Temperatur zu regeln, wird meist ein Schalter aus einem Bimetallstreifen genutzt. Bei einem Bimetallstreifen sind zwei verschiedene Metallschichten, etwa Messing und Eisen, fest miteinander verbunden. Erwärmt sich der Streifen, dehnt sich das Messing stärker aus als das Eisen. Da die Metalle aber fest miteinander verbunden sind, krümmt sich der Bimetallstreifen zum Eisen hin. Krümmt er sich dabei von der Kontaktstelle eines elektrischen Stromkreises weg, dann wird der Stromkreis unterbrochen.

In einem Modellversuch kann man diese Schaltung nachbauen (Bild 02). Anfangs schließt der gerade Bimetallstreifen den Stromkreis. Die Glühlampe leuchtet und erhitzt dadurch das Bimetall. Es biegt sich nach oben und unterbricht den Stromkreis. Die Glühlampe erlischt und die Temperatur sinkt wieder. Dadurch biegt sich der Bimetallstreifen zurück und schließt den Stromkreis wieder. Der Temperaturschalter unterbricht den Stromkreis also oberhalb einer bestimmten Temperatur und schließt ihn wieder, wenn sich das Gerät abgekühlt hat.

03 Gerätesicherung

04 Autosicherungen

Den Versuch in Bild 01 darfst du nicht selbst ausführen!

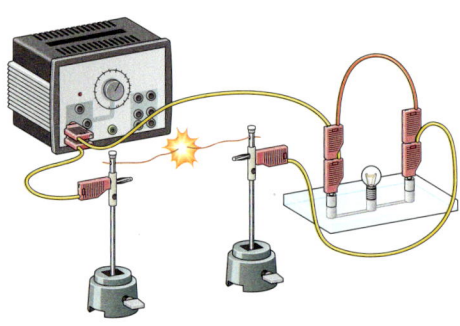

01 Beim Kurzschluss schmilzt der Schmelzdraht.

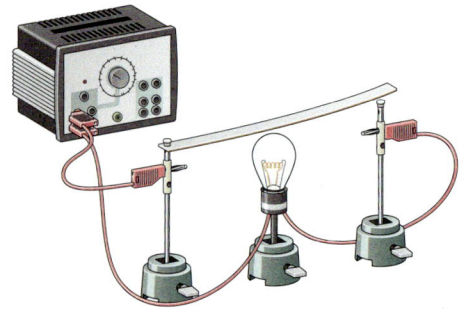

02 Temperaturregelung durch Bimetallstreifen

VERSUCH A ▸ Reihen- und Parallelschaltung

Material:
2 Glühlampen oder LEDs, passende Batterie, Schalter, Kabel, Klemmen

Durchführung:
a) Zeichne zwei Schaltpläne: In der ersten Schaltung sind zwei Glühlampen in Reihe an eine Batterie angeschlossen, in der zweiten Schaltung sind sie parallel zueinander an die Batterie angeschlossen. ◖

b) Stelle für beide Schaltungen eine Vermutung auf, was passiert, wenn du eine Glühlampe aus der Fassung drehst. ◖
c) Baue die Schaltungen auf und drehe jeweils eine Glühlampe aus der Fassung. Beschreibe deine Beobachtungen und vergleiche mit deiner Vermutung. ◖
d) Erkläre deine Beobachtungen. ◖

Material B ▸ Schaltpläne

B1 Max hat eine Schaltung aufgebaut. Was meinst du dazu? Zeichne den Schaltplan und erläutere. ◖

B2 Beschreibe, was geschieht, wenn eine der drei Lampen aus der Fassung geschraubt wird. ▢

B3 Beschreibe, was geschieht, wenn man einen der beiden Schalter in dieser Schaltung betätigt. ◖

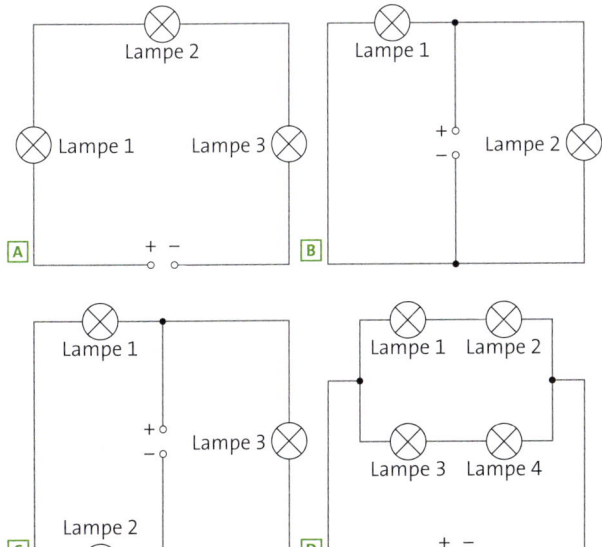

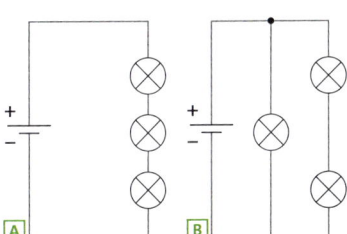

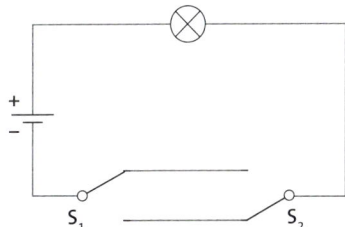

Material C ▸ Elektrische Stromkreise

C1 Die Bilder A–C zeigen verschiedene Schaltungen mit Lampen. Benenne die jeweilige Schaltungsart und begründe deine Entscheidung. ▢

C2 Bild D zeigt eine Schaltung mit vier Lampen. Übertrage die folgende Tabelle in dein Heft und fülle sie aus. Entscheide, welche Lampen leuchten, nachdem die jeweils benannte Lampe herausgedreht wurde. Überprüfe die Ergebnisse deiner Tabelle in einem Experiment. ◖

Lampe 1	Lampe 2	Lampe 3	Lampe 4
heraus			
	heraus		
	heraus	heraus	
		heraus	heraus

01 Verkabelung in einem Sicherungskasten

Leiter und Nichtleiter

> In einem Sicherungskasten sind sehr viele Kabel verlegt. Dabei müssen die verschiedenen Stromkreise klar voneinander getrennt bleiben. Wie sind Stromkabel aufgebaut, um dies sicherzustellen? Welche Materialien eignen sich dafür?

AUFBAU VON KABELN · Für einen funktionierenden Stromkreis benötigt man Kabel, die den Strom gut leiten. Gleichzeitig dürfen aber keine zusätzlichen Stromwege oder Kurzschlüsse entstehen, wenn die Leiter im Kabel einander berühren. Die **Leiter** im Kabel sind Drähte, meist aus Kupfer, das den Strom besonders gut leitet. Es besitzt also eine sehr hohe **elektrische Leitfähigkeit**.

Umhüllt sind die Drähte einer Kunststoffschicht. Diese Hülle leitet den Strom nicht und schützt vor Kontakt mit dem Draht. Da solche Materialien verschiedene Leiter voneinander abgrenzen, also isolieren, bezeichnet man sie als Isolatoren. Sie haben eine geringe elektrische Leitfähigkeit und werden auch **Nichtleiter** genannt.

Ein dickeres Kabel besteht aus mehreren Einzelleitungen, auch Adern genannt. Das Bild 02 zeigt ein dreiadriges Elektrokabel, wie es in Häusern und Wohnungen verlegt ist. Jede Ader ist einzeln isoliert. Zwei Kabeladern sind nötig, um ein Elektrogerät mit Strom zu versorgen. Die dritte, meist gelbgrüne Ader ist wichtig für den Schutz vor möglichen Elektrounfällen.

WELCHE MATERIALIEN LEITEN STROM? · Diese Frage lässt sich mit einem Versuch wie in Bild 03 beantworten. Verbindet man die LED über die Kabel direkt mit der Batterie, dann leuchtet sie hell. Die Kabel, die Klemmen und die LED sind also gute Leiter mit einer hohen elektrischen Leitfähigkeit.

Jetzt fügt man verschiedene Gegenstände in den Stromkreis ein und beobachtet, wie

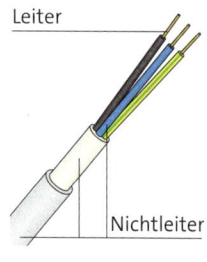

02 Elektrokabel

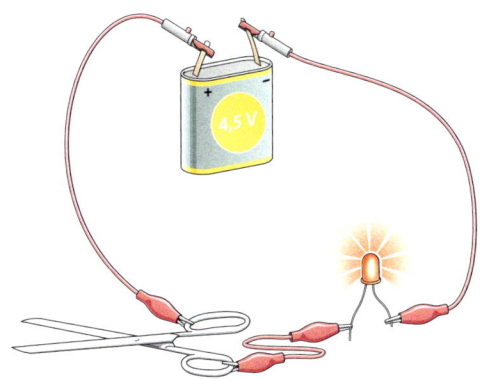

03 Welche Materialien leiten elektrischen Strom?

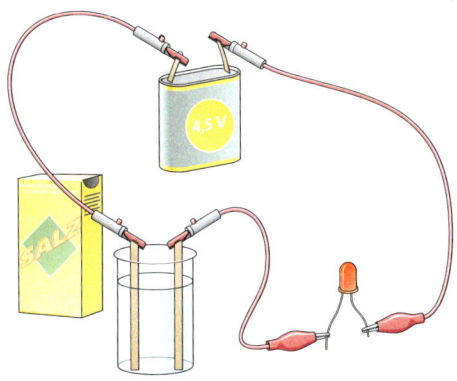

05 Leitet Wasser elektrischen Strom?

die LED leuchtet. Je heller sie leuchtet, desto besser leitet der Gegenstand den Strom. Entscheidend ist dabei nicht der Gegenstand selbst, sondern das Material, aus dem der Gegenstand besteht. Eine Büroklammer kann beispielsweise aus Metall oder aus Kunststoff bestehen. Die Ergebnisse einiger Versuche zeigt Tabelle 04.

Es zeigt sich, dass Metalle gute elektrische Leiter sind. Im Gegensatz dazu leiten Kunststoffe, Glas und Keramik keinen Strom, sind also Nichtleiter. Sie können als Isolatoren wirken.

Körper	Material	Leitet Strom?
Schere	Metall	Ja
Lineal	Holz	Nein
Schnürsenkel	Kunststoff	Nein
Büroklammer	Metall	Ja
Büroklammer	Kunststoff	Nein
Bleistiftmine	Graphit	Ja (schwach)
Trinkglas	Glas	Nein
Schlüssel	Metall	Ja
Becher	Porzellan	Nein
Stricknadel	Metall	Ja

04 Ergebnisse der Untersuchung von Gegenständen

LEITET WASSER STROM? · Um zu prüfen, wie gut Wasser den Strom leitet, wird ein Gefäß mit Leitungswasser gefüllt. Zwei Metallstäbe, die ins Wasser ragen, werden über Kabel mit der Batterie verbunden (Bild 05). Die LED leuchtet nur schwach. Leitungswasser leitet den Strom demnach nur schlecht. Gibt man aber Salz in das Wasser, dann leitet das Gemisch den Strom besser. Das Salz, das im Wasser gelöst ist, sorgt dafür, dass die Lösung den Strom leitet. Hochreines Wasser hingegen ist ein Nichtleiter. Generell sollten elektrische Stromquellen oder Geräte nur mit trockenen Händen berührt und nicht in der Nähe von Flüssigkeiten betrieben werden.

ACHTUNG: Keinesfalls darfst du dabei in Kontakt mit anderen Stromquellen außer der Batterie kommen, bei stärkeren Stromquellen besteht sonst Lebensgefahr.

1 Nenne die Materialien, die du für die Herstellung eines Stromkabels und einer alternativen Leitungsbahn nutzen würdest. Begründe deine Antwort. ⬚

2 Überprüfe, ob es einen Unterschied in der Leitfähigkeit zwischen Salz- oder Zuckerwasser gibt. 🔋

06 Gewitterblitz

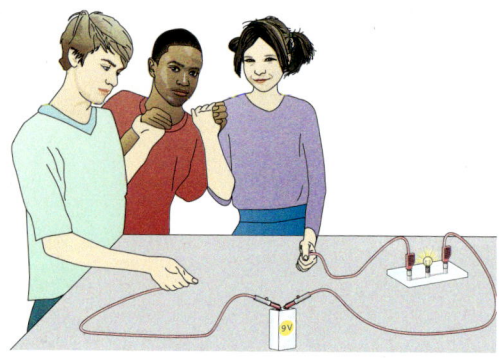

07 Durch die Menschenkette fließt ein Strom

LUFT – EIN NICHTLEITER? · Wenn man einen Schalter in einem elektrischen Stromkreis öffnet, dann fließt kein Strom mehr. Luft leitet den elektrischen Strom also nicht.

Trotzdem gibt es eine Situation, in der auch Luft elektrischen Strom leitet: Entlang eines Gewitterblitzes ist die Luft für kurze Zeit leitend. Der Grund dafür liegt in der sehr hohen Spannung zwischen Wolke und Erde. Über 100 Millionen Volt können hier auftreten. Das ist mehr als 40 000-mal so viel wie die Spannung an der Steckdose!
Auch andere Gase können unter bestimmten Bedingungen Strom leiten. Dies wird zum Beispiel in Leuchtstofflampen genutzt.

DER MENSCH ALS ELEKTRISCHER LEITER ·
Der menschliche Körper enthält viel Wasser und Salz. Das macht ihn zu einem guten Leiter. Blut, Schweiß und Urin leiten den elektrischen Strom dabei besonders gut. Wenn ein genügend großer Strom durch den menschlichen Körper fließt, dann kann das zu schweren Verletzungen und sogar zum Tod führen. Besonders groß ist die Gefahr bei feuchten Händen. Dann kann der Strom sehr leicht durch die Haut dringen.
Auch ohne äußere Einflüsse fließen im menschlichen Körper immer elektrische Ströme. Sie sind sehr schwach und dienen

der Übertragung von Informationen innerhalb der Nerven oder zur Steuerung der Muskeln und des Herzens. Wenn der Mensch zum Teil eines elektrischen Stromkreises wird, dann führt der Strom zu Störungen der inneren Ströme.

Kleine Ströme reizen die Nerven nur wenig. Wenn man etwa eine Flachbatterie an die Zunge hält, dann führt der Strom nur zu einem Kribbeln und einem leicht säuerlichen Geschmack im Mund. Große Ströme überlagern aber die Nervenströme. Die Folge sind Verkrampfungen und Herzrhythmusstörungen, die sogar zum Herzstillstand und damit zum Tod führen können. Außerdem kommt es zu Verbrennungen.

3 ┘ Stelle dir vor, Luft wäre ein guter Leiter. Erläutere die Konsequenzen für unseren Alltag. 🖉

4 ┘ Erläutere die Gefahr, die von einem Haartrockner am Badewannenrand ausgeht. Vergleiche hierzu die Situation mit einem Smartphone, das am Badewannenrand liegt. 🖉

5 ┘ Notiere Verhaltensregeln für den Umgang mit elektrischen Geräten in Badezimmer und Küche. 🖉

VERSUCH A ▸ Leiter und Nichtleiter

In diesen Versuchen untersuchst du, wie gut Flüssigkeiten und du selbst den elektrischen Strom leiten:

V1 Stromleitung von Flüssigkeiten

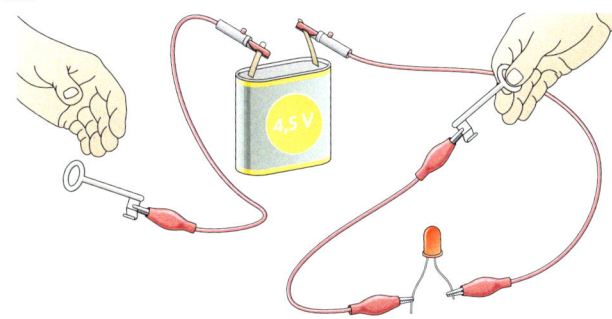

Material:
Flachbatterie, LED, Kabel mit Krokodilklemmen, Nägel, Pappe, Glas, Leitungswasser, Pflanzenöl, Essig, Cola

Durchführung:
Baue den Versuch wie im Bild oben auf. Achte darauf, dass das lange Bein der LED mit dem Pluspol der Batterie verbunden ist. Teste die Schaltung, indem du die Nägel aneinanderhältst.
a) Untersuche, wie gut die verschiedenen Flüssigkeiten Strom leiten. Notiere deine Beobachtungen. ☐
b) Ordne die Flüssigkeiten entsprechend deiner Ergebnisse aus Versuchsteil a. ☐

V2 Ungefährliche Ströme durch den Körper

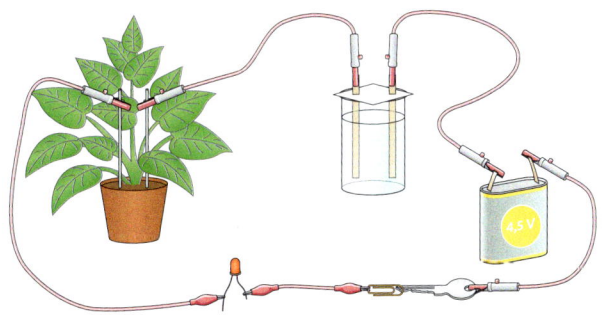

Material:
4,5-V-Batterie, LED, Kabel mit Krokodilklemmen, 2 Schlüssel

Durchführung:
Schließe an die Pole der Batterie je ein Kabel an. Klemme je einen Schlüssel an die Enden der Kabel.
a) Untersuche, wie gut dein Körper den Strom leitet. Nimm je einen Schlüssel in eine Hand. Drücke erst schwach und dann stark zu und beobachte dabei die LED. Notiere deine Beobachtungen. ☐
b) Wiederhole Versuchsteil a mit feuchten Händen. Notiere deine Beobachtungen. ☐

Material B ▸ Lügendedektor

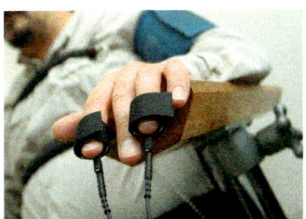 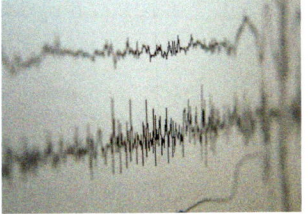

B1 Bei einem Lügendetektor wird ein Stromkreis geschlossen, indem einer Person elektrische Kontakte an die Finger gesetzt werden. Der Person werden dann Fragen gestellt. Lügt sie bei der Beantwortung, fließt mehr Strom als bei wahren Antworten. Erkläre, wie dies zustande kommt. 🖉

Material C ▸ Leiter im Alltag

C1 Die LED im Bild leuchtet nicht, obwohl der Stromkreis geschlossen ist. Nenne mögliche Änderungen, damit die LED leuchten kann, und begründe. ■

01 Toaster im Einsatz

Elektrogeräte im Alltag

Viele Haushaltsgeräte nutzt man selbstverständlich und macht sich über die Funktionsweise keine Gedanken. Wenn der Toaster kein Brot mehr röstet, weiß kaum jemand weiter. Wie funktioniert er eigentlich?

AUFBAU UND FUNKTION DES TOASTERS · Aufgabe eines Toasters ist es, mithilfe von Wärme die Oberfläche von Brot zu bräunen, also zu rösten. Schaut man sich den Toaster von außen an, sieht man ein Gehäuse, ein Kabel für die Stromzufuhr, einen Schlitz für die Brotscheiben, einen Federmechanismus, um die Brotscheiben auf- und abzubewegen, und einen Regler. Mit ihm wird die Zeitdauer für den gewünschten Bräunungsgrad eingestellt. Blickt man in den Schlitz, erkennt man an den Seiten Heizdrähte. Diese werden nach dem Einschalten des Geräts durch den Stromfluss erwärmt, bis sie vor Hitze glühen. Sie strahlen Wärme an die Umgebung ab, wodurch die Brotscheibe erhitzt und geröstet wird. In diesen Heizdrähten wird demnach die elektrische Energie in Wärme umgewandelt. Der Toaster ist ein *Energiewandler.*

AUFBAU VON ELEKTROGERÄTEN · In Bild 02 ist eine Bohrmaschine zu sehen, die mit einem Röntgengerät durchleuchtet wurde. Vergleicht man die Bauteile einer Bohrmaschine mit denen eines Toasters, findet man viele Unterschiede, aber auch Ähnlichkeiten. Auch die Bohrmaschine benötigt elektrische Energie für den Betrieb. Diese wird über ein Elektrokabel von der Steckdose oder direkt im Gerät von einem Akku bereitgestellt. Am Gehäusegriff befindet sich der Einschalter. In den vorderen Teil des Gehäuses, das Bohrfutter, kann man unterschiedliche Bohrer eindrehen. An der Gehäuseoberseite gibt es meist noch einen Funktionsschalter für den Links- oder Rechtslauf des Elektromotors.

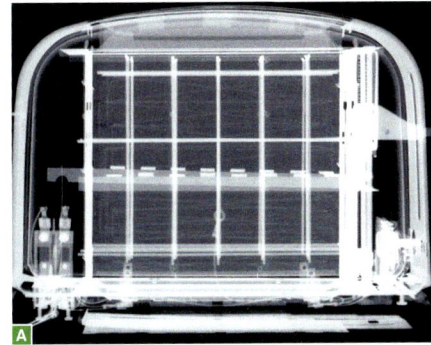
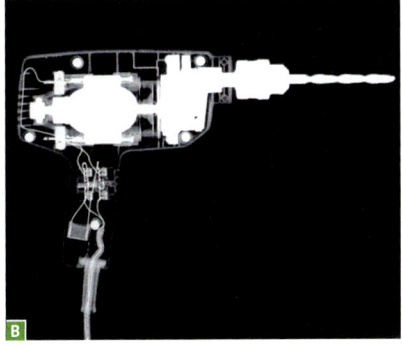

02 Röntgenbild: Toaster **A**, Bohrmaschine **B**, aufgeschraubte Bohrmaschine **C**

Der Motor ist ein Energiewandler, der die elektrische Energie in Bewegungsenergie umwandelt.

ENERGIEUMWANDLUNG · Die meisten Elektrogeräte mit ähnlicher Funktion haben auch ähnliche Bauteile: Toaster und Wasserkocher wandeln elektrische Energie in Wärme um, beide nutzen dafür Heizelemente wie Heizdrähte, Heizspiralen oder Heizplatten. Ein Motor beim Bohrer oder Ventilator wandelt elektrische Energie in Bewegungsenergie um. Alle diese Geräte haben Schalter und Taster, um die Stromzufuhr oder ihre Funktion zu regulieren. Außerdem besitzen sie ein Gehäuse zum Schutz und benötigen natürlich eine Stromversorgung.

Energiewandler gibt es in sehr unterschiedlicher Form. Viele Geräte wandeln die elektrische Energie in mehr als eine andere Energieform um, wie etwa der Haartrockner. Er erzeugt einen erwärmten Luftstrom. Dafür enthält er ein Heizelement und einen Motor, der einen Ventilator bewegt.
Ein Elektromotor bekommt Energie in Form von elektrischer Energie und gibt sie durch die Drehbewegung seiner Achse ab. Mit dieser Drehbewegung wird zum Beispiel der Bohrer einer Bohrmaschine bewegt. Den umgekehrten Energiewandler gibt es auch, er heißt Generator. Er nimmt die Energie einer Drehbewegung auf und gibt sie als elektrische Energie wieder ab. Ein Beispiel für einen Generator ist der Dynamo am Fahrrad.

Bei all diesen Vorgängen, bei denen elektrische Energie transportiert oder umgewandelt wird, wird zumindest ein Teil der Energie als Wärme an die Umgebung abgegeben. Das spürt man beispielsweise beim Aufladen des Smartphones, wenn es warm wird. Da man diese Energie nicht mehr weiter nutzen kann, spricht man von *Energieentwertung*. Das Diagramm in Bild 03 zeigt die Energieumwandlungskette für eine Akkubohrmaschine, in der diese Form der Energieentwertung mitaufgenommen wurde. Dabei werden Energiespeicher durch grüne und Energiewandler durch rote Kästchen dargestellt.

1 ⌡ Beschreibe den Aufbau eines weiteren elektrischen Haushaltsgeräts. ⬚

2 ⌡ Zeichne die Energieumwandlungskette eines Haartrockners, der seine Energie aus einem Generator erhält. ◥

03 Energieumwandlungskette zur Akkubohrmaschine

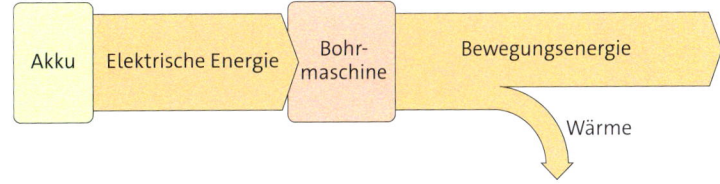

//// **IM BLICKPUNKT GESCHICHTE** //

Kommunikationstechniken früher und heute

Seit es Menschen gibt, verständigen sie sich miteinander. Sollte dies über große Entfernungen stattfinden, wurden früher Boten eingesetzt, die Botschaften oder Briefe an den Empfänger brachten. Im Altertum gab es neben schnellen Läufern auch Brieftauben, die Kurzbotschaften übermittelten. Allerdings war die Taubenpost mit vielen Unsicherheiten verbunden. So sind manche Brieftauben unterwegs verunglückt oder haben ihr Ziel nicht gefunden.

Erst im 17. Jahrhundert nutzte man vermehrt Postkutschen, um Nachrichten zu verschicken. Damit gelang es, schnell und regelmäßig weite Strecken zurückzulegen. Allerdings wurden Postkutschen mit ihrer wertvollen Fracht manchmal überfallen oder hatten Pannen, sodass die Nachricht verspätet beim Empfänger eintraf. Mit der Entwicklung des Schienennetzes und der Eisenbahn wurden die Postkutschwagen von speziellen Bahnpostwagen abgelöst.

Seit der Erfindung des Telefons 1861 wird das gesprochene Wort als Schall in elektrische Signale umgewandelt und wieder zurück. Damit konnte man zunächst nach Anfrage bei einer Vermittlung direkt mit weit entfernten Personen sprechen. 1920 konnte man schon über Funk Gespräche führen, aber erst in den 1980er-

Jahren wurde das Funknetz konsequent aufgebaut. 1989 kam das erste Mobiltelefon auf den Markt, auch „Handy" genannt.

Anfang der 1990er-Jahre wurde das World Wide Web, kurz WWW, entwickelt und damit der Grundstein für ein allgemein zugängliches Internet gelegt. So konnte man erste Kurzmitteilungen vom Computer aufs Handy verschicken, die SMS (Short Message Service). Gut zehn Jahre später gab es die ersten internetfähigen Mobiltelefone ohne Tastatur, die Smartphones.

Heute sind Smartphones Computer im Kleinformat, die viel mehr können als telefonieren und uns so eine vielfältige Kommunikation erlauben.

Über einen Touchscreen oder ein Mikrofon gibt man eine Information ins Smartphone ein. Im Gerät verarbeiten Prozessoren die Information und speichern das Ergebnis. Anschließend wird das Ergebnis ausgegeben. Man sieht es auf dem Display oder hört es über Lautsprecher. Dieses Grundprinzip der elektronischen Datenverarbeitung nennt man **EVA-Prinzip:** *Eingabe – Verarbeitung – Ausgabe.*

1 」 Stelle die beschriebene Entwicklung in einer Zeitleiste dar. ☐

01 Telefone: **A** um 1980, **B** um 1910, **C** 2019

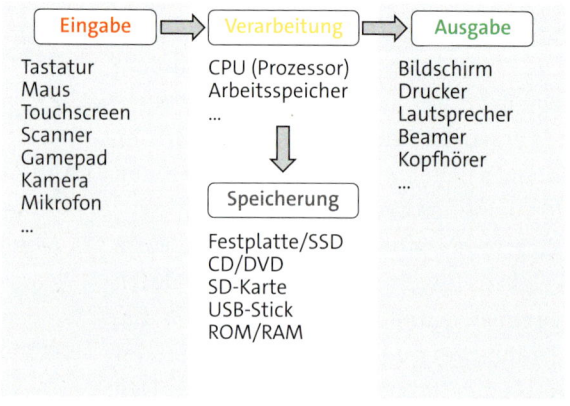

02 Das EVA-Prinzip an Beispielen

VERSUCH A ▸ Bau einer Türklingel

Material:

Taster, Summer oder Lampe, Batterie, Kabel

Durchführung:

a) Zeichne einen Schaltplan, bei dem durch Drücken des Tasters der Summer ertönt oder die Lampe leuchtet. 🔶

b) Baue die Schaltung mit den Materialien auf. 🔶

c) Prüfe deine Schaltung und notiere deine Beobachtungen. ☐

d) Verändere den Schaltplan so, dass er für eine Wohnung mit Haus- und Wohnungstürklingel funktioniert. Baue die Schaltung. 🔶

VERSUCH B ▸ Bau eines Modelltoasters

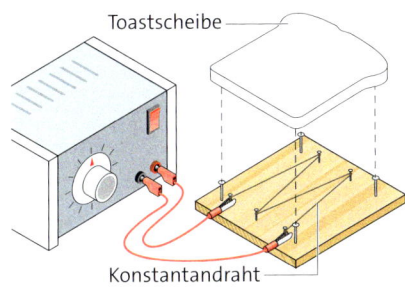

Toastscheibe

Konstantandraht

Material:

Konstantandraht (50 cm lang, 0,2 mm dick), Kabel mit Krokodilklemmen, Netzgerät, Toast, Brett, Nägel, Hammer

Durchführung:

Schlage die Nägel senkrecht in das Holzbrett. Wickle den Draht um die Nägel. Schließe das Netzgerät an den Draht. Regle das Netzgerät langsam hoch, bis der Draht glüht. Lege einen Toast auf und warte 2 Minuten.

ACHTUNG: Draht ist heiß!

B1 Nenne die Unterschiede zu einem Toaster im Haushalt. ☐

B2 Erläutere, welche Gefahren von einem falsch verwendeten Toaster ausgehen können. 🔶

B3 Nenne andere Haushaltsgeräte, die gezielt elektrische Energie in Wärmeenergie umwandeln. ☐

VERSUCH C ▸ Funktionsweise eines Haartrockners

V1 Lüfter

Material:

Batterie oder Netzgerät, Kabel mit Krokodilklemmen, Motor mit Propeller, Schalter

Durchführung:

a) Zeichne einen Schaltplan, um einen Lüfter zu herzustellen. 🔶

b) Baue die Schaltung mit den Materialien so auf, wie sie in deinem Schaltplan vorgesehen sind. 🔶

c) Überprüfe die Schaltung, indem du deine Beobachtungen notierst. ☐

V2 Heizung

Material:

50 cm Konstantandraht, Stricknadel, Netzgerät, Kabel mit Krokodilklemmen, Stativ

Durchführung:

a) Wickle den Draht spiralförmig um eine Stricknadel, ziehe die Nadel dann heraus. So erhältst du eine Heizspirale. ☐

b) Befestige den Draht am Stativ. Verbinde ihn über die Kabel mit dem Netzgerät. ☐

c) Drehe den Regler langsam höher und fühle vorsichtig, wie warm der Draht wird. Notiere deine Beobachtungen. ☐

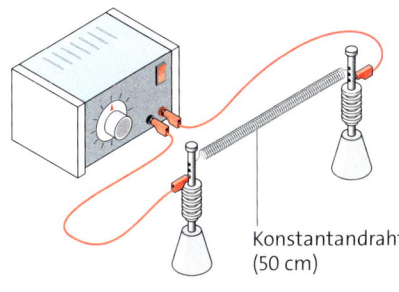

Konstantandraht (50 cm)

V3 Warme oder kalte Luft

Der Motor (M) des Lüfters kann allein betrieben werden, die Heizung (H) dagegen nicht, da der Haartrockner sonst überhitzt.

Durchführung:

a) Zeichne einen Schaltplan, der die Schaltung im Bild unten so ergänzt, dass er den Vorgaben entspricht. 🔶

b) Erstelle eine Materialliste zum Nachbau eines Modellföhns. 🔶

c) Baue den Föhn nach deinem Schaltplan und prüfe ihn. 🔶

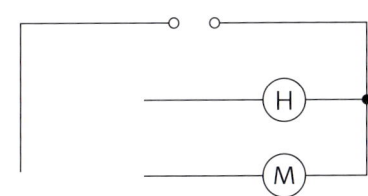

Experimentieren mit einfachen Stromkreisen

Elektrischer Stromkreis: Jeder Stromkreis enthält die Grundelemente
– elektrische Energiequelle (z. B. Batterie)
– elektrische Leiter (z. B. Kabel)
– elektrische Geräte (z. B. Lampe)
Ein elektrischer Strom kann nur dann fließen, wenn der Stromkreis geschlossen ist. Dann wird Energie von der Quelle zu den Geräten transportiert.
Quellen und Geräte müssen dabei aufeinander abgestimmt sein: Ihre Spannungsangaben (Einheit: Volt) müssen möglichst gut übereinstimmen.

Elektrischer Strom: Ein elektrischer Strom ist die gerichtete Bewegung von elektrisch geladenen Teilchen.

Wirkung des elektrischen Stroms: Elektrische Ströme kann man nicht sehen, man kann sie nur an ihrer Wirkung erkennen. Wirkungen des elektrischen Stroms sind insbesondere:
– Wärme
– Licht
– Magnetismus

Kurzschluss: Ein Kurzschluss entsteht, wenn man die Pole einer elektrischen Quelle direkt miteinander verbindet. Achtung: Ein Kurzschluss kann sehr gefährlich werden, weil dann besonders viel Strom fließt!

Reihenschaltung: In einer Reihenschaltung befinden sich die Bauteile in einem unverzweigten Stromkreis. Je mehr Geräte in Reihe an eine elektrische Quelle angeschlossen werden, umso weniger Strom fließt.

Parallelschaltung: In einer Parallelschaltung verzweigt sich der Weg des Stroms zu den verschiedenen Bauteilen. Dabei fließt in den Zweigen der Parallelschaltung mehr Strom als in einer Reihenschaltung mit den gleichen Geräten.
Ist ein Gerät defekt, ist der Stromkreis nur in diesem Zweig der Parallelschaltung unterbrochen, in den anderen Zweigen fließt weiterhin Strom.

Schaltpläne: Ein Schaltplan ist eine vereinfachte Darstellung, die übersichtlich zeigt, wie die elektrische Energiequelle und die Geräte miteinander im Stromkreis verbunden sind. Dabei werden für die einzelnen Bauteile einfache Symbole verwendet, die international festgelegt sind.

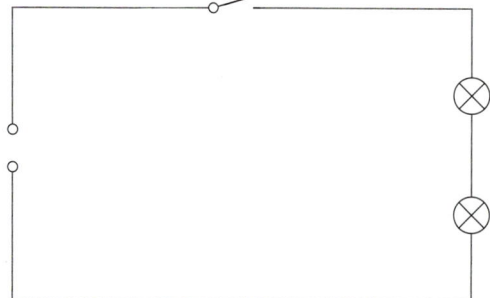

01 Schaltplan für Parallelschaltung

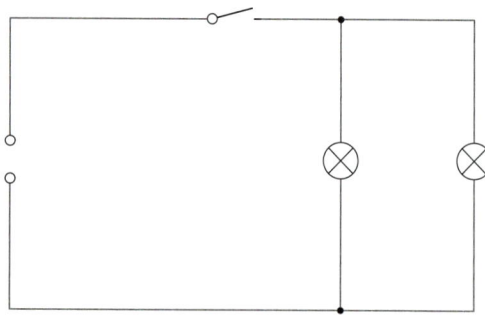

02 Schaltplan für Reihenschaltung

Schaltertypen: Es gibt verschiedene Schaltertypen: zwei wichtige sind einfache Schalter und Tastschalter. Beim einfachen Schalter kann man den Stromkreis entweder schließen, beispielsweise eine Lampe anschalten, oder unterbrechen und die Lampe ausschalten. Beim Tastschalter muss man den Schalter gedrückt halten, um den Stromkreis zu schließen. Beim Loslassen wird der Stromkreis sofort wieder unterbrochen. Dies wird bei einer Türklingel genutzt.

Leiter: Als Leiter werden Materialien bezeichnet, die den elektrischen Strom gut leiten. Metalle wie Kupfer sind zum Beispiel gute elektrische Leiter und werden unter anderem in Kabeln verbaut.
Auch Flüssigkeiten wie Leitungswasser oder Blut können den Strom leiten. Je mehr Salze in einer Flüssigkeit gelöst sind, umso besser leitet sie den Strom.

Achtung: Auch der menschliche Körper leitet elektrischen Strom. Herz und Muskulatur werden elektrisch gesteuert. Achte auf deine Sicherheit!

Nichtleiter: Als Nichtleiter werden Materialien bezeichnet, die den elektrischen Strom nur schlecht oder gar nicht leiten. Dazu zählen Kunstoffe, die beispielsweise zum Isolieren von Kabeln verwendet werden, oder auch Keramik. Aufgrund dieser Eigenschaft werden Nichtleiter auch Isolatoren genannt.

Wirkungen des Elektrischen Stroms

Energieumwandlung: Die meisten Elektrogeräte sind Energieumwandler. Ein Toaster wandelt zum Beispiel elektrische Energie in Wärme um. Ein Bohrer wandelt elektrische Energie in Bewegungsenergie um. Alle Geräte, die auf Basis dieses Prinzips arbeiten, besitzen Schalter und Taster, um die Stromzufuhr oder ihre Funktion zu regulieren. Außerdem haben sie ein Gehäuse zum Schutz und benötigen natürlich eine Stromversorgung.

Generator: Ein Generator ist ein Energiewandler, der im Prinzip wie ein umgedrehter Elektromotor funktioniert. Er wandelt die Energie einer Drehbewegung in elektrische Energie um.

Energieentwertung: Bei allen Prozessen, bei denen elektrische Energie transportiert oder umgewandelt wird, wird zumindest ein Teil der Energie als Wärme an die Umgebung abgegeben. Sie ist für uns dann nicht mehr nutzbar. Daher wird dies als Energieentwertung bezeichnet.

EVA-Prinzip: EVA steht für Eingabe – Verarbeitung – Ausgabe. Damit wird das Grundprinzip der elektrischen Verarbeitung beschrieben. Beispielsweise wird über das Mikrofon eines Smartphones eine Information eingegeben. Im Gerät verarbeiten Prozessoren die Information und speichern das Ergebnis. Anschließend wird dieses zum Beispiel über das Display ausgegeben.
Im Prinzip ähnelt dies dem Reiz-Reaktions-Schema aus der Biologie.

Stoffe im Alltag

In diesem Kapitel beschäftigst du dich mit

► dem Unterschied von Körper und Stoff. Du erfährst, dass Stoffe anhand ihrer charakteristischen Eigenschaften unterschieden und in Gruppen eingeordnet werden können. Außerdem lernst du, dass von Gefahrstoffen Gefahren für Gesundheit und Umwelt ausgehen und was beim Umgang mit ihnen zu beachten ist.

► der Trennung von Stoffgemischen. Hierbei lernst du einige wichtige Verfahren kennen und kannst selbst Experimente dazu durchführen. Du erfährst auch, wie diese Verfahren beim Recycling von Stoffen genutzt werden.

► den Bestandteilen von Stoffen, den Teilchen. Du lernst, dass sich Reinstoffe und Stoffgemische in ihrer Teilchenzusammensetzung unterscheiden. Du erfährst, dass sich das Teilchenmodell auch auf Trennverfahren anwenden lässt. Außerdem lernst du, dass bei Stoffumwandlungen die Teilchen umgeordnet werden.

282

01 Küchenzubehör

Stoffe und Körper

Betrachtet man seine Umgebung und die Dinge um sich herum, unterscheidet man zwischen den Formen, die sie haben, und dem Material, aus dem sie bestehen. Können die gleichen Gegenstände auch aus unterschiedlichem Material sein? Wie ist der Zusammenhang zwischen Form und Material?

KÖRPER ODER STOFF? · Ein **Körper** hat eine bestimmte Form. So ist ein Ball kugelförmig, ein Teller rund und flach. Körper bestehen aus Materialien, wie zum Beispiel Kunststoff oder Porzellan. Naturwissenschaftler nennen diese Materialien **Stoffe**. Bei Gegenständen ist also der Körper die Form des Gegenstands und das Material, aus dem sie bestehen, der Stoff.

Stoffe wie Stahl oder Holz kann man sehen und anfassen, es sind *Feststoffe*. Sie haben eine bestimmte Form. Anders verhält es sich mit flüssigen Stoffen wie Wasser und Tee oder gasförmigen Stoffen wie Luft. Bei *Flüssigkeiten* und *Gasen* sind die Gase und Flüssigkeiten selbst die Stoffe. Der Rauminhalt, den sie ausfüllen, oder die Form, die sie annehmen, ist der Körper.

Zum Unterscheiden von Körpern und Stoffen nutzt man die Sinne. Während bei Körpern dazu oft das Aussehen reicht, sind zum Unterscheiden der Stoffe meist mehrere Sinne nötig.

REINSTOFF ODER STOFFGEMISCH? · Ein **Reinstoff** besteht aus einer einzigen Art *Teilchen*. Zucker und Wasser sind Beispiele für solche Reinstoffe. Sie bestehen jeweils nur aus Zuckerteilchen oder nur aus Wasserteilchen.

Körper: Ballonhülle
Stoff: Kunststoff
Körper: Balloninhalt
Stoff: Luft

Körper: Trinkglas
Stoff: Glas
Körper: Glasinhalt
Stoff: Orangensaft

02 Verschiedene Körper und Stoffe

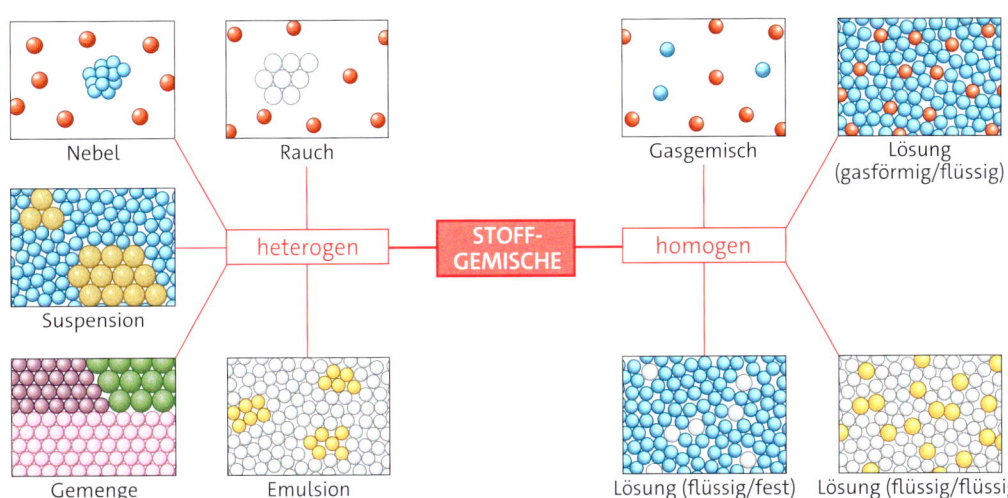

03 Stoffgemische im Teilchenmodell

Im Alltag hat man es aber oft mit Stoffgemischen zu tun. Von einem **Stoffgemisch** spricht man, wenn ein Stoff mindestens zwei unterschiedliche Stoffarten enthält. So sind Brot, Duschgel, Mineralwasser oder Waschmittel Gemische aus mehreren Stoffen. Manchen Stoffen kann man nicht ansehen, dass sie Gemische sind. Welche Bestandteile ein Stoffgemisch enthält, ist ohne Rezept oder Inhaltsliste oft noch schwerer zu bestimmen.

Stoffgemische, bei denen man die einzelnen Bestandteile sehen kann, nennt man **heterogen**. Im Müsli lassen sich die Bestandteile gut erkennen. Es ist ein heterogenes Feststoffgemisch, ein *Gemenge*.

Kann man hingegen die Bestandteile nicht sehen, handelt es sich um ein **homogenes Gemisch**. Ein Beispiel dafür ist Zitronenlimonade, eine Lösung aus Wasser, Zucker und Zitronensaft. Oft ist es schwer zu unterscheiden, ob es sich um ein homogenes Gemisch oder einen Reinstoff handelt.

Gemische kann man nicht nur nach dem Aussehen in homogen und heterogen einteilen. Die verschiedenen Gemische werden noch weiter unterteilt nach dem *Aggregatzustand* ihrer Bestandteile.

1 ◞ Ordne nach Körper und Stoff: Säge, Glas, Schere, Silber, Brille, Eisen, Stuhl, Treppe, Wolle, Wasser, Bleistift. ☐

2 ◞ Als Merkmal für Stoffe findet man oft folgende Aussage: „Alles, was man anfassen oder in ein Gefäß füllen kann." Erläutere an fünf Beispielen, ob diese Aussage zutrifft. ◖

3 ◞ Begründe, ob es sich bei „Lernstoff" um einen Stoff handelt. ◖

4 ◞ Nenne für jeden Gemischtyp, der in der Tabelle aufgelistet ist, ein weiteres Beispiel. ☐

Name	Aggregatzustände	Beispiel
Lösung	Feststoff in Flüssigkeit	Salzwasser
Suspension	Feststoff in Flüssigkeit	Schmutzwasser
Emulsion	Flüssigkeit in Flüssigkeit	Essig-Öl-Salatsauce
Rauch	Feststoff in Gas	Kaminabgase
Nebel	Flüssigkeit in Gas	Wolke
Gemenge	Feststoff in Feststoff	Müsli

04 Typen von Stoffgemischen

GEFAHRSTOFFE · Möchte man wissen, ob in der Gewürzdose Zucker oder Salz ist, bietet sich eine Geschmacksprobe an. Denn mit den Augen sind die weißen Pulver kaum zu unterscheiden, wohl aber mit dem Geschmackssinn. Doch Vorsicht! Was passiert, wenn es andere weiße Pulver sind, etwa Waschmittel oder Abflussreiniger, die zu Verätzungen führen können, oder gar giftige Stoffe? Bei unbekannten Stoffen sollte man nie eine Geschmacksprobe machen, da es sich um Gefahrstoffe handeln könnte. **Gefahrstoffe** müssen mit besonderer Vorsicht behandelt werden, da sie zu Unfällen oder Gesundheitsschäden führen können. Aber nicht nur Reinigungsmittel enthalten Gefahrstoffe, auch Kosmetikartikel wie Deo- und Haarspray oder Treibstoffe wie Diesel und Benzin.

Daher werden Verpackungen von Stoffgemischen, die Gefahrstoffe enthalten, mit **Gefahrstoffsymbolen**, den Gefahrenpiktogrammen, gekennzeichnet. Die rot-weißen GHS-Symbole sind international eingeführte Zeichen, die seit 2015 überall zur Kennzeichnung von Gefahrstoffen verwendet werden müssen. Sie weisen auf die Gefahren hin, die beim Einsatz des jeweiligen Stoffes bestehen.

5) Nenne zu fünf der Gefahrenpiktogramme einen Stoff, der das jeweilige Symbol trägt. 🌿

Gefahren-piktogramm	Die gekennzeichneten Stoffe und Gemische ...	Signalwort
	können sich selbst zersetzen, können explodieren.	Gefahr oder Achtung
	sind entzündbar, können sich selbst erhitzen, entwickeln bei Berührung mit Wasser entzündbare Gase.	Gefahr oder Achtung
	haben eine brandfördernde Wirkung.	Gefahr oder Achtung
	stehen unter Druck (gilt für Gase).	Achtung
	verursachen Verätzungen der Haut und schwere Augenschäden.	Gefahr oder Achtung
	sind giftig, bereits in geringen Mengen.	lebensgefährlich Gefahr
	sind gesundheitsschädlich, verursachen Haut- und/oder Augenreizungen, allergische Reaktionen, Reizungen der Atemwege, Schläfrigkeit und Benommenheit.	Achtung
	können beim Verschlucken und Eindringen in die Atemwege tödlich sein, können Organe schädigen.	Gefahr oder Achtung
	sind giftig für Wasserorganismen.	Achtung

05 Gefahrenpiktogramme und ihre Bedeutung

Material A ► Sicherheitshinweise bei Sprühdosen

Behälter steht unter Druck. Vor Sonneneinstrahlung, anderen Wärmequellen und Temperaturen über 50 °C schützen. Auch nach Gebrauch nicht gewaltsam öffnen oder verbrennen. Nicht gegen Flamme oder auf glühenden Gegenstand sprühen. Von Zündquellen fernhalten. Nicht rauchen. Darf nicht in die Hände von Kindern gelangen. Nur völlig geleerte Dosen in die Wertstoffsammlung geben.

Sprühdosen für Haarspray, Deodorant, Rasierschaum, Farben und Sprühsahne stehen unter Druck, das heißt, die Inhaltsstoffe sind hineingedrückt worden. Damit der Inhalt gleichmäßig herauskommt, sind viele Dosen mit einem Treibgas gefüllt, das den Inhaltsstoff heraustreibt.

Auf den Dosen befinden sich eine Reihe von Sicherheitshinweisen.

A1 a) Suche bei dir zu Hause nach Sprühdosen. Notiere, wofür diese Dosen gebraucht werden. ▢
b) Überprüfe, ob die Sicherheitshinweise bei allen Dosen identisch sind. ▢

c) Gib mögliche Gründe für Gemeinsamkeiten und Unterschiede an. ▢

A2 Gib Beispiele für mögliche andere Wärmequellen an, vor denen die Sprühdosen geschützt werden müssen. ▢

A3 Erkläre, weshalb die Sprühdosen vor diesen Wärmequellen geschützt werden müssen. ▢

A4 Begründe, warum die Dosen vor der Entsorgung völlig entleert sein müssen. ▢

Material B ► Reinstoff oder Gemisch?

B1 Gib an, ob es sich bei den dargestellten und den mit Pfeilen gekennzeichneten Stoffen um Reinstoffe oder Gemische handelt. ▢

B2 Ordne die Gemische aus B1 einem Gemischtyp zu und begründe deine Zuordnung. ▢

B3 Stelle die Stoffe aus B1 im Teilchenmodell dar. ▢

Material C ► Emulsion

C1 Entwickle einen Versuch zur Klärung folgender Frage: Welche Stoffgemische bilden eine Emulsion? Als Bestandteile stehen dir Essig, Orangenstückchen und Salatöl sowie Wasser zur Verfügung. ▢

01 Stoffeigenschaften lassen sich messen.

Stoffe über Eigenschaften erkennen

Es gibt eine Vielzahl an Stoffen. Um sie voneinander zu unterscheiden, beschreibt man ihre Stoffeigenschaften. Für die Beschreibung mancher Stoffeigenschaften reichen unsere Sinne aus, andere Stoffeigenschaften muss man messen. Welche sind das?

STOFFEIGENSCHAFTEN · Das Aussehen von Stoffen lässt sich beschreiben. Die Augen sehen sofort, ob ein Stoff fest, flüssig oder gasförmig ist. Ebenso anhand der Sinne erkennbar ist die Farbe, die Form, der Glanz oder der Geruch. Mit den Händen lässt sich außerdem die Oberflächenbeschaffenheit, Weichheit und Verformbarkeit von Stoffen fühlen.

Diese sinnlich wahrnehmbaren Stoffeigenschaften kommen jedoch schnell an ihre Grenzen, wenn es sich um zwei weiße Pulver oder klare Flüssigkeiten handelt. Über messbare Stoffeigenschaften lassen sich aber auch solche Stoffe identifizieren, da die Messwerte für einen Stoff charakteristisch sind und in Tabellen nachgeschlagen werden können.

Stoff	Temperatur in °C
Baumwolle	450
Holzkohle	300
Zündholzkopf	80
Fichtenholz	280
Papier (Zeitung)	175

02 Übersicht einiger Zündtemperaturen

SCHMELZ- UND SIEDETEMPERATUR · Feste Stoffe schmelzen, wenn sie stark genug erwärmt werden und ihre Schmelztemperatur erreichen. Flüssigkeiten verdampfen, wenn ihre Siedetemperatur erreicht ist. Diese beiden Temperaturen sind für den betreffenden Stoff charakteristisch.

WÄRMELEITFÄHIGKEIT · Fasst man einen Kochtopf nicht am Griff an, verbrennt man sich die Finger. Warum? Dieser Frage geht der Versuch im Bild 03 nach. Man sieht einen Kunststoff-, einen Metall- und einen Holzstreifen, an denen jeweils ein Wachskügelchen angebracht ist. Stellt man die Streifen in heißes Wasser, so rutscht zuerst das Kügelchen vom Metallstreifen, etwas später das vom Kunststoffstreifen und zuletzt das vom Holzstreifen ins Wasser. Offenbar gelangt die Wärme aus dem Wasser über die Streifen unterschiedlich schnell zu den Wachskügelchen und bringt sie zum Schmelzen.

Der Versuch zeigt, dass die Wärme in Metallen besser weitergeleitet wird, sie also eine

03 Versuch zur Wärmeleitfähigkeit

04 Versuch zur Zündtemperatur

höhere **Wärmeleitfähigkeit** haben als Kunststoffe oder Holz. Daher haben viele Kochtöpfe Kunststoffgriffe.

ZÜNDTEMPERATUR · Wenn man verschiedene Stoffe erhitzt, zeigt sich, dass sie nicht sofort anfangen zu brennen, sondern erst wenn eine bestimmte Temperatur erreicht ist. Diese Temperatur bezeichnet man als Zündtemperatur. In Bild 04 ist ein Versuch zum Vergleich der **Zündtemperaturen** von einem Streichholz, Stroh und Holz dargestellt. Dazu werden sie gleich weit von der Mitte entfernt auf eine Metallplatte gelegt. Die Metallplatte wird in der Mitte erhitzt, sodass sich die Wärme gleichmäßig zu den Stoffen ausbreitet. Es zeigt sich, dass die Stoffe nacheinander verbrennen. Die Kenntnis der Zündtemperatur ist ein wichtiges Kriterium zur Auswahl von Stoffen für bestimmte Gegenstände. So müssen Gegenstände, die bei hohen Temperaturen verwendet werden, aus Stoffen mit deutlich höheren Zündtemperaturen bestehen, damit sie sich beim Einsatz nicht entzünden.

ELEKTRISCHE LEITFÄHIGKEIT · Elektrische Kabel bestehen im Inneren aus Kupferdrähten, da Kupfer den elektrischen Strom gut leitet. Andere Stoffe wie Kunststoff leiten den elektrischen Strom nicht, daher sind die Kupferdrähte damit ummantelt. Die Eigenschaft, den elektrischen Strom leiten zu können, wird **elektrische Leitfähigkeit** genannt.

DICHTE · Ein Holzstamm schwimmt im Fluss, ein Stein sinkt auf den Boden. Die **Dichte** eines Stoffes entscheidet, ob er im Wasser schwimmt, schwebt oder sinkt. Die Dichte von Wasser beträgt 1 Gramm pro Kubikzentimeter, kurz $1\frac{g}{cm^3}$. Hat ein Stoff die gleiche Dichte wie Wasser, so schwebt er darin. Ist seine Dichte größer, so sinkt er. Ist sie kleiner, so schwimmt er an der Wasseroberfläche.

Die Dichte wird vom *Volumen* und der *Masse* eines Stoffes bestimmt. Möchte man die Dichte eines Stoffes bestimmen, so kann man die Masse von Stoffwürfeln mit der Kantenlänge 1 cm wiegen und teilt die Masse durch das Volumen. Das Volumen dieser Testwürfel beträgt 1 Kubikzentimeter, kurz $1\,cm^3$.

Testkörper aus …	Masse in g
Luft	0,0013
Styropor	0,017
Holz	0,3–1,1
Benzin	0,7
Alkohol	0,79
Speiseöl	0,8–0,9
Eis	0,92
Wasser	1,00
Glas	2,5
Aluminium	2,7
Eisen	7,9
Quecksilber	13,5
Gold	19,3

05 Massen von Testkörpern mit einem Volumen von 1 cm³

1 ⌐ Beschreibe, über welche Messungen sich Salz und Zucker unterscheiden lassen. Recherchiere die Messwerte. ■

2 ⌐ Nenne drei Stoffe, die im Wasser schwimmen, und drei Stoffe, die im Wasser sinken. ☐

06 Testkörper aus Holz und Eisen

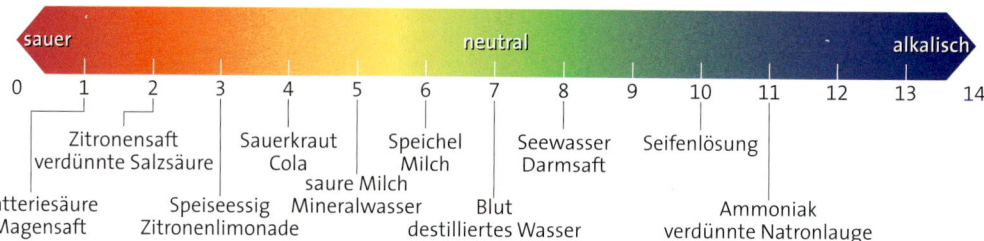

07 Farbskala des
Universalindikators

sauer · neutral · alkalisch

0 1 2 3 4 5 6 7 8 9 10 11 12 13 14

Zitronensaft
verdünnte Salzsäure

Sauerkraut
Cola
saure Milch

Speichel
Milch

Seewasser
Darmsaft

Seifenlösung

Batteriesäure
Magensaft

Speiseessig
Zitronenlimonade

Mineralwasser

Blut
destilliertes Wasser

Ammoniak
verdünnte Natronlauge

08 Gefahrenpikto-
gramm: ätzend

09 Indikatorpapier
mit Farbskala

*Indikator von
lateinisch indicare
= anzeigen*

LÖSLICHKEIT · Wenn man Kakaopulver in Milch gibt, ändern sich Farbe und Geschmack der Milch. Je nach Menge des Kakaopulvers gibt es einen Bodensatz in der Tasse, der sich nicht in der Milch löst. Doch wie viel Kakaopulver kann man ohne Bodensatz in einem Glas Milch lösen? Die Angabe, wie viel eines Stoffes sich maximal in einem *Lösungsmittel* lösen lässt, bezeichnet man als **Löslichkeit**. Untersucht man die Löslichkeit von Salz in 100 ml Wasser, so stellt man fest, dass sich etwa 36 g Salz darin lösen lassen. Bei Zucker sind es 200 g in 100 ml Wasser. Die Löslichkeit ist also je nach Stoff unterschiedlich hoch. Auch die Temperatur kann die Löslichkeit beeinflussen. So löst sich Kakao in heißer Milch besser als in kalter. Wenn sie abkühlt, bildet sich dann aber ein Bodensatz.

SAUER KANN MAN MESSEN · Bei Lösungen kann man angeben, wie **sauer** sie sind. Dazu nutzt man eine Skala, die den Säuregrad von 0 bis 14 als **pH-Wert** anzeigt. Je saurer eine Lösung ist, desto kleiner ist der pH-Wert. Sehr saure Lösungen haben einen pH-Wert von 0. Lösungen mit einen pH-Wert von 7 wie Wasser bezeichnet man als **neutral**. Ab einem pH-Wert von über 7 werden Lösungen als **alkalisch** bezeichnet, sehr alkalische haben den pH-Wert 14. Alkalische Lösungen nennt man auch seifig. Sie fühlen sich auf der Haut schmierig und schlüpfrig wie Seife an.

ACHTUNG ÄTZEND · Sehr saure und sehr alkalische Stoffe können Oberflächen oder die Haut angreifen und Gewebe zerstören. Sie werden daher mit dem Gefahrenpiktogramm für ätzende Stoffe gekennzeichnet. Beim Umgang mit diesen Stoffen sollten immer Handschuhe und Schutzbrille getragen werden.

INDIKATOREN · Wie lässt sich der pH-Wert bestimmen? Dafür nutzt man Farbstoffe, die je nach pH-Wert unterschiedliche Farben annehmen. Sie werden Indikatoren genannt. Ein natürliches Beispiel dafür ist Rotkohlsaft. Im Unterricht werden pH-Papiere genutzt. Taucht man sie in eine Lösung, ändern sie ihre Farbe. Vergleicht man die Farbe des Papierstreifens mit der Farbskala, kann man den pH-Wert ablesen.

10 Farbskala des Rotkohlindikators; pH-Werte von links nach rechts: 1,7 – 3,5 – 6 – 8 – 10 – 13

3 Schwarzer Tee ändert bei der Zugabe von Zitronensaft seine Farbe. Erkläre diese Beobachtung.

VERSUCHE ▸ Untersuchen von messbaren Eigenschaften von Stoffen

In den folgenden Versuchen untersuchst du einige messbare Eigenschaften von Stoffen:

V1 Löslichkeit

Material:

5 gleiche Gläser, Kochsalz, Gips, Puderzucker, Holzkohle, Speiseöl, Löffel

Durchführung:

Fülle in jedes der fünf Gläser die gleiche Menge Wasser. Gib in je ein Glas eine gleiche Portion Kochsalz, Gips, Puderzucker, Holzkohle, Speiseöl.

a) Rühre kräftig um und beobachte. Notiere deine Beobachtung. ☐

b) Ordne die Stoffe. Verwende dabei die Begriffe „gut löslich", „schwer löslich" und „nahezu unlöslich".

V2 pH-Wert

Entsorgung über Abfluss oder Haushaltsmüll

Material:

Rotkohl, Wasser, Essig, Wein, Zitronensaft, Waschpulver, Seifenpulver, Speisesoda, Backofenreiniger, Teelöffel, Messer, 7 Gläser

Durchführung:

a) Schneide den Rotkohl ganz fein und gib ihn in ein Becherglas mit ca. 100 ml heißem Wasser. Das Wasser färbt sich blau. ☐

b) Fülle in jedes Glas jeweils etwa 5 ml Rotkohlsaft. ☐

c) In ein Glas gibst du einige Tropfen Essig, in ein anderes einige Tropfen Zitronensaft, in ein drittes Glas einige Tropfen Wein zu dem Saft. ☐

d) In die anderen Gläser gibst du zum Rotkohlsaft Waschpulver, Speisesoda, Seifenpulver oder Backofenreiniger hinzu. ☐

e) Ordne den untersuchten Stoffen mithilfe von Bild 10 der vorherigen Seite einen pH-Wert zu. ☐

V3 Wirkung von Säuren auf Kalk

Entsorgung über Abfluss oder Haushaltsmüll

Material:

rohes Hühnerei, Glas, Vaseline, Essig (25 %)

Durchführung:

a) Reibe das ungekochte Ei zur Hälfte mit Vaseline ein. ☐

b) Lege das Ei in das Glas und gib so viel Essig dazu, bis das Ei ganz bedeckt ist. Lass das Ei 24 Stunden im Essig liegen. ☐

c) Hole das Ei vorsichtig aus dem Essig heraus. Was kannst du beobachten? Beschreibe. ☐

d) Beschreibe, welche Aufgabe die Vaseline in dem Versuch hat.

V4 Materialbestimmung über Dichte

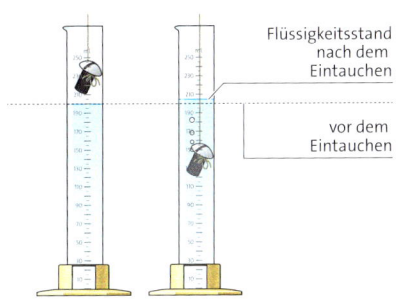

Flüssigkeitsstand nach dem Eintauchen

vor dem Eintauchen

Material:

Schrauben aus unterschiedlichem Material, Bindfaden, Waage, Messzylinder, Wasser

Durchführung:

Wiege die Schrauben einzeln und notiere ihre Massen. Fülle den Messzylinder zu zwei Dritteln mit Wasser und notiere den Flüssigkeitsstand. Halte die Schrauben einzeln an einem Bindfaden befestigt in den Messzylinder und notiere jeweils den neuen Flüssigkeitsstand.

a) Berechne die Dichte jeder Schraube und vergleiche sie mit den Werten der Tabelle auf Seite 287. Um welches Material könnte es sich handeln?

b) Archimedes hat mit dieser Methode einen Betrüger überführt. Er konnte beweisen, dass seine Krone nicht aus purem Gold war. Beschreibe sein Vorgehen.

c) Bei rechteckigen Goldbarren muss das Volumen nicht über diese Verdrängungsmethode bestimmt werden. Erkläre, warum nicht.

//// **METHODE** ///

Steckbrief

01 Steckbrief zu einer Person

Steckbrief

Farbe:	weiß
Geruch:	geruchlos
Geschmack:	salzig
Härte:	hart
Löslichkeit:	wasserlöslich
Wärmeleitfähigkeit:	gering
elektrisch leitfähig:	nein
Schmelztemperatur:	808 °C
Siedetemperatur:	1465 °C
magnetisierbar:	nein
Brennbarkeit:	nicht brennbar
Schwimmfähigkeit:	schwimmt nicht auf Wasser

02 Steckbrief zu einem chemischen Stoff

Steckbriefe kennt man aus Western-Filmen, in denen Personen vom Sheriff gesucht werden. Um die gesuchte Person zu erkennen oder zu beschreiben, werden so viele unverwechselbare Merkmale und Eigenschaften wie möglich angegeben, zum Beispiel: Hautfarbe, Augenfarbe, Körpergröße, Narben, Kleidung.

Stoffe kann man anhand ihrer Eigenschaften erkennen. Manche ihrer Eigenschaften könnten aber ähnlich sein. Um einen Stoff eindeutig zu identifizieren, gibt man deshalb nicht nur eine Eigenschaft, sondern möglichst viele Eigenschaften an. In der Chemie benutzt man für diese Angabe ebenfalls Steckbriefe, um Stoffe zu identifizieren. Der Steckbrief eines Stoffes enthält also viele charakteristische Eigenschaften.

Dazu gehören zum Beispiel: Farbe, Geruch, Geschmack, Löslichkeit, elektrische Leitfähigkeit.

Man muss aber nicht immer alle Eigenschaften benennen, um einen Stoff genau zu identifizieren. Manchmal reichen wenige markante Eigenschaften zur eindeutigen Beschreibung aus.

1 *Welcher chemische Stoff wird mit dem Steckbrief im Bild 02 beschrieben?* ☐

2 *Gestalte einen Steckbrief wie im Bild 02 zu einem selbst gewählten Stoff, ohne ihn auf dem Steckbrief zu nennen. Tauscht eure Steckbriefe zu zweit aus. Versucht beide, den beschriebenen Stoff herauszufinden.* ◗

Stoffklassen schaffen Überblick

Verschiedene Stoffe haben unterschiedliche Eigenschaften, über die sie sich bestimmen lassen. Andererseits gibt es viele Stoffe, die ähnliche Eigenschaften haben. Sie werden zu Stoffgruppen oder Stoffklassen zusammengefasst. Eine Zuordnung kann aber auch nach anderen Kriterien erfolgen.

METALLE · *Die Gruppe der Metalle ist eine sehr große Gruppe. Hierzu gehören Edelmetalle wie Gold, Silber oder Platin, die oft in Schmuck vorkommen. Eisen, Kupfer, Zink, Chrom oder Aluminium sind Metalle, die man im Werkzeugkasten oder als Baumaterialien wiederfindet. Sie werden oft als homogenes Gemisch, einer Legierung, verwendet. So entsteht aus Kupfer und Zink Messing, aus Eisen und anderen Metallen Stahl. Alle Metalle haben gemeinsame Eigenschaften: Sie leiten elektrischen Strom und Wärme, glänzen und sind verformbar.*

TEXTILIEN · *Bekleidungsstoffe stellt man aus Fasern her. Es kann sich um pflanzliche oder tierische Naturstoffe handeln sowie um chemisch hergestellte Kunstfasern. Baumwollfasern sind die wichtigsten Pflanzenfasern. Sie werden aus den Samenhaaren des Baumwollstrauchs gewonnen. Weitere Pflanzenfasern sind Leinen, Jute oder Hanf. Tierische Fasern sind Wolle, Seide, Kaschmir oder Kamelhaare. Zu den Kunstfasern gehören Polyester, Polyamid und Polyacryl.*

NÄHRSTOFFE · *Zu dieser Gruppe gehören die Kohlenhydrate als Energielieferanten, ebenso wie Eiweiße und Fette, Vitamine und Mineralien. Sie haben gemeinsam, dass sie Bestandteile der Nahrungsmittel sind.*

KUNSTSTOFFE · *Sie werden nicht aufgrund von ähnlichen Eigenschaften oder ihrer Nutzung zu einer Gruppe zusammengefasst, sondern wegen ihrer Herstellung. Da sie künstlich vom Menschen hergestellt sind, werden ihre Eigenschaften für den Verwendungszweck angepasst. Beispiele sind weicher Schaumstoff für Isomatten, dehnbares Gummi für Haarbänder, farbloses Acrylglas für Bilderrahmen.*

1 ⌡ *Ordne 10 Gegenstände aus deinem Zimmer verschiedenen Gruppen zu und nenne Kriterien für deine Zuordnung. Passen manche in mehrere Gruppen? Nenne Beispiele dafür.*

Metalle
- Kochtopf: wärmeleitend
- Schneebesen: hitzebeständig, formbar

Kunststoffe
- Beschichtung der Arbeitsplatte: glatt, robust
- Topfgriff: gering wärmeleitend

Nährstoffe
- Gemüse: energie- und vitaminliefernd

Textilien
- Küchentuch: reißfest, saugfähig
- Topflappen: gering wärmeleitend

01 Küchengegenstände haben für die Nutzung typische Eigenschaften und lassen sich gruppieren

01 Salzgarten in Spanien

Stoffgemische trennen

In Salzgärten gewinnt man aus Meerwasser Salz. Meerwasser ist ein Stoffgemisch, eine Lösung hauptsächlich aus Wasser und Salz. Wie kann man aus Stoffgemischen wieder die einzelnen Reinstoffe gewinnen?

VERDUNSTEN UND EINDAMPFEN · Lässt man sich nach dem Baden im Meer von der Sonne trocknen, ist die Haut mit einer feinen Salzschicht bedeckt. Wie kommt es dazu? Die Sonne erwärmt die Haut, dadurch verdunstet das Wasser und gelangt als Wasserdampf in die Luft. Das Salz verdunstet nicht, sondern bleibt auf der Haut zurück.

In den Salzgärten wird das **Verdunsten** von Wasser als Trennverfahren eingesetzt, um Salz zu gewinnen. Das Meerwasser wird dazu in flache Becken geleitet und durch die Sonnenstrahlung erwärmt. Das Lösungsmittel Wasser verdunstet und das gelöste Salz bleibt als Feststoff zurück.

Im Labor kann man das Verdunsten beschleunigen, indem man das Salzwasser in einer Abdampfschale erhitzt. Nur das Wasser verdampft, da es eine viel niedrigere

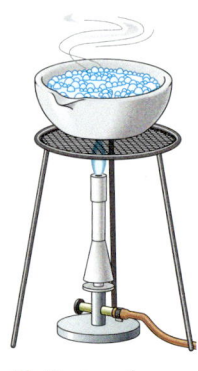

02 Eindampfen

Siedetemperatur hat als das Salz. Dieses Trennverfahren heißt **Eindampfen**.

SEDIMENTIEREN UND DEKANTIEREN · Im Meerwasser befinden sich neben Salz auch nicht gelöste Stoffe wie feine Sandkörnchen und Lehmpartikel. Sie werden durch die Wasserbewegung ständig mit dem Wasser durchmischt und lassen das Wasser trüb aussehen. Lässt man trübes Wasser einige Zeit ruhig stehen, setzen sich diese ungelösten Teilchen aufgrund ihrer höheren Dichte mit der Zeit auf dem Boden ab und bilden einen Bodensatz. Diesen Bodensatz nennt man Sediment, den Vorgang **Sedimentieren**. Durch vorsichtiges Abgießen kann das Wasser vom Bodensatz abgetrennt werden. Man sagt, man **dekantiert** die Flüssigkeit.

SIEBEN UND FILTRIEREN · Sind die Teilchen von Feststoffen groß genug, lassen sich unlösliche Feststoffe durch **Sieben** und **Filtrieren** leichter abtrennen. Dabei hält ein Sieb grobe Partikel zurück, Filterpapier dagegen feine Partikel. Die Löcher des Siebes und die Poren des Filters müssen groß genug sein, um Lösungsmittelteilchen durchzulassen, und klein genug, um Partikel zurückzuhalten. Die Lösung, die durch die Sieblöcher und Filterporen fließt, nennt man *Filtrat*. Die Partikel im Filter werden als *Rückstand* bezeichnet.

EXTRAHIEREN · Bei der Zubereitung von Filterkaffee nutzt man das Filterpapier für ein weiteres Trennverfahren. Kaffeepulver ist ein Gemisch aus mehr als tausend verschiedenen Feststoffen, die unterschiedlich gut in Wasser löslich sind. Übergießt man das Pulver im Filter mit heißem Wasser, lösen sich nur die wasserlöslichen Stoffe. Die entstandene Lösung, der Kaffee, tropft in die Kanne. Die unlöslichen Stoffe bleiben als Rückstand im Filter zurück. Man nutzt beim **Extrahieren** also die unterschiedliche Löslichkeit von Feststoffen zur Stofftrennung aus. Viele Duft- und Aromastoffe werden mit diesem Trennverfahren gewonnen.

DESTILLIEREN · In Salzgärten verdunstet das Wasser in die Luft. Möchte man aber das Meerwasser entsalzen, um Trinkwasser zu gewinnen, muss das verdunstete Wasser wieder verflüssigt und aufgefangen werden. Es wird **destilliert**. Im Modell einer Entsalzungsanlage *kondensiert* der erhitzte Wasserdampf an einer schräg darüber befestigten Glasplatte und tropft in ein Gefäß. Benutzt man eine Destillationsapparatur, so entweicht kaum Wasserdampf in die Umgebung. Da er durch einen Kühler geleitet wird, kondensiert er fast vollständig. Solche Apparaturen nutzt man auch zum Trennen von Flüssigkeiten wie Alkohol-Wasser-Gemischen. Da die Siedetemperatur von Alkohol niedriger ist als die von Wasser, verdampft er früher, kondensiert im Kühler

und tropft in ein Auffanggefäß. Die aufgefangene Flüssigkeit heißt *Destillat*.

1 Erstelle eine Tabelle zu den Trennverfahren mit folgenden Punkten: Verfahren, Gemischtyp, genutzte Stoffeigenschaft, Vorgehen. 🍃

2 Erkläre die Destillation von Rotwein, einem Gemisch aus Alkohol und Wasser, in einer Destillationsapparatur mithilfe des Teilchenmodells. 🍃

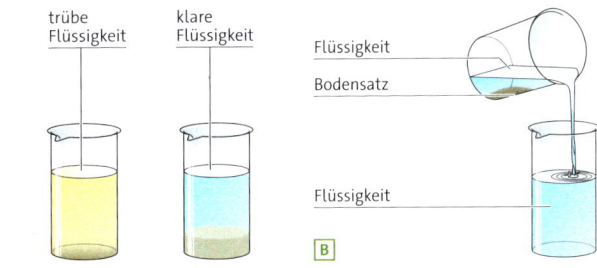

03 A Sedimentieren, **B** Dekantieren

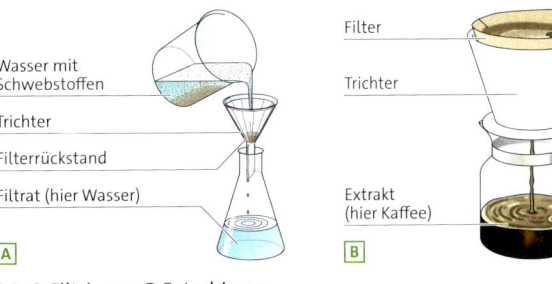

04 A Filtrieren, **B** Extrahieren

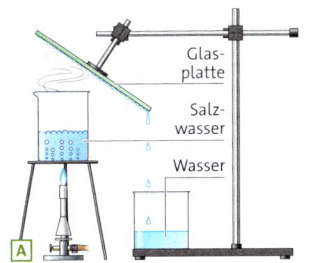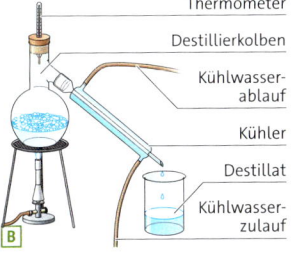

05 Destillieren: **A** Modell einer Entsalzungsanlage, **B** Destillationsapparatur

Material A ▸ Trennverfahren im Teilchenmodell

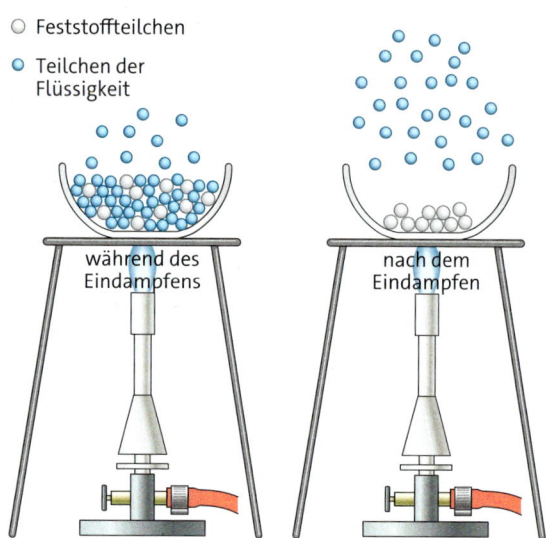

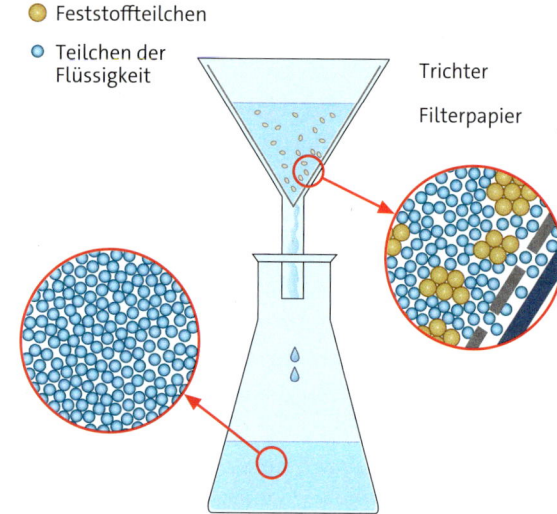

A1 Beschreibe die Trennung der Gemische mithilfe des Teilchenmodells. 🖊

A2 Nenne für jedes Verfahren zwei Gemische, die darüber getrennt werden können. Begründe, warum

deine Beispielgemische über das Verfahren aufgetrennt werden können. 🖊

A3 Ändere die Abbildung zur Filtration ab, um darüber die Extraktion von Kaffee darzustellen. 🖊

VERSUCH B ▸ Wie viele Farben enthält ein Filzstift?

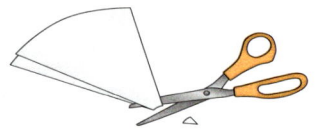

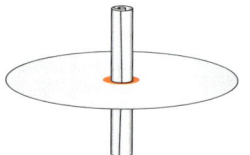
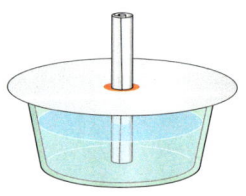

Mit dem Trennverfahren der Chromatografie lässt sich untersuchen, ob Filzstiftfarben ein Gemisch aus mehreren Farbstoffen sind.

Material:
kleine Petrischale, großes, rundes Filterpapier, Schere, Wasser, Filzstifte mit wasserlöslichen Farben

Durchführung:
Falte ein Filterpapier zu einem Viertel und schneide ein kleines

Stück der Spitze ab. Male mit einem Filzstift einen Ring von etwa 1 cm Durchmesser um das Loch. Rolle einen Filterpapierstreifen zu einem Docht und stecke ihn durch das Loch. Lege das Filterpapier auf die zur Hälfte mit Wasser gefüllte Petrischale, sodass nur der Docht ins Wasser taucht. Lass den Aufbau einige Minuten stehen.

B1 Notiere deine Beobachtungen. Wiederhole den Versuch mit anderen Filzstiften. ☐

B2 Erkläre das Versuchsergebnis mithilfe des Teilchenmodells. 🖊

B3 Das Trennverfahren zur Papierchromatografie wird oft mit dem Fahren auf einer Rolltreppe verglichen. Erkläre diesen Vergleich. 🖊

Material C ▸ Trennung von Stoffgemischen

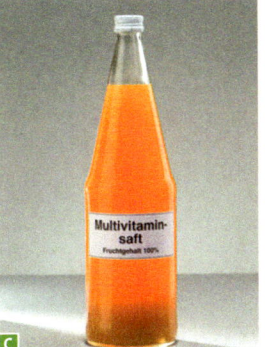

C1 Beschreibe die vier Abbildungen und benenne das jeweilige Trennverfahren. ▢

C2 Erkläre, aufgrund welcher Eigenschaften der getrennten Stoffe die jeweilige Trennung möglich ist. ◣

C3 Beschreibe weitere Beispiele von Trennverfahren im Haushalt. ◣

Material D ▸ Untersuchung des Blattfarbstoffs von Spinat

Das Bild zeigt das Ergebnis des folgenden Versuchs: In einem Mörser wurden Spinatblätter zerrieben. Zu dem Brei wurde Alkohol gegeben. Die entstandene grüne Lösung wurde in ein Becherglas gegossen. In diese Lösung wurde dann ein Stück weiße Kreide so eingetaucht, dass es gerade die Lösung berührte. Nach einigen Minuten sah die Kreide wie im Bild aus.

D1 Beschreibe das Ergebnis dieses Versuchs. ▢

D2 Nenne Gemeinsamkeiten und Unterschiede dieses Versuchs mit dem bei Versuch B beschriebenen Versuch. ◣

D3 Erkläre, welche Bedeutung der Alkohol und die Kreide bei diesem Trennverfahren haben. ◣

Material E ▸ Wie funktioniert ein Ölabscheider?

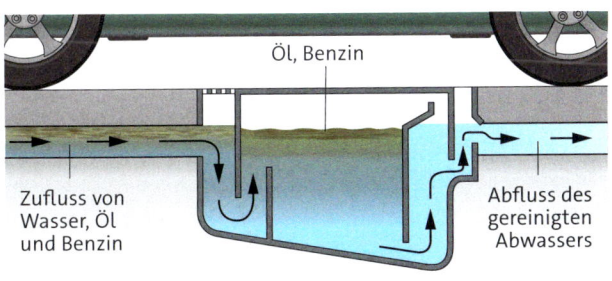

Öl, Benzin

Zufluss von Wasser, Öl und Benzin

Abfluss des gereinigten Abwassers

Das Abwasser aus Autowaschanlagen kann Öl und Benzin enthalten. Es muss deshalb durch einen sogenannten Ölabscheider geleitet werden.

E1 Beschreibe die Arbeitsweise eines Ölabscheiders mithilfe der Abbildung. ▢

E2 Erkläre, aufgrund welcher Stoffeigenschaft die Abtrennung von Öl und Benzin möglich ist. ◣

Wasser reinigen

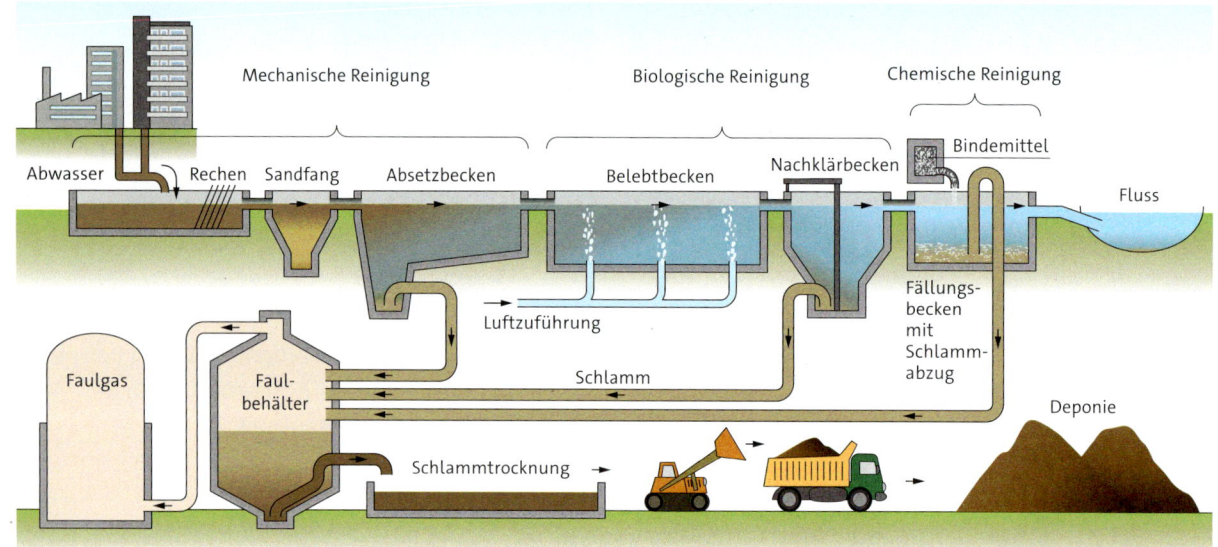

01 Kläranlage mit drei Reinigungsstufen

ABWASSER · Das Wasser, das man im Haushalt zum Waschen, Geschirrspülen oder als Toilettenspülung verwendet, und das in der Industrie verwendete Wasser nimmt zahlreiche Stoffe auf. Manche lösen sich, andere werden nur im Wasser transportiert. Dieses Abwasser gelangt zunächst in die Kanalisation. Es darf aber erst nach seiner Reinigung in ein natürliches Gewässer geleitet werden, weil die darin enthaltenen Stoffe die dort lebenden Pflanzen und Tiere stark schädigen würden.

ABWASSERREINIGUNG · Die Reinigung des Abwassers erfolgt in einer Kläranlage in drei Stufen:

In Stufe 1, der **mechanischen Reinigung**, befreit man das Abwasser von den meisten ungelösten Stoffen. Am Zulauf hält ein großer Rechen grobe Teile wie Holzstücke zurück. Im sich anschließenden Sandfangbecken setzen sich Sand und Kies am Boden ab. Aus dem oberen Teil des Beckens wird das Abwasser in ein großes, tiefes Absetzbecken geleitet. Hier setzen sich zum Beispiel feine Lehmpartikel als Klärschlamm ab.

In Stufe 2, der **biologischen Reinigung**, beseitigt man sehr feine ungelöste und viele gelöste Stoffe. Im Belebtbecken nehmen unzählige Kleinstlebewesen, vor allem Bakterien, diese Stoffe als Nahrung auf. Da sie für ihre Zersetzung Sauerstoff benötigen, bläst man Luft ins Becken. Die Bakterien vermehren sich sehr rasch. Im Nachklärbecken setzen sie sich am Boden als sogenannter Belebtschlamm ab.

In Stufe 3, der **chemischen Reinigung**, werden einige für die Umwelt schädliche gelöste Stoffe wie Nitrat und Phosphat durch Zugabe eines Bindemittels gebunden. Sie sind dann nicht mehr gelöst, sondern bilden Flocken. Diese setzen sich am Boden ab und können abgesaugt werden.

Den Schlamm aus dem Absetz- und Nachklärbecken pumpt man in einen Faulbehälter. Dort zersetzen ihn Bakterien zum Teil. Dabei entstehen stinkende, brennbare Faulgase. Diese Gase verwendet man als Treibstoff für Motoren und zum Heizen.

Bau einer Minikläranlage

*Mit wenigen einfachen Mitteln kannst du eine Kläranlage
selber bauen.*

MATERIAL:

*3 gleichgroße Plastikbecher (zum Beispiel Joghurtbecher),
spitzer Nagel, grober Kies, feiner Kies, Sand, Filterpapier,
Teelöffel, Aktivkohle oder zerkleinerte Kohletabletten,
Trichter, Erlenmeyerkolben, Stativ mit Stativring, Becherglas, Rührstab, Lehm, Gartenerde, Tinte*

DURCHFÜHRUNG:

a) *Stich mit dem Nagel kleine Löcher in die Böden der
Plastikbecher.*
b) *Fülle in Becher 1 eine etwa 4 cm hohe Schicht groben
Kies, in Becher 2 feinen Kies und in Becher 3 Sand.*
c) *Setze den Trichter auf den Erlenmeyerkolben, lege
ein Filterpapier ein und gib etwa 2 Teelöffel Aktivkohle
in den Filter.*
d) *Staple die 3 Becher in der im Bild 02 angegebenen
Reihenfolge darüber und stabilisiere den Stapel mit dem
Stativ und dem Stativring.*

*Deine Minikläranlage ist nun einsatzbereit. Um sie zu
testen, musst du zuerst noch Schmutzwasser herstellen.*
e) *Gib dazu in ein Becherglas mit Leitungswasser etwas
Gartenerde, Lehm und Tinte und verrühre das Gemisch
mit dem Rührstab.*
f) *Teste deine Minikläranlage, indem du das Schmutzwasser langsam in den obersten Becher leerst.*
g) *Beschreibe deine Beobachtungen.*

1 ͜ *Begründe, weshalb man die Becher der Minikläranlage und die Aktivkohle in der angegebenen
Reihenfolge anordnen soll.* 🔖

2 ͜ *Die links beschriebene Kläranlage und die selbst
gebaute Kläranlage unterscheiden sich natürlich.
Benenne Gemeinsamkeiten und Unterschiede der
beiden Kläranlagen.* 🔖

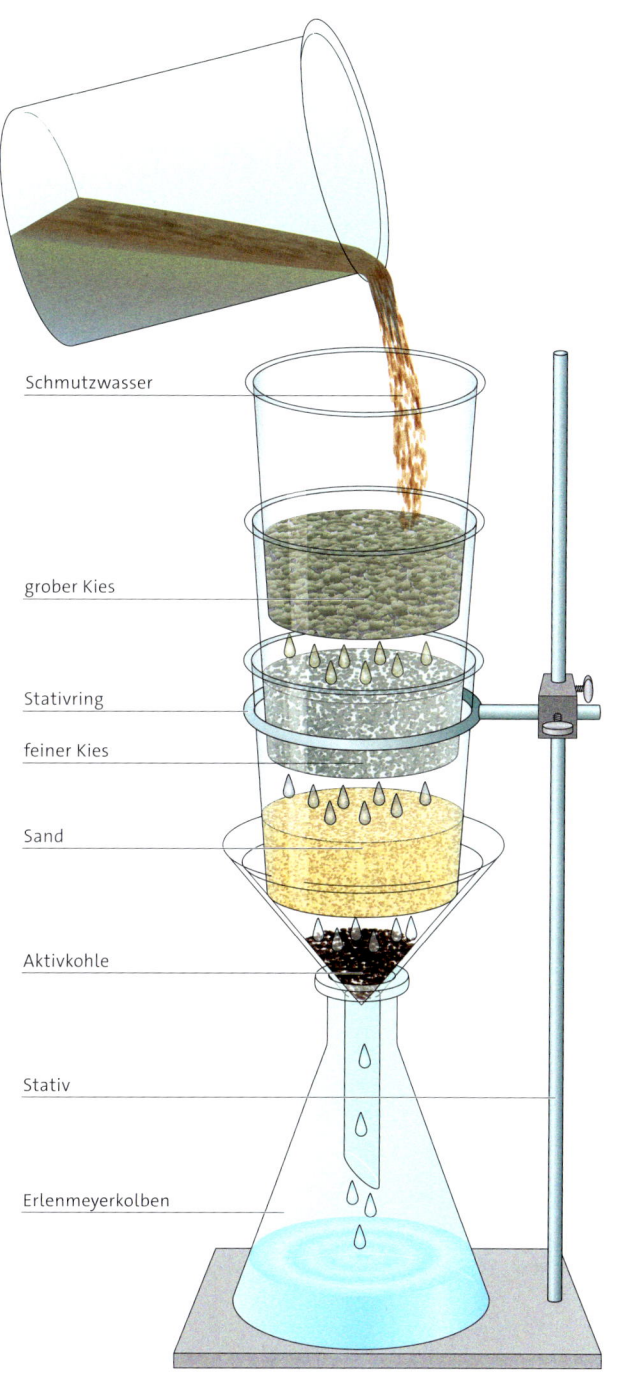

Schmutzwasser

grober Kies

Stativring

feiner Kies

Sand

Aktivkohle

Stativ

Erlenmeyerkolben

02 Selbst gebaute Minikläranlage

01 Magnet-Angel mit Messerfund

Stoffe trennen mit Magneten

Ein im Fluss verlorenes Messer konnte mit einer Magnet-Angel wiedergefunden und geborgen werden. Welche Gegenstände lassen sich mit einem Magneten überhaupt angeln?

MAGNETE WIRKEN ANZIEHEND · Man kann leicht herausfinden, welche Gegenstände von einem Magneten angezogen werden und welche nicht. Dafür benötigt man nur einen Magneten. Hält man den Magneten nacheinander an die verschiedenen Gegenstände, so stellt man fest: Der Magnet zieht Nägel und Scheren aus Eisen an, aber die Kette aus Silber oder das Teelicht aus Aluminium werden nicht angezogen. Magnete ziehen die meisten Metalle nicht an. Aber insbesondere Gegenstände, die Eisen, Nickel oder Cobalt enthalten, werden von Magneten angezogen. Solche Gegenstände bezeichnet man als **ferromagnetisch**. Gegenstände aus Plastik, Glas, Holz und Papier werden von Magneten ebenfalls nicht angezogen. Mit der Magnet-Angel kann man also ferromagnetische Gegenstände aus dem Fluss holen. So lässt sich auch Schrott wie Nägel, Schrauben oder Konservendosen aus Gewässern entfernen, Aluminiumdosen allerdings nicht.

Im Alltag werden Magnete vielseitig genutzt. Man kann mit Magneten Zettel an der Kühlschranktür befestigen. In der Küche oder Werkstatt lassen sich Messer oder Werkzeuge übersichtlich an Magnetschienen aufhängen. In einer Müllsortieranlage werden Magnete zum Aussortieren von Konservendosen eingesetzt.

ferromagnetisch von lateinisch ferrum = Eisen

02 A Kühlschrankmagnete,
B Magnetschiene

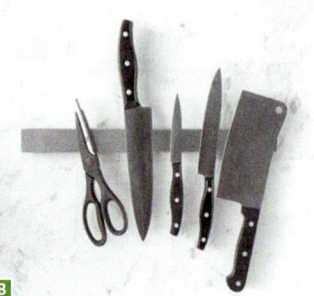

WER ZIEHT WEN AN? · An den Enden einer Spielzeugeisenbahn sind kleine Magnete befestigt. Nähert man ein Metallauto dem Magneten der Lokomotive an, so bewegt sich die Lokomotive plötzlich auf das Metallauto zu. Wird der Magnet vom Eisen des Autos angezogen?

Um dies genauer zu untersuchen, wird auf einen Experimentierwagen ein Stabmagnet gelegt und in einen anderen Experimentierwagen eine Schraube aus Eisen. Bewegt man den Wagen mit der Eisenschraube auf den Magneten zu, so kann man beobachten, dass der Magnetwagen auf die Schraube zurollt. Schiebt man umgekehrt den Magnet auf den Wagen mit der Schraube zu, so rollt der Wagen mit der Schraube auf den Magneten zu. Der Magnet zieht also die Eisenschraube an, die Schraube aber auch den Magneten.

MAGNETE HABEN POLE · Wenn man einen Stabmagneten in eine Schüssel mit kleinen Eisennägeln taucht und anschließend vorsichtig wieder herausnimmt, dann macht man eine interessante Beobachtung: Es bleiben viele Nägel am Magneten hängen, allerdings nur an seinen Enden und nicht in der Mitte. Ist der Magnet nicht an allen Stellen gleich stark?

Zur genaueren Untersuchung wird anstelle der kleinen Eisennägel nun ein einzelner großer Eisennagel verwendet. Berührt man mit der Spitze des Eisennagels verschiedene Stellen des Magneten und zieht ihn immer gleich wieder ab, so spürt man, dass die Anziehung an den Enden des Stabmagneten besonders groß ist. Zur Mitte hin wird die Anziehung immer schwächer und genau in der Mitte ziehen sich Nagel und Magnet gar nicht mehr an. Die Stellen eines Magneten mit der stärksten Anziehung heißen **Pole**.

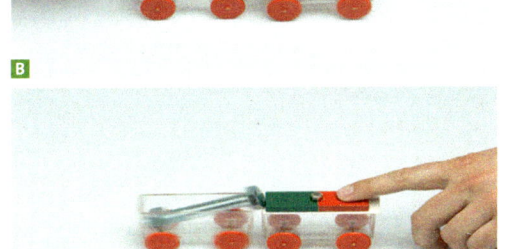

03 Eisenbahn mit Magneten: **A** Lok zieht Wagen an **B** Schraube zieht Magneten an, **C** Magnet zieht Schraube an.

04 Unterschiedliche Magnetwirkung am Stabmagneten

1 J Nenne Beispiele für den Einsatz von Magneten bei dir zu Hause. ▢

2 J Jemand behauptet, dass Metalle von einem Magneten angezogen werden. Nimm Stellung zu dieser Aussage. ◗

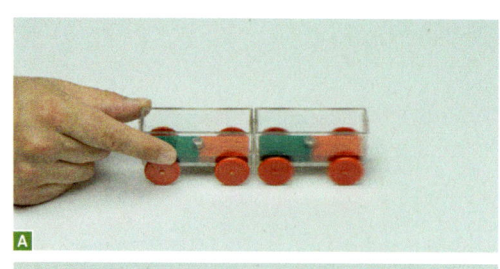

A

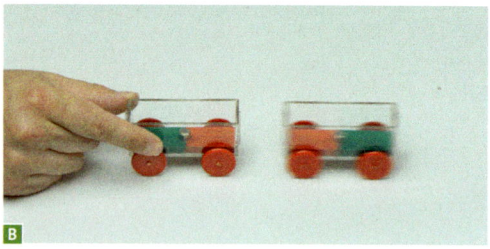

B

05 Magnete auf Wagen: **A** ungleiche Pole ziehen sich an, **B** gleiche Pole stoßen sich ab.

06 Eine Magnetnadel richtet sich entsprechend der Polregel aus.

07 Achtung – starke Magnete!

Merkhilfe:
Südpol – grün
Nordpol – rot

POLREGEL · Was geschieht, wenn zwei Magnete zusammenkommen? Mit folgenden Versuchen kann man diese Frage beantworten: Zwei Magnete liegen jeweils auf einem Wagen. Ihre Pole sind farblich gekennzeichnet. Im ersten Versuch liegt der rot markierte Pol des linken Stabmagneten dem grün markierten Pol des rechten Stabmagneten gegenüber. Man beobachtet, dass sich die beiden Magnete aufeinander zubewegen. Sie ziehen sich gegenseitig an. Im zweiten Versuch liegen sich gleichfarbige Pole gegenüber. Man spürt und sieht, dass sich die gleichfarbigen Pole abstoßen. Jeder der beiden Magnete hat also offenbar zwei unterschiedliche Pole. Sie werden als **magnetischer Südpol** und **magnetischer Nordpol** bezeichnet. Man kennzeichnet den magnetischen Südpol in der Regel grün, den magnetischen Nordpol rot.

MIT MAGNETNADELN DIE POLE FINDEN · Eine drehbare Magnetnadel verhält sich wie ein Stabmagnet und stellt sich immer nach der Polregel ein. So lässt sich mit einer Magnetnadel herausfinden, wo die Pole eines Magneten liegen. Mit einer solchen Magnetnadel arbeitet auch ein Kompass. Die rote Nadelspitze zeigt immer den geografischen Nordpol unserer Erde an. Dies liegt daran, dass die Erde selbst ein riesiger Magnet ist und der magnetische Südpol der Erde in der Nähe des Nordpols liegt. Mit der Himmelsrichtung Norden zeigt der Kompass also eigentlich den magnetischen Südpol der Erde an. Der magnetische Nordpol der Erde befindet sich wiederum beim geografischen Südpol der Erde.

VORSICHT IM UMGANG MIT MAGNETEN · Magnete, die Neodym enthalten, sind sehr stark. Man kann sich schwer verletzen, wenn die Haut zwischen solchen Magneten eingeklemmt wird. Ziehen sich ein Magnet und ein Gegenstand aus Eisen gegenseitig sehr stark an, dann können sie heftig aufeinanderprallen und splittern.
In der Nähe von Fernsehgeräten oder Computermonitoren sollte man ebenfalls vorsichtig mit Magneten umgehen, da die Geräte durch die Magnete dauerhaft beschädigt werden. Auch Uhren mit sehr kleinen beweglichen Eisenteilen, Laptops, Bank- und Kreditkarten, Lautsprecher, Herzschrittmacher, Computer-Festplatten und Disketten können durch Magnete geschädigt werden.

3 Erkläre, warum die Kompassnadel immer in Richtung Norden zeigt. ◗

4 Begründe, warum Uhren mit sehr kleinen beweglichen Eisenteilen durch Magnete geschädigt werden. ◾

VERSUCH A ▸ Ferromagnetisch oder nicht?

In den folgenden Versuchen untersuchst du, welche Gegenstände von einem Magneten angezogen werden:

V1 Münzen

Material:
Magnet, verschiedene Münzen
Durchführung:
a) Untersuche, welche Münzen von einem Magneten angezogen werden und welche nicht. Protokolliere in Form einer Tabelle. ☐
b) Finde anschließend heraus (zum Beispiel im Internet), aus welchen Stoffen die einzelnen Münzen bestehen. Erweitere deine Tabelle aus a. ◣

V2 Fahrrad

Material:
Fahrrad, Magnet
Durchführung:
Dein Fahrrad besteht aus vielen unterschiedlichen Teilen.
a) Vermute zuerst, welche Teile vom Magneten angezogen werden und welche nicht. ◣
b) Überprüfe deine Vermutungen mit dem Magneten. ☐
c) Erstelle eine Tabelle mit den Ergebnissen und ergänze, aus welchen Stoffen die Teile bestehen könnten. ◣

V3 Eisenhaltige Cornflakes?

Material:
Cornflakes, sehr starker Magnet, Schale mit Wasser
Durchführung:
Weiche einige Cornflakes für ein paar Minuten in Wasser auf und lass sie dann auf der Wasseroberfläche schwimmen. Untersuche mit einem Magneten, ob die Cornflakes Eisen enthalten.
a) Beschreibe deine Beobachtung. ☐
b) Erkläre deine Beobachtung. ◣

Material B ▸ Magnete

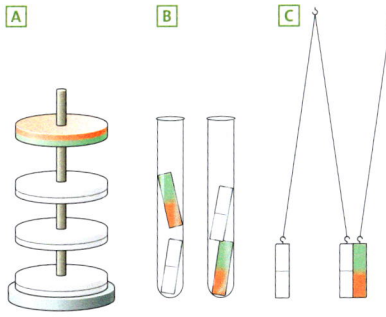

B1 a) Übertrage die Abbildung in dein Heft und zeichne die fehlenden Pole ein. ◣

b) Ergänze über den Magneten im Bild B jeweils einen zusätzlichen Magneten (Südpol unten). Achte auf die Abstände. ◣
c) Nun werden die Glasröhrchen aus B einander angenähert. Erläutere die Auswirkungen. ◣

B2 Max hängt einen Magneten an seinen Spielzeugautokran und behauptet: Nun zieht der Magnet den Wagen an. Der Wagen fährt jetzt ohne weiteren Antrieb, oder? Ein Magnetomobil!
a) Fährt das Magnetomobil wirklich? Stelle eine begründete Vermutung auf. ◧
b) Überprüfe im Experiment. ◣

B3 Vor dir liegen zwei völlig gleich aussehende Stäbe. Nur einer der Stäbe ist ein Magnet. Der andere besteht aus Eisen. Entwickelt zu zweit einen Versuch, um ohne Hilfsmittel den Magneten zu bestimmen. ◧

01 Einkaufstaschen
aus Getränkekartons

Recycling

> *Für die Taschen wurden alte Saftverpackungen wiederverwendet. Beim technischen Recycling werden aus dem Müll durch verschiedene Prozesse Rohstoffe zurückgewonnen, mit denen neue Produkte hergestellt werden. Warum ist es wichtig, Müll zu recyceln?*

ENERGIE UND ROHSTOFFE SPAREN · Um die Rohstoffe für die Herstellung von Verpackungen zu gewinnen, benötigt man viel Energie. Beim Recycling dagegen ist deutlich weniger Energie nötig. Um zum Beispiel dieselbe Menge Aluminium durch Recycling herzustellen, ist nur ein Fünftel der Energie erforderlich, die sonst durch den Abbau in Bergwerken nötig ist. Viele Rohstoffe sind nur begrenzt vorhanden, sodass man durch das Recycling Rohstoffe einsparen kann. Vor allem jedoch wird durch das Recycling die Menge an Müll erheblich verringert.

NACH DER MÜLLTRENNUNG · Im Bild 02 sieht man, was alles aus dem getrennten Müll hergestellt wird:

Aus Altpapier werden Verpackungskartons, Schreibpapier, Zeitungen und Toilettenpapier hergestellt. 89 % des insgesamt anfallenden Papiers wird recycelt.

Altglas wird eingeschmolzen und wieder zu neuen Glasgefäßen verarbeitet. Damit das gelingt, ist es wichtig, die Flaschen nach Farben getrennt zu sammeln. In Deutschland werden über 83 % der Glasverpackungen wiederverwertet.

Über 91% der Metalle kann man wiederverwerten. Eisenhaltige Dosen und Kronkorken werden eingeschmolzen. Daraus können neue Dosen und Kronkorken hergestellt werden.

Verpackungen aus dem Metall Aluminium werden ebenfalls eingeschmolzen und zu neuen Verpackungen verarbeitet.

Viele Getränkekartons bestehen aus mehreren Schichten von Papier, Kunststoff und Aluminium. Um diese Schichten voneinander zu trennen, zerkleinert man die Kartons und weicht die Stücke in Wasser ein. Dadurch kann man das Papier vom Kunststoff und vom Aluminium trennen. Aus den Papierfasern stellt man neue Kartons her. Das Aluminium ist noch mit dem Kunststoff verbunden. Es wird bei der Herstellung von Zement verarbeitet. Insgesamt können 77 % der gesammelten Getränkeverpackungen wiederverwertet werden.

Etwas über 50 % des Kunststoffmülls verarbeitet man zu neuen Produkten. Der Rest wird verbrannt. Aus den Kunststofftüten und Folien stellt man Mülltüten her.

Kunststoffverpackungen verarbeitet man zum Beispiel zu Blumentöpfen, Bodenbelägen und Abdeckungen in Autos.

94 % der gesammelten PET-Pfandflaschen werden wiederverwertet. Die Flaschen werden gewaschen, sortiert und zerkleinert. Diese PET-Flocken werden eingeschmolzen. Aus der Schmelze werden neue Flaschen gegossen, oder es werden daraus dünne Fäden gespritzt. Diese Fäden spinnt man zu Fasern, aus denen man Zelte, Taschen und Fleece-Pullover herstellt.

1 Gib an, welcher Müll die beste Recyclingquote hat. Vergleiche die Angaben zur Recyclingquote der verschiedenen Müllsorten (Bild 02). Erstelle eine Tabelle.

02 Übersicht über Recyclingprodukte und Recyclingquoten

////// **IM BLICKPUNKT TECHNIK** //

Stoff- und Energieumwandlung

01 Zutaten und fertiger Kuchen beim Kuchenbacken

Beim Backen entsteht ein leckerer Kuchen aus vielerlei Zutaten. Diese werden zu einem Teig vermischt und in eine Form gegeben. Dann kommt die Form in den Backofen. Dort entsteht mithilfe der Wärmeenergie der fertige Kuchen. Dieser sieht ganz anders aus als die Stoffe, aus denen er gebacken wurde. Und er schmeckt natürlich auch viel besser. Wie kommt es dazu?

STOFFUMWANDLUNG · Beim Kuchenbacken sind aus den Zutaten neue Stoffe entstanden. Dies geschieht nicht nur beim Backen von Kuchen, beim Kochen oder Braten.
Solche Stoffumwandlungen findet man in allen Bereichen des täglichen Lebens. Lässt man Eisen an der feuchten Luft liegen, so beginnt es zu rosten. Rost hat andere Eigenschaften als das Eisen.
Auch beim Abbrennen einer Kerze oder bei einem

Feuerwerk entstehen neue Stoffe mit anderen Eigenschaften. Diese Stoffumwandlungen nennt man auch **chemische Reaktionen**.

UMORDNUNG DER TEILCHEN · Beim Grillen verbrennt die Holzkohle mithilfe von Sauerstoff aus der Luft. Die Ausgangsstoffe Kohle und Sauerstoff werden zu einem neuen Stoff, dem Reaktionsprodukt Kohlenstoffdioxid. Dabei entstehen aus den Kohlenstoffteilchen und den Sauerstoffteilchen neue Teilchen, die Kohlenstoffdioxidteilchen.
Bei chemischen Reaktionen ordnen sich die Teilchen der Ausgangsstoffe zu neuen Teilchen der Reaktionsprodukte um.

ENERGIEUMWANDLUNG · Beim Verbrennen von Holz wird die chemische Energie in Licht- und Wärmeenergie umgewandelt.
Bei jeder Form der Stoffumwandlung findet auch eine Umwandlung der Energieformen statt. Dabei bleibt die Energie erhalten.
Energie kann weder erzeugt noch vernichtet, sondern nur in verschiedene Energieformen umgewandelt werden. Man nennt dies den Satz von der Erhaltung der Energie.

1〕 Begründe, dass es sich bei der Verbrennung von Kohlenstoff um eine Stoffumwandlung handelt. Gib Ausgangsstoffe und Reaktionsprodukte an. ◣

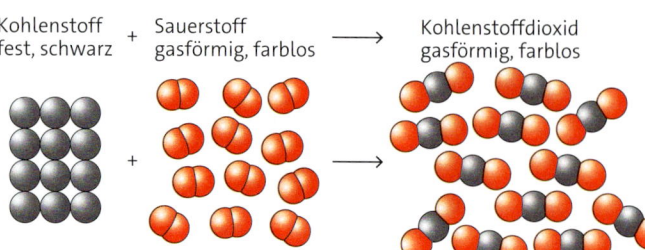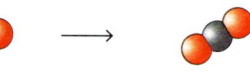

| Kohlenstoff fest, schwarz | + | Sauerstoff gasförmig, farblos | ⟶ | Kohlenstoffdioxid gasförmig, farblos |

| 1 Kohlenstoffteilchen | + | 1 Sauerstoffteilchen | ⟶ | 1 Kohlenstoffdioxidteilchen |

02 Verbrennen von Kohlenstoff auf Teilchenebene

VERSUCH A ▸ Bestandteile eines Getränkekartons

Ein Getränkekarton besteht aus mehreren Schichten von Papier, Kunststoff und Aluminium. Bei diesen Versuchen trennst du diese Schichten voneinander und untersuchst sie genauer.

Material:

Getränkekarton, warmes Wasser, Spülmittel, Schere, Sieb, Pinzette, Haartrockner, Kerze, Schutzbrille, Waage, Batterie (4,5 V), 3 Kabel mit Krokodilklemme, Glühlampe mit Fassung

V1 Materialien trennen

Durchführung:

a) Schneide ein 20 cm x 10 cm großes Stück aus dem Getränkekarton heraus. Bestimme mit der Waage die Masse des Kartonstücks. ☐

b) Zerschneide das Stück in 2 cm x 2 cm große Stücke. ☐

c) Mische das warme Wasser mit etwas Spülmittel und lege die Stücke für 10 Minuten hinein. Versuche anschließend die einzelnen Schichten voneinander zu trennen.
Gib an, wie viele Schichten du voneinander trennen kannst und woraus diese Schichten bestehen. ☐

d) Lege die Papierschichten in das Sieb und trockne sie mit dem Haartrockner. Bestimme durch Wiegen den Anteil an Papierfasern am Getränkekarton. ☐

V2 Material untersuchen

Aus V1 übrig ist ein silbrig glänzendes Stück. Es sieht aus wie Aluminium. Wenn es Aluminium ist, dann muss es elektrischen Strom leiten.

Durchführung:

a) Untersuche, ob dieses Stück elektrischen Strom leitet. ☐

b) Wenn es den Strom nicht leitet, dann ist das silbrige Stück vielleicht mit Kunststoff beschichtet. Halte das Stück mit der Pinzette in die Kerzenflamme. Teste danach, ob die silbrige Schicht nun den elektrischen Strom leitet. ☐

c) Erkläre deine Beobachtung. ◣

VERSUCH B ▸ Recycling von Joghurtbechern

Sortenreinen, sauberen Kunststoffmüll kann man einschmelzen und zu brauchbarem neuem Kunststoff umformen. Du recycelst auf diese Weise Joghurtbecher.

Material:

Heizplatte, Ausstechform für Gebäck, Aluminiumfolie, Schere, saubere Joghurtbecher (aus Polypropen/Polyethan = PP/PE)

Durchführung:

a) Schneide die Becher mit der Schere in kleine Stücke. ☐

b) Lege Aluminiumfolie glatt über die kalte Heizplatte. Lege die Ausstechform darauf und kleide sie mit zwei Schichten Aluminiumfolie aus. Fülle zerkleinerte Joghurtbecherstücke ein, bis die Form vollständig gefüllt ist. ☐

c) Schalte die Heizplatte ein und erhitze den Kunststoff, bis er geschmolzen ist. ☐
Achtung! Heizplatte und Form werden sehr heiß! Nicht anfassen!

d) Schalte die Heizplatte aus und lass den Kunststoff in der Form abkühlen. Nimm ihn dann heraus. ☐

Stoffe und Teilchen

Körper: In den Naturwissenschaften werden alle Gegenstände als Körper bezeichnet. Körper weisen immer eine bestimmte Form auf.

Stoffe: Alle Körper bestehen aus Materialien. Man bezeichnet diese Materialien als Stoffe. Es gibt aber Stoffe, die keine Gegenstände bilden, wie beispielsweise die Luft. Stoffe können über ihren Aggregatzustand weiter beschrieben werden als Feststoffe, Flüssigkeiten oder Gase. Außerdem haben sie typische Eigenschaften, die sie voneinander unterscheiden.

Reinstoff: Stoffe, die jeweils nur aus einer Art von Teilchen bestehen, nennt man Reinstoffe.

Stoffgemisch: Stoffe, die aus mindestens zwei verschiedenen Bestandteilen bestehen, bezeichnet man als Stoffgemische. Sie können in ihre einzelnen Reinstoffe getrennt werden.

heterogen: Stoffgemische, bei denen man die einzelnen Bestandteile sehen kann, nennt man heterogen.

homogen: Stoffgemische, bei denen man die einzelnen Bestandteile nicht erkennen kann, bezeichnet man als homogenes Gemisch.

Trennverfahren: Um Stoffe in seine Bestandteile zu trennen, gibt es verschiedene Trennverfahren für Stoffgemische:
– Durch **Verdunsten** und **Eindampfen** kann man in Wasser gelöste Salze zurückgewinnen.
– Durch **Sedimentieren** und **Dekantieren** oder **Sieben** und **Filtrieren** kann man feste Stoffe von einer Flüssigkeit trennen.
– Durch **Extrahieren** kann man lösliche und unlösliche Stoffe voneinander trennen.
– Durch **Destillieren** kann man Stoffe mit unterschiedlichen Siedetemperaturen trennen.
Welches Trennverfahren angewendet wird, richtet sich nach dem Aggregatzustand der Bestandteile des Gemisches und den Stoffeigenschaften, nach denen sie unterschieden werden können.

Stoffeigenschaften: Stoffe unterscheiden sich in ihren Eigenschaften und können darüber identifiziert werden. Manche Stoffe lassen sich allerdings nicht mehr nur mit den menschlichen Sinnen wie Sehen und Riechen unterscheiden. Dazu werden messbare Eigenschaften benötigt.
Messbare Stoffeigenschaften sind durch Messgrößen definiert. Die Angabe von messbaren Stoffeigenschaften ist unabhängig von der persönlichen Empfindung. Beispiele dafür sind:

Schmelztemperatur: Die Schmelztemperatur ist die Temperatur, bei der ein Stoff seinen Aggregatzustand von fest nach flüssig ändert.

Siedetemperatur: Die Siedetemperatur ist die Temperatur, bei der ein Stoff seinen Aggregatzustand von flüssig nach gasförmig wechselt.

Wärmeleitfähigkeit: Die Wärmeleitfähigkeit gibt an, wie gut ein Stoff die Wärme weiterleitet.

Zündtemperatur: Die Temperatur, bei der sich ein Stoff entzündet, wird Zündtemperatur genannt.

Dichte: Die Dichte eines Stoffes gibt an, wie viel Masse je Volumen der Stoff hat.

Löslichkeit: Nicht alle Stoffe lassen sich in anderen Stoffen gleich gut lösen. Die Löslichkeit gibt an, wie viel sich von einem Stoff in einem anderen lösen lässt. Die Löslichkeit ist von der Temperatur abhängig.

pH-Wert: Der pH-Wert gibt an, wie sauer ein Stoff ist. Er kann den Wert 0 bis 14 annehmen. Je kleiner der pH-Wert ist, desto saurer ist der Stoff:
pH-Wert < 7: Stoff ist sauer,
pH-Wert = 7: Stoff ist neutral,
pH-Wert > 7: Stoff ist alkalisch.
Saure und alkalische Stoffe sind ätzend, sie können Oberflächen angreifen.

Indikatoren: Zum Anzeigen des pH-Werts werden Indikatoren verwendet. Sie verändern je nach Säuregrad ihre Farbe. Als Indikator kann man zum Beispiel Rotkohlsaft verwenden.

Gefahrstoffe: Im Umgang mit unbekannten Stoffen sollte man zunächst immer vorsichtig sein, da es sich um Gefahrstoffe handeln könnte. Das sind Stoffe mit gefährlichen, beispielsweise ätzenden oder giftigen Eigenschaften für Mensch und Umwelt.

Gefahrstoffsymbole: Gefahrstoffe sind immer mit Gefahrstoffsymbolen gekennzeichnet, den GHS-Symbolen. Diese werden international verwendet und sind seit 2015 verpflichtend als Gefahrstoffkennzeichnung einzusetzen. Die Piktogramme sind an der quadratischen Form und der rot-weißen Farbe zu erkennen.

Stoffklassen: Unterschiedliche Stoffe können zu Stoffgruppen oder Stoffklassen zusammengefasst werden. Die Zuordnung kann nach unterschiedlichen Kriterien erfolgen, zum Beispiel nach gemeinsamen Eigenschaften, Funktionen oder Herstellungsweisen. Die Stoffklasse der Metalle hat unter anderem die Eigenschaft der elektrischen Leitfähigkeit gemeinsam.

Magnete: Magnete wirken auf metallische Gegenstände, die vor allem Eisen, Nickel oder Cobalt enthalten. Man nennt sie ferromagnetisch. Ein Magnet und ein ferromagnetischer Gegenstand ziehen sich gegenseitig an.

Magnetpole: Jeder Magnet hat einen magnetischen Nordpol und einen magnetischen Südpol. An den Polen ist der Magnet am stärksten.

Polregel: Gleiche Pole stoßen sich ab, ungleiche Pole ziehen sich an.

Abfallvermeidung: Die Wiederverwertung von Abfall ist gut. Besser ist es, Müll oder Abfall zu vermeiden. Das spart noch mehr Energie und Rohstoffe.

Recycling: Durch technische Verfahren wird der Abfall in seine Rohstoffe zerlegt und zur Herstellung neuer Produkte verwendet. Das ist teilweise sehr aufwendig, spart aber Energie und Rohstoffe und verringert die Mengen an zu deponierendem Müll.

Problemmüll: Dieser enthält Stoffe, die wiederverwertet werden können, aber auch Stoffe, die umwelt- und gesundheitsschädlich sind. Dieser Müll muss gesondert gesammelt werden, damit er sachgerecht recycelt werden kann.

Körper und Gesundheit

In diesem Kapitel beschäftigst du dich mit

▸ Nahrungsmitteln und ihren Inhaltsstoffen. Außerdem lernst du etwas über die Bedeutung der Inhaltsstoffe für den Körper und die Merkmale einer gesunden und ausgewogenen Ernährung.

▸ der Art und Weise, wie die Nahrung verdaut wird und die Bausteine der Nahrung in den Körper aufgenommen werden.

▸ dem Herz-Kreislauf-System. Du erfährst etwas über den Bau und die Funktion des Blutkreislaufs und des Herzens. Du lernst, wie über die Lunge Sauerstoff aufgenommen und Kohlenstoffdioxid abgegeben wird und wie das Zusammenspiel der inneren Organe funktioniert.

- der Reifung primärer und sekundärer Geschlechtsmerkmale während der Pubertät. Du lernst, wie die Sexualorgane des Menschen aufgebaut sind und welche biologischen Funktionen sich daraus ableiten.

- der geschlechtlichen Fortpflanzung des Menschen. Dabei erfährst du, wie aus der befruchteten Eizelle ein Embryo und schließlich ein Mensch heranwächst. Du lernst Methoden zur Verhütung kennen sowie wichtige Informationen zur sexuellen Selbstbestimmung.

01 Junge isst einen Apfel.

Die Ernährung

Hübsch angerichtetes Obst und Gemüse fördert bei vielen Menschen den Appetit. Welche Nahrung aber braucht ein Mensch und wie kann man dies herausfinden? Nach dem englischen Sprichwort „An apple a day keeps the doctor away" bleibt man gesund, wenn man täglich einen Apfel isst. Äpfel reichen für unsere Ernährung jedoch nicht aus. Was braucht der Körper außerdem noch?

LEBENSMITTEL · Je nach Region und Land ernähren sich die Menschen unterschiedlich. Auch die Geschmäcker einzelner

Menschen sind verschieden. Gemeinsam ist aber, dass ihre Nahrung von Lebewesen stammt.

Pflanzliche Produkte wie Obst, Gemüse, Reis und Getreideprodukte sowie tierische Produkte wie Fleisch, Fisch, Milch oder Eier werden als **Nahrungsmittel** bezeichnet. Sie enthalten für die menschliche Ernährung wichtige Inhaltsstoffe. Besonders wichtig sind *Kohlenhydrate, Eiweiße* und *Fette*. Man bezeichnet sie als **Nährstoffe.** Nahrungsmittel, die größere Mengen dieser drei Nährstoffe enthalten, nennt man **Grundnahrungsmittel.** Sie machen mengenmäßig den Hauptteil der Nahrung aus.

Es gibt viele verschiedene *Grundnahrungsmittel.* Daher können Menschen sehr unterschiedliche Nahrung zu sich nehmen. Sie erhalten dennoch Nahrung in der richtigen Menge und richtigen Zusammenstellung der Nährstoffe.

Auf einen weiteren Nahrungsbestandteil kann allerdings kein Mensch verzichten: Ohne Wasser überlebt man nur wenige Tage. Wasser und Nahrungsmittel bilden die **Lebensmittel.**

A B

02 Grundnahrungsmittel: **A** kohlenhydratreiches Lebensmittel Vollkornbrot, **B** eiweißreiche Lebensmittel Tofu, Fleisch, Fisch, Eier und Erbsen

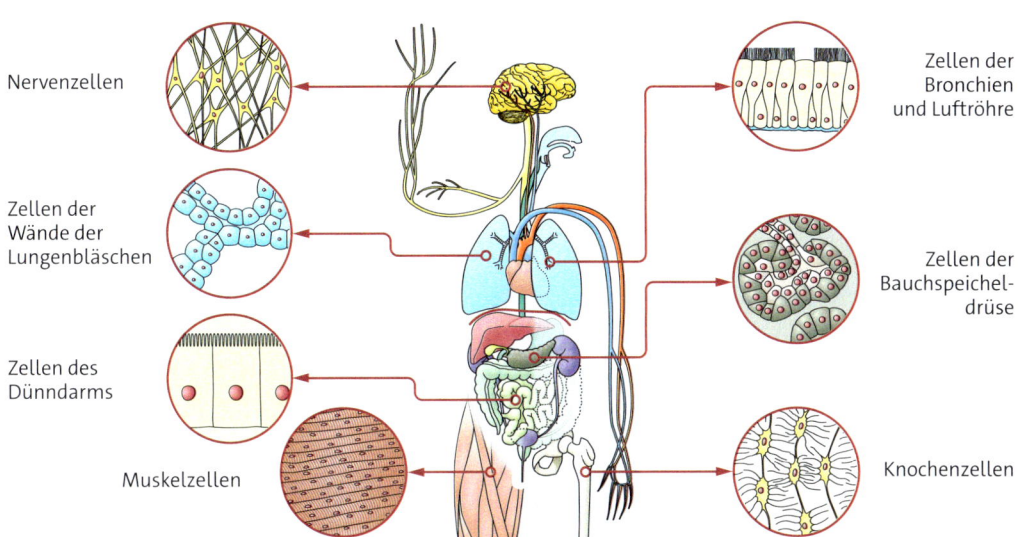

Nervenzellen

Zellen der Wände der Lungenbläschen

Zellen des Dünndarms

Muskelzellen

Zellen der Bronchien und Luftröhre

Zellen der Bauchspeicheldrüse

Knochenzellen

03 Zellen als Ziel der Bau- und Betriebsstoffe

WEITERE NAHRUNGSBESTANDTEILE · Die Lebensmittel enthalten weitere Bestandteile, die der Körper zu seiner Funktion benötigt. Calcium, das in Milch und Kohlrabi enthalten ist, wird für die Blut- und Knochenbildung gebraucht. Es ist ein **Mineralstoff.** Andere Mineralstoffe sind für die Muskel- und Nervenfunktion wichtig. Iod und Fluor sind Mineralstoffe, die unsere Nahrung häufig nicht in genügender Menge enthält. Sie werden dem Kochsalz und der Zahncreme zugesetzt.

Vitamine müssen in geringer Menge aufgenommen werden. Man erhält sie hauptsächlich mit Obst und Gemüse. Das Vitamin B_{12} ist dagegen vornehmlich in tierischen Produkten enthalten. Veganer meiden diese Produkte. Sie müssen Vitamin B_{12} zum Beispiel mit Vitamintabletten zu sich nehmen. Die menschliche Nahrung enthält einige Stoffe, die nur den Darm füllen und nicht in den Körper aufgenommen werden. Man nennt sie **Ballaststoffe.** Sie regen bei gesunden Menschen die Darmtätigkeit an und beugen wahrscheinlich Darmkrebs vor. Vollkornprodukte sind reich an Ballaststoffen und werden daher zur Ernährung empfohlen.

VERWENDUNG DER NÄHRSTOFFE · Jeder menschliche Körper wächst oder ersetzt alte Bestandteile durch neue. Muskeln, Haare und Nägel bestehen zum Beispiel zu einem großen Teil aus Eiweißen, den **Proteinen.** Proteinhaltige Nahrung liefert die Stoffe, mit denen Muskeln, Haare und Nägel neu gebildet werden. Man bezeichnet sie als **Baustoffe.**

Weitere Baustoffe bekommt der menschliche Körper aus Kohlenhydraten und Fetten. Sie werden, genau wie Proteine, in allen Zellen verwendet.

Sämtliche Vorgänge im menschlichen Körper und auch die Fortbewegung benötigen Energie. Die Nährstoffe liefern nicht nur Baustoffe für den menschlichen Körper. Der Körper kann mit ihnen auch Energie bereitstellen. Vor allem mit Kohlenhydraten und Fetten erhält er genügend Energie für den Betrieb der Lebensvorgänge. Daher sind diese Nährstoffe zusätzlich **Betriebsstoffe** für den Körper.

1 Fasse zusammen, wie Lebensmittel den Bau und Betrieb des menschlichen Körpers ermöglichen. ☐

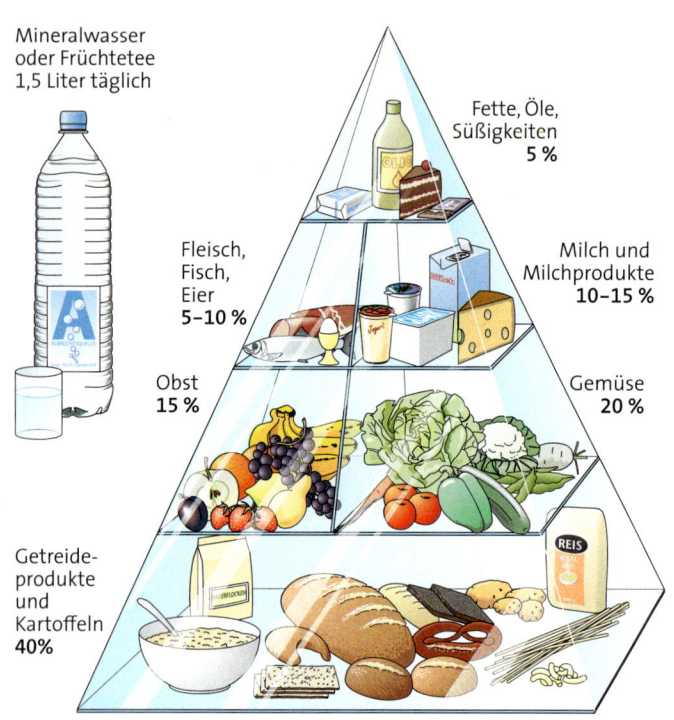

Mineralwasser
oder Früchtetee
1,5 Liter täglich

Fette, Öle,
Süßigkeiten
5 %

Fleisch,
Fisch,
Eier
5–10 %

Milch und
Milchprodukte
10–15 %

Obst
15 %

Gemüse
20 %

Getreide-
produkte
und
Kartoffeln
40%

04 Ernährungspyramide

AUSGEWOGENE ERNÄHRUNG · Kohlenhydrate, Fette, Eiweiße, Vitamine, Mineralstoffe, Ballaststoffe und Wasser sind die „sieben Säulen" der Ernährung. In Lebensmitteln sind diese Stoffe in unterschiedlichen Mengen enthalten. Für eine ausgewogene Ernährung sollten deshalb die Lebensmittel in den verschiedenen Mahlzeiten so zusammengesetzt sein, dass sie den täglichen Bedarf an diesen Stoffen decken. Zusätzlich zur Nahrung sollten täglich mindestens 1,5 Liter Wasser getrunken werden. Vernachlässigt man eine oder mehrere der sieben Säulen durch eine zu geringe Aufnahme der jeweiligen Stoffe, kann das zu Mangelerscheinungen oder Fehlfunktionen von Organen im menschlichen Körper führen. Die für eine ausgewogene und damit gesunde Ernährung empfohlenen Lebensmittelanteile werden in einer Ernährungspyramide veranschaulicht. Grundlage der täglichen Nahrung sind Getreideprodukte, Kartoffeln oder Reis mit etwa 40 Prozent. Die in ihnen enthaltenen Kohlenhydrate decken den Großteil des Energiebedarfs. Der Obst- und Gemüseanteil sollte bei zusammen 35 Prozent liegen. Mit ihnen werden besonders viele Vitamine, Mineral- und Ballaststoffe aufgenommen, bei Hülsenfrüchten außerdem viele Eiweiße. Als wichtige Eiweiß- und Fettlieferanten sollten Fleisch, Fisch und Eier etwa 5 bis 10 Prozent und Milchprodukte etwa 10 bis 15 Prozent betragen. Fette wie Butter und Öl sowie Süßigkeiten sollten nur einen sehr geringen Teil der Nahrung ausmachen.

Ein ausgewogenes Frühstück liefert dem Körper genügend Energie für den anstehenden Tag. Mit einem gesunden Pausenbrot werden die geleerten Speicher wieder aufgefüllt, sodass man sich im Unterricht konzentrieren und im Sport effizient bewegen kann. Auch die Einnahme von Mittag- und Abendessen sind unbedingt notwendig, um leistungsstark zu bleiben. Und für zwischendurch eignet sich immer wieder ein Apfel. Denn betrachtet man sich den Apfel etwas genauer, so entdeckt man eine perfekte Mischung an Vitaminen, Mineral- und Ballaststoffen, die für die Ernährung bestens geeignet ist.

2 ⌡ Nenne die sieben Säulen der Ernährung und definiere ihre Aufgabe im menschlichen Körper. ⬜

3 ⌡ Erkläre den Unterschied zwischen Nahrungsmittel und Lebensmittel. ◣

4 ⌡ Erläutere den Begriff ausgewogene Ernährung. ◣

5 ⌡ Notiere deine täglichen Mahlzeiten in einem Ernährungstagebuch und bewerte diese anschließend kritisch. ◼

VERSUCH A ▸ Nachweis von Stärke in verschiedenen Lebensmitteln

Iod-Kalium-iodid-Lösung

Protokollblatt Stärkenachweis		Name:						Datum:
Lebens-mittel	Kar-toffel	Reis-körner	Brot	Spa-ghetti	Gurke	Apfel	Möhre	...
Blau-färbung	ja	~~~	~~~	~~~	~~~	~~~	~~~	--
Inten-sität	hoch	~~~	~~~	~~~	~~~	~~~	~~~	~
Deutung Farbe	enthält Stärke	~~~	~~~	~~~	~~~	~~~	~~~	~
Deutung Inten-sität	enthält viel Stärke	~~~	~~~	~~~	~~~	~~~	~~~	~

Nudeln und Reis werden oft statt Kartoffeln zu Hauptmahlzeiten gegessen. Liegt es an der Stärke, dass sie untereinander austauschbar sind? Außerdem kann man sich fragen, ob etwa Gurken oder weitere Nahrungsmittel Stärke enthalten.

Versuchsfrage: Welche häufigen Lebensmittel enthalten Stärke?
Vermutung: Kartoffeln, Reis und Nudeln enthalten Stärke.
Material: verschiedene Lebensmittel, Iod-Kaliumiodid-Lösung (8) in einer Tropfflasche, weißes Tablett

Durchführung: Man gibt Proben der Lebensmittel auf das Tablett. Auf jede Probe gibt man drei Tropfen Iod-Kaliumiodid-Lösung.

A1 Führe den Versuch durch und schreibe ein Protokoll. ◣

Material B ▸ Ausgewogene Ernährung

A

B

A enthält 120 g Spaghetti, 50 g Hackfleisch und 30 g Tomatensoße. **B** besteht aus 120 g Bratwurst, 60 g Pommes frites und 20 g Ketchup.

B1 Berechne den Massenanteil der Nährstoffe in beiden Gerichten (in g). Stelle die Ergebnisse in einer Tabelle dar. ▢

Lebensmittel (100 g)	Energie (kJ)	Kohlen-hydrate (g)	Fett (g)	Eiweiß (g)	Vitamine (mg)	Mineral-stoffe (mg)
Bratwurst	1436	0	36	13	4	666
Hackfleisch	1243	0	25	19	3	644
Ketchup	436	24	0	2	–	–
Pommes frites	1351	36	16	4	24	1272
Spaghetti	1520	75	1	13	62	194
Tomatensoße	1428	67	4	9	–	–

B2 Berechne die Nähstoffanteile in Prozent, indem du die Masse jedes Nährstoffs durch die Gesamtmasse aller Nährstoffe teilst und mit 100 multiplizierst. Ergänze die Tabelle. ◣

Eine ausgewogene Ernährung sollte ein Nährstoffverhältnis von etwa 55 Prozent Kohlenhydraten zu 30 Prozent Fett und 15 Prozent Eiweiß haben.

B3 Vergleiche die errechneten Werte mit den Empfehlungen für ein ausgewogenes Nährstoffverhältnis. ◼

Ernährungsweisen im Überblick

Es gibt viele individuelle Beweggründe und auch Einflüsse, die darüber entscheiden, welche Nahrungsmittel man zu sich nimmt und was schließlich auf den Teller kommt. Von Unverträglichkeiten und Allergien über ethisch-moralische Überlegungen bis zu persönlichen Vorlieben spielen viele Aspekte in die letztliche Entscheidung der Ernährung hinein.

Wunsch, Gewicht zu verlieren, bringt viele Menschen dazu, sich intensiver mit verschiedenen Ernährungsweisen zu beschäftigen. Das Wort **Diät** stammt aus dem Griechischen *„diaita"* und bedeutet Lebensweise. Somit bedeutet Diät nicht, sich für eine entsprechende Zeit zu quälen und sich alles zu verwehren, um schließlich wieder in die alten Gewohnheiten zurückzufallen. Es bedeutet vielmehr, eine Ernährungsweise zu wählen, von der man überzeugt ist, die einem guttut und die sich langfristig im Alltag umsetzen lässt. So können Diäten etwa auf eine salzarme, glutenfreie oder lactosefreie Ernährung ausgerichtet sein, weil die Betroffenen die genannten Stoffe nicht vertragen oder aus gesundheitlichen Gründen nicht zu sich nehmen sollten. Heute existieren zahlreiche sehr unterschiedliche Ernährungsweisen. Manche verzichten auf Fleisch, manche sogar auf alle tierischen Produkte, wieder andere essen kohlenhydratarm. Aber welche Ernährungsweise schließlich die richtige für einen ist, entscheidet jeder für sich. Wichtig ist vor allem, dass die Ernährung ausgewogen ist.

ALLESESSER · Als Allesesser werden die Menschen bezeichnet, deren Nahrung sich sowohl aus pflanzlichen als auch tierischen Lebensmitteln zusammensetzt. Eine sogenannte omnivore Ernährungsweise liefert durch den Fleischanteil hochwertiges Eiweiß, was für den Körper unentbehrlich ist, da jede Zelle unseres Körpers zu großen Teilen aus Eiweißen besteht. Während des Wachstums brauchen Kinder und Jugendliche Eiweiße zum Aufbau von Muskeln, Haaren und Nägeln. Darüber hinaus liefert es wichtige Vitamine und Mineralstoffe, allen voran Eisen, was für ein starkes Immunsystem förderlich ist und zudem gegen Müdigkeit vorbeugt. Jedoch ist ein übermäßiger Fleischkonsum kritisch zu betrachten. Für die Fleischgewinnung werden sehr viel Getreide, Wasser und Land verbraucht. Die Massentierhaltung erzeugt zudem Methan, welches den Klimawandel weiter beschleunigt. Auch die Haltungsbedingungen für Nutztiere sind dabei problematisch.

VEGETARISCHE ERNÄHRUNGSWEISE · Bei der vegetarischen Ernährungsweise wird auf Fleisch jeglicher Form verzichtet. Andere tierische Produkte wie Eier, Milch oder Honig hingegen sind erlaubt. In einigen Kulturkreisen, wie dem Hinduismus, hat der Fleischverzicht religiöse Hintergründe. In Europa sind es meist ethische oder gesundheitliche Gründe, die Vegetarier zum Verzicht motivieren. Viele lehnen die industrielle

Massentierhaltung ab oder fühlen sich dank der vegetarischen Ernährung fitter. Die Ernährung besteht somit vor allem aus Obst und Gemüse. Bei dieser Ernährung sollte auf ausreichende Eiweißquellen wie Hülsenfrüchte oder Tofu und auf die Versorgung mit Eisen und Vitamin B_{12} geachtet werden. So kann eventuellen Mangelerscheinungen von Vitaminen und Mineralstoffen vorgebeugt werden. Ein gelungenes Beispiel für eine vegetarische Mahlzeit ist etwa Spaghetti mit einer Bologneseoße, die Tofu enthält, und dazu ein frischer Salat mit allerlei Gemüse wie Gurken und Tomaten.

VEGANER · Im Gegensatz zum Vegetarismus hat der Veganismus einen noch stärker ausgeprägten moralischen Anspruch. Veganer verzichten in ihrer Ernährung auf alle tierischen Produkte. Somit verzichten sie auf sämtliche Milchprodukte wie Käse, Sahne und Joghurt ebenso wie auf Eier und Gelatine. Sie verzichten meist auch auf Lederprodukte wie etwa Taschen, Schuhe und Gürtel sowie auf andere tierische Bekleidung wie Wolle. Während vegetarische Gerichte in vielen Restaurants schon lange auf der Karte stehen, fehlen häufig Alternativen für Veganer. Eine vegane Ernährung ist mit einem größeren Aufwand verbunden, da die Gerichte meist selbst gekocht werden müssen. Aber für viele Milchprodukte gibt es Entsprechungen auf Pflanzenbasis wie Hafer- oder Sojamilch. Selbst Eier und Käse lassen sich pflanzlich nachahmen. Bei strikt veganer Ernährung besteht die Gefahr eines Mangels bei einigen Proteinen, Vitaminen und Mineralstoffen. Daher müssen vor allem jugendliche Veganer auf ausreichende Nährstoffquellen oder eine Nährstoffergänzung achten, um Mangelerscheinungen zu vermeiden.

Grundsätzlich ist es bei allen Ernährungsweisen wichtig, durch eine ausgewogene Ernährung gesundheitliche Probleme zu vermeiden.

1 Erstelle eine vierspaltige Tabelle und notiere die wesentlichen Inhalte zu den folgenden Stichpunkten der einzelnen Ernährungsweisen: Definition, Vorteile, Nachteile. ☐

Ernährungs-weise	Definition	Vorteile	Nachteile
Allesesser			

2 Erkläre, warum eine Diät mehr als nur eine Maßnahme zur Gewichtsreduktion darstellt. ◥

3 Betrachte die Bilder A–F und ordne die verschiedenen Gerichte den einzelnen Ernährungsweisen zu. Begründe deine Entscheidung. ◼

4 Erläutere, warum Kinder bei der Entscheidung ihrer Ernährungsform besonders aufpassen müssen. ◥

01 Gemüsegericht

Die Verdauung

Wer möchte nicht gerne von dieser Speise kosten? Aber selbst nach einem guten Essen haben wir mehrere Stunden später wieder Hunger. Was passiert eigentlich mit der aufgenommenen Nahrung?

VERDAUUNG UND VERDAUUNGSENZYME · Viele Stoffe aus der Nahrung wie zum Beispiel Mineralstoffe und Vitamine können direkt ins Blut aufgenommen werden. Anders verhält es sich dagegen mit den Nährstoffen Kohlenhydrat, Eiweiß und Fett. Diese sind jeweils aus bestimmten Bausteinen zusammengesetzt. Vor der Aufnahme in den Körper müssen sie zerlegt werden, denn nur die **Bausteine der Nährstoffe** können ins Blut eintreten. Der Vorgang, bei dem die Nährstoffe in ihre Bausteine aufgespalten werden, heißt Verdauung. Sie erfolgt, während die Nahrung durch eine Reihe von Organen transportiert wird, durch die **Verdauungsorgane.**

Die dabei entstehenden Bausteine der Nährstoffe decken im Körper den Energiebedarf oder werden für den Aufbau von körpereigenen Stoffen und Zellen benötigt.

Für die Verdauung benötigt der Körper „Werkzeuge". Die Werkzeuge für die Verdauung sind Stoffe, die man **Verdauungsenzyme** nennt. Enzyme werden in speziellen Organen gebildet. Verdauungsenzyme können nur ganz bestimmte Nährstoffe in ihre Bausteine zerlegen. Die Mundspeicheldrüsen zum Beispiel produzieren Mundspeichel mit einem Enzym, das nur Stärke in seine Bausteine aufspaltet. Drüsenzellen im Magen stellen Eiweiß zerlegende Enzyme her. Der Bauchspeichel aus der Bauchspeicheldrüse und der Dünndarmsaft enthalten verschiedene Enzyme, die jeweils nur entweder Stärke oder Eiweiß oder Fett in ihre jeweiligen Bausteine auftrennen können.

VORGÄNGE IM MUND · Im Mund wird der Nahrungsbissen mit den Zähnen zerkaut und durch Hinzufügen von Speichel gleitfähig gemacht. Im Speichel ist ein Verdauungsenzym enthalten, das die Stärke aus Kartoffeln, Teigwaren oder Reis zerlegt. Dabei entstehen kleinere Bruchstücke von Stärke. Die Speichelproduktion beträgt etwa 1,5 Liter pro Tag.

Beim Schluckvorgang legt sich der Kehldeckel auf die Luftröhre. Dadurch wird gewährleistet, dass der Speisebrei in die Speiseröhre gelangt. Durch die etwa 25 Zentimeter lange Speiseröhre wird der Speisebrei in den Magen transportiert.

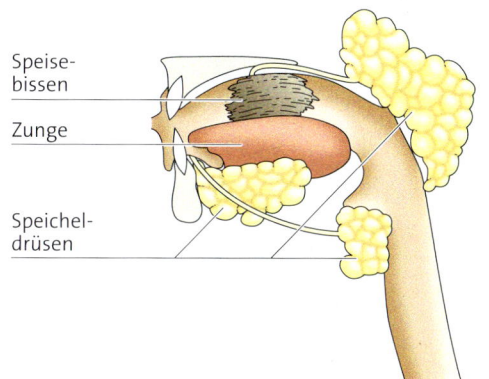

02 Mund mit Speicheldrüse

VORGÄNGE IM MAGEN · Der Magen ist ein etwa 1,5 Liter fassendes, dehnbares Organ, das innen von einer *Schleimhaut* ausgekleidet ist. Die Schleimhaut besteht aus verschiedenen Zelltypen. Einige stellen den Magenschleim her. Andere produzieren *Magensäure* und wieder andere bilden *eiweißspaltende Verdauungsenzyme*. Täglich werden etwa zwei Liter Magensaft erzeugt. Der Magenschleim schützt die Magenwand. Die im Magensaft enthaltene Magensäure tötet Krankheitserreger ab, die mit dem Speisebrei in den Magen gelangen. Außerdem wird flüssiges Eiweiß fest, wenn es mit Säure in Berührung kommt. Festes Eiweiß kann von den Verdauungsenzymen besser zerlegt werden. Als Produkt der Eiweißspaltung entstehen kleinere Bruchstücke von Eiweißen.

Die Verweildauer des Speisebreis im Magen liegt je nach Nahrung zwischen einer und fünf Stunden. In dieser Zeit wird der Speisebrei durch Bewegungen der Magenmuskulatur geschüttelt und durchgeknetet. Auf diese Weise wird der Mageninhalt intensiv durchmischt und damit eine gründliche Verdauung gewährleistet.

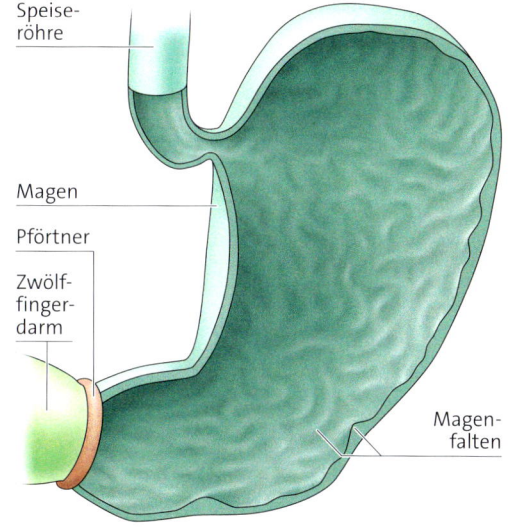

03 Magen

1 Erkläre den Begriff Verdauung.

2 Nenne Aufgaben der Magensäure.

3 Erläutere die Aufgaben von Zunge und Zähnen bei der Verdauung im Mund.

4 Erläutere, was mit dem Schütteln und Kneten des Mageninhalts erreicht wird.

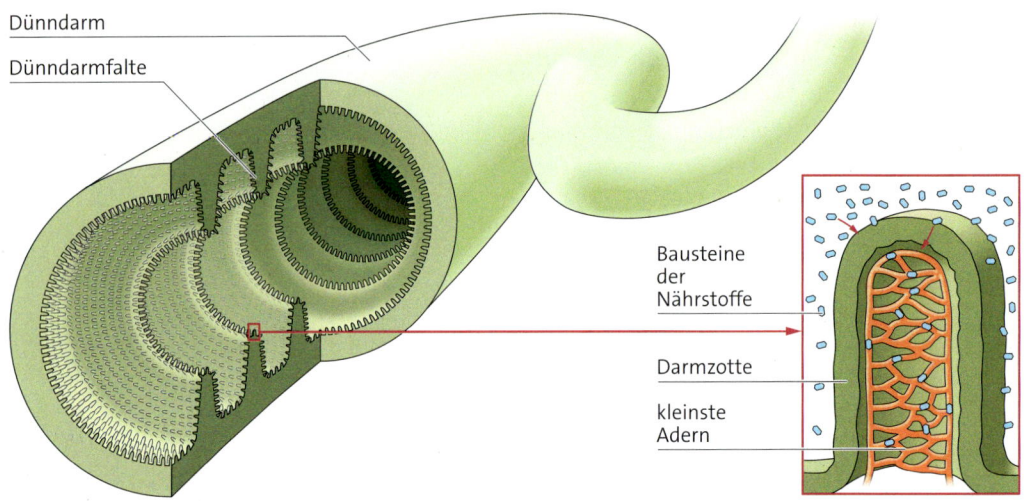

Dünndarm

Dünndarmfalte

Bausteine der Nährstoffe

Darmzotte

kleinste Adern

04 Dünndarm und Dünndarmzotten

VORGÄNGE IM DÜNNDARM · Der Ausgang des Magens wird durch einen Muskel, den *Pförtner,* verschlossen. Da er sich nur kurz öffnet, gelangt der vorverdaute Speisebrei portionsweise in den etwa vier Meter langen Dünndarm. Hier werden alle Nährstoffe bis zu ihren Bausteinen verdaut.

In den ersten Teil des Dünndarms, den *Zwölffingerdarm,* münden Gallenblase und *Bauchspeicheldrüse.* Die Gallenblase enthält Gallensaft, der aus der Leber stammt. Der Bauchspeichel enthält Enzyme für den Abbau von Kohlenhydraten, Fetten und Eiweißen. Im Dünndarmsaft befinden sich weitere Verdauungsenzyme.

Der Gallensaft macht aus größeren Fetttropfen winzig kleine Fetttröpfchen und sorgt so dafür, dass die fettspaltenden Enzyme leicht an das Fett herankommen. Die Verdauungsenzyme aus Bauchspeichel und Dünndarmsaft zerlegen alle Nährstoffe beziehungsweise deren bereits vorhandene Bruchstücke. Dieser Vorgang dauert etwa zwei bis vier Stunden. Pro Tag werden ungefähr sechs Liter Gallensaft, Bauchspeichel und Dünndarmsaft gebildet.

Die Innenwand des Dünndarms ist gefaltet. Aus diesen **Dünndarmfalten** ragen viele kleine, dicht stehende Ausstülpungen nach innen in den Darm hinein. Diese **Darmzotten** vergrößern die innere Oberfläche des Darms erheblich. Im Inneren der Darmzotten befinden sich kleinste Adern. Wegen der riesigen Kontaktfläche zwischen Darmwand und Adern können viele Bausteine der Nährstoffe gleichzeitig ins Blut gelangen. Die Aufnahme der Bausteine ins Blut nennt man **Resorption.**

Am Ende des Dünndarms sind von der ursprünglichen Nahrung nur noch die unverdaulichen Reste verblieben. Außerdem befindet sich hier der überwiegende Teil der Flüssigkeit aus den Verdauungssäften.

VORGÄNGE IM DICKDARM · In dem etwa 1,5 Meter langen Dickdarm wird dem dünnflüssigen Rest der ursprünglichen Nahrung Wasser entzogen. Dadurch werden die unverdaulichen Bestandteile der Nahrung eingedickt und zuletzt im Enddarm gesammelt, von wo sie ausgeschieden werden. Die Verweildauer der Nahrungsreste im Dickdarm beträgt bis zu 70 Stunden.

5 ˧ Beschreibe die Bedeutung der Darmfalten und -zotten für die Resorption. ◻

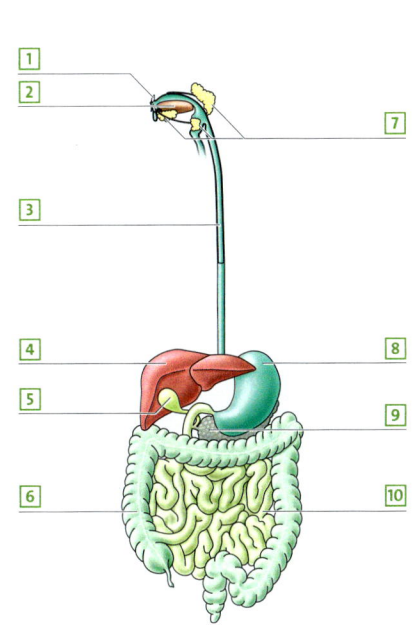

Material A ▸ Verdauungsorgane arbeiten zusammen

Der Speisebrei fließt nicht durch alle Organe, die an der Verdauung beteiligt sind. Die Speicheldrüsen, die Leber und die Bauchspeicheldrüse geben lediglich Verdauungssäfte zum Speisebrei.
Die Leber produziert die Gallenflüssigkeit. Diese wird in der Gallenblase gesammelt, bis sie benötigt wird.
Wenn aufgrund einer Erkrankung die Gallenblase entzündet ist, wird sie manchmal durch eine Operation entfernt.
100 g eines vegetarischen Bratlings enthalten 9 g Protein, 8 g Fett, 8 g Kohlenhydrate, 3 g Ballaststoffe, 514 mg (Milligramm) Mineralstoffe ohne Kochsalz und 3 mg Vitamine.

Von den Kohlenhydraten ist ein größerer Anteil Stärke.

A1 Benenne die mit Zahlen markierten Verdauungsorgane. ▢

A2 Beschreibe den Weg des aus dem Bratling entstehenden Nahrungsbreis. Gib dabei an, welche Bestandteile an welchem Ort verdaut werden. ◨

A3 Erläutere anhand der Verdauung des Bratlings, dass alle Verdauungsorgane zusammenarbeiten. ◨

A4 Erläutere die Folgen einer Entfernung der Gallenblase für die Verdauung. ◼

Material B ▸ Prinzipien der Verdauung

B1 Beschreibe mithilfe des oberen Abbildungsteils das Prinzip der Verdauung am Beispiel einer Roggenpflanze. ▢

B2 Erkläre die Aufgaben von Enzymen bei der Verdauung. ◨

B3 Erkläre anhand des unteren Abbildungsteils das Prinzip der Oberflächenvergrößerung. ◨

B4 Auch in der Technik wird das Prinzip angewendet, wie du zum Beispiel bei Heizungslamellen einer Heizung oder bei Heizwendeln eines Wasserkochers erkennen kannst. Erkläre den Effekt dieses Prinzips anhand der genannten Beispiele. ◼

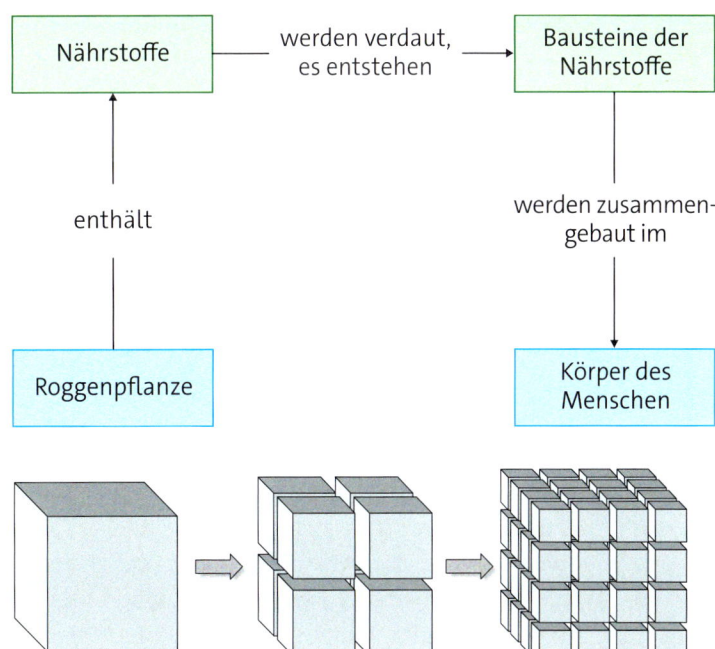

01 Vom Sport
gerötetes Gesicht

Das Herz-Kreislauf-System

Unter Belastung wird der Körper stark durchblutet. Besonders deutlich ist das im Gesicht zu erkennen. Wie wird das Blut in unserem Körper transportiert?

HERZ-KREISLAUF-SYSTEM · Ob beim Laufen, Springen, Sitzen oder Schlafen, immer benötigt der Körper Sauerstoff, der bei der Atmung aufgenommen wird. Das Blut transportiert den Sauerstoff. Dabei fließt es durch Blutgefäße, die man auch Adern nennt. Hierbei unterscheidet man zwei Arten von Blutgefäßen. Die **Arterien** leiten das Blut vom Herzen weg und die **Venen** leiten das Blut zum Herzen hin. **Kapillaren** sind die kleinsten Blutgefäße. In ihnen findet der sogenannte Gasaustausch statt. Angetrieben wird das Blut dabei durch das Herz. Dieses arbeitet wie eine Pumpe. Blutgefäße und Herz bilden zusammen das **Herz-Kreislauf-System**.

DAS HERZ · Das Herz ist der Motor des Herz-Kreislauf-Systems. Er besteht aus einem Muskel, der ungefähr so groß wie eine Faust ist und durch die Herzscheidewand in eine linke und eine rechte Hälfte getrennt wird. Beide Hälften bestehen jeweils aus einem Vorhof, in dem sich das Blut sammelt, und einer muskulösen Hauptkammer, die das Blut aus dem Herzen drückt. Vorhof und Hauptkammer sind jeweils durch Klappen voneinander getrennt. Diese Klappen verhindern beim Zusammendrücken des Herzens ein Zurückfließen des Blutes in die Vorhöfe und werden Segelklappen genannt. Auch die Hauptkammern und die von ihnen abgehenden Blutgefäße werden durch Klappen getrennt. Sie verhindern jeweils bei nachlassendem Druck einen Rückfluss des Blutes aus den Gefäßen in die Hauptkammern und werden Taschenklappen genannt.

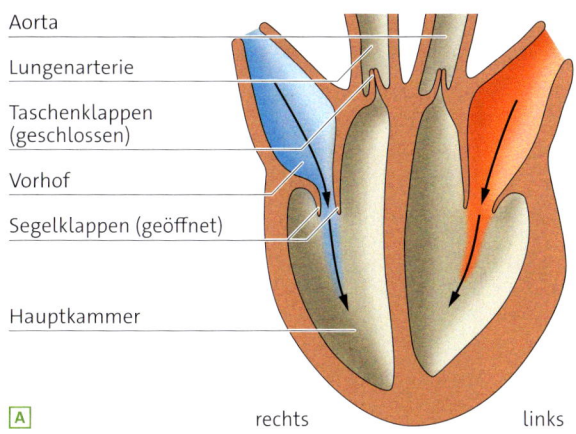

Aorta

Lungenarterie

Taschenklappen
(geschlossen)

Vorhof

Segelklappen (geöffnet)

Hauptkammer

A   rechts   links

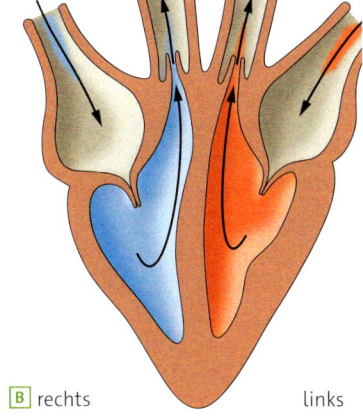

B rechts   links

02 Phasen des
Herzschlags

BLUTKREISLAUF · Das Blut wird mithilfe des Herzens und zweier Kreislaufsysteme durch den Körper befördert. Der **Körperkreislauf** leitet den Blutstrom in die verschiedenen Organe und Bereiche des gesamten Körpers und wird daher auch großer Kreislauf genannt. Der **Lungenkreislauf** transportiert das Blut vom Herzen direkt zur Lunge und zurück.

Der Körperkreislauf beginnt in der linken Herzhälfte. Die linke Hauptkammer pumpt das Blut in die große Körperschlagader, die Aorta. Von der Aorta zweigen die Arterien ab und werden immer kleiner. Die kleinsten Gefäße, nur ein Zehntel so dick wie ein Haar, sind die Kapillaren. Alle Organe sind von Netzen feiner Kapillaren durchsetzt. Hier erst findet der Stoffaustausch statt: Sauerstoff und Nährstoffe wandern durch die dünnen Gefäßwände in die Gewebszellen. Kohlenstoffdioxid und Abfallstoffe werden dafür vom Blut aufgenommen. In den ableitenden Kapillaren beginnt nun der Rückfluss zum Herzen. Das Blut wird über die Venen zur oberen und unteren Hohlvene geleitet, die in den rechten Vorhof münden. Von hier aus fließt das sauerstoffarme Blut durch die Segelklappe in die rechte Hauptkammer und durch die Taschenklappe schließlich in die Lungenarterie.

Hier beginnt der Lungenkreislauf. Die Lungenarterie transportiert das sauerstoffarme Blut in die Kapillaren der Lunge. Hier wird Kohlenstoffdioxid abgegeben und Sauerstoff aufgenommen. Das sauerstoffreiche Blut fließt über die Lungenvene zurück in die linke Herzhälfte, genauer gesagt in den linken Vorhof. Von hier aus wird das sauerstoffreiche Blut über die rechte Hauptkammer wieder in die Aorta geleitet und der Kreislauf beginnt von vorne.

Im Gegensatz zum Körperkreislauf, bei dem sich der Blutstrom in Teilkreisläufe zur Versorgung der einzelnen Organe aufgliedert, wird beim Lungenkreislauf das gesamte Blut durch die Lungen gepumpt.

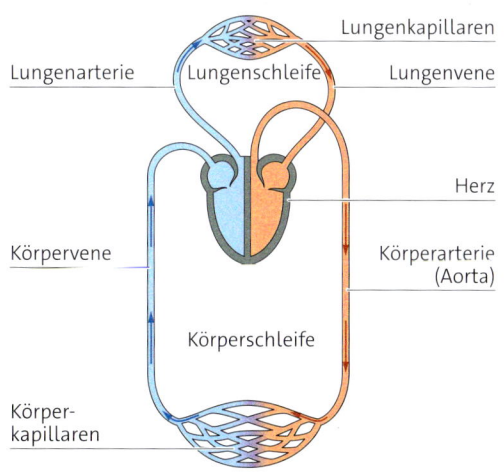

Lungenarterie   Lungenschleife   Lungenkapillaren

Lungenvene

Herz

Körpervene   Körperarterie
(Aorta)

Körperschleife

Körper-
kapillaren

03 Blutkreislauf

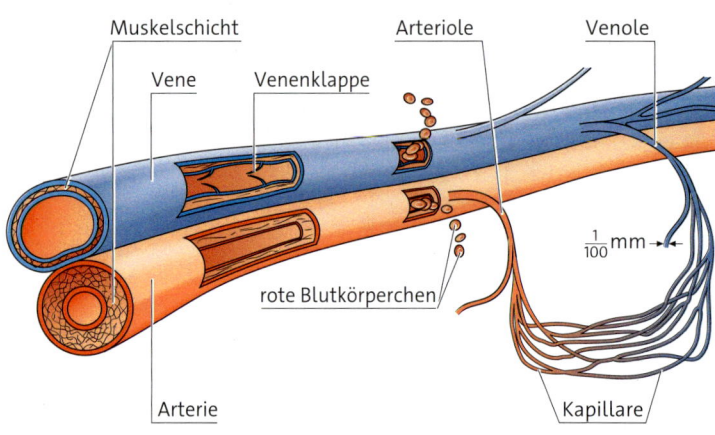

Muskelschicht · Arteriole · Venole · Vene · Venenklappe · rote Blutkörperchen · Arterie · Kapillare · $\frac{1}{100}$ mm

04 Bau der Blutgefäße

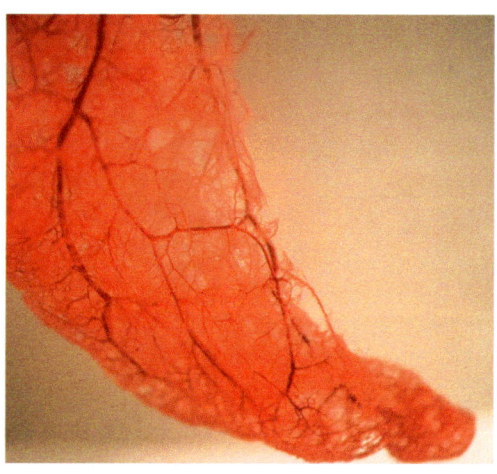

05 Blutgefäße im Fuß

ARTERIEN · Das Herz pumpt das Blut mit hohem Druck in den Blutkreislauf. Dadurch entsteht in den Arterien eine Druckwelle. An manchen Stellen des Körpers, beispielsweise am Hals, liegen die Arterien sehr dicht unter der Haut. Dort kann man diese Schwankung des Blutdrucks, den Puls, als gleichmäßige Schläge messen. Um der Belastung durch diese Druckwelle standhalten zu können, sind die Wände der Arterien muskulös verdickt. Dadurch können sie sich während der Druckwelle weiten und anschließend zusammenziehen. Diese Muskelschicht ermöglicht somit einen konstanten Blutfluss, der für die Versorgung der Organe von großer Bedeutung ist.

Fachbegriff für Pulsschläge pro Minute: Pulsfrequenz

KAPILLAREN · Die Kapillaren sind feine Verästelungen der Blutgefäße und durchziehen den kompletten Körper. Die Geschwindigkeit, mit der das Blut durch die Kapillaren gepumpt wird, ist sehr niedrig. Somit sind die Kapillaren keinem großen Druck ausgesetzt und die Wände der Gefäße sind entsprechend dünn. Der Austausch von Gasen und Stoffen zwischen dem Blut und dem umgebenden Gewebe wird dadurch begünstigt.

VENEN · Über die Venen findet der Rücktransport des Blutes zum Herzen statt. Der Blutdruck ist nur noch sehr niedrig, weshalb die Wände der Venen dünner sind als die der Arterien. Der niedrige Druck reicht nicht aus, um das Blut zum Herzen zurückzutransportieren. Hierfür werden die den Venen benachbarten Muskeln und angrenzenden Arterien genutzt. Verdicken sich diese, wird Druck auf die angrenzenden Venen ausgeübt und das Blut so in Richtung Herz gedrückt. Venenklappen, die sich nur in eine Richtung öffnen, verhindern ein Zurückfließen des Blutes. Diese Art des Bluttransports wird als Venen- oder Muskelpumpe bezeichnet.

1 Nenne die Bestandteile des Herzens und erkläre ihre jeweilige Funktion. ▢

2 Erkläre den Unterschied zwischen Lungen- und Körperkreislauf. ▢

3 Erläutere die Funktion der Kapillaren innerhalb des Blutkreislaufs. ▢

4 Nimm Stellung zur Aussage: Arterien transportieren sauerstofffreies Blut. ▢

IM BLICKPUNKT MEDIZIN

Herz-Kreislauf-Erkrankungen

Fast die Hälfte aller Menschen in Deutschland stirbt infolge von Krankheiten des Herz-Kreislauf-Systems. Von ihnen haben viele geraucht, sich falsch ernährt, zu wenig körperlich betätigt, oder sie hatten hohen Blutdruck. Bei diesen Eigenschaften hat man also einen erhöhten **Risikofaktor,** die genannten Krankheiten zu bekommen.

ERKRANKUNGEN DER ARTERIEN · An den Wänden der Arterien kann es zu Fett- und Kalkablagerungen kommen. Das geschieht häufig, wenn die Gefäßwände vorgeschädigt sind, zum Beispiel bei Rauchern. Die Ablagerungen verengen und verhärten die Arterien. Der durch die Verengung gestiegene Blutdruck schädigt die spröden und wenig elastischen Arterienwände weiter. Das kann zu Wucherungen führen, sodass die Arterien noch enger werden. Eine solche Erkrankung der Arterienwände nennt man Arterienverkalkung oder **Arteriosklerose.** Bei Arteriosklerose steigt die Gefahr, dass die Arterien platzen oder dass sich Blutgerinnsel bilden, die die Arterien vollständig verschließen.

HERZINFARKT · Besonders gefährlich sind Arteriosklerosen in Gefäßen, die das Herz mit Blut versorgen. Wenn ein solches Herzkranzgefäß verstopft wird, erhält der von ihm versorgte Teil des Herzmuskels kein Blut und damit auch keinen Sauerstoff mehr. Nach kurzer Zeit sterben die betroffenen Muskelzellen. Man spricht dann von einem **Herzinfarkt.** Wenn zu große Bereiche des Herzens betroffen sind, ist das lebensgefährlich, weil das Herz aufhört zu schlagen.

VORBEUGUNG · Die meisten Verhaltensweisen mit hohen Risikofaktoren für Erkrankungen des Herz-Kreislauf-Systems werden bei einer gesunden Lebensweise vermieden. Von den Menschen, die sich viel bewegen, auf eine ausgewogene Ernährung mit wenig Fett und Zucker achten und nicht rauchen, erkranken weniger an Herzinfarkt oder Schlaganfall als von den anderen.

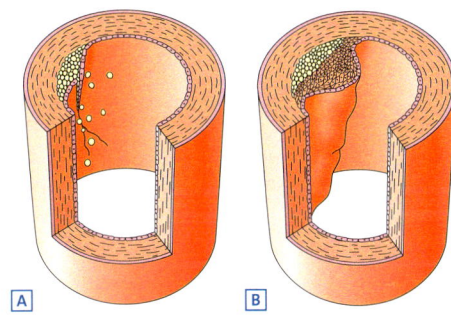

01 Arteriosklerose: **A** Ablagerung von Fett und Kalk, **B** Wucherung der Arterienwand

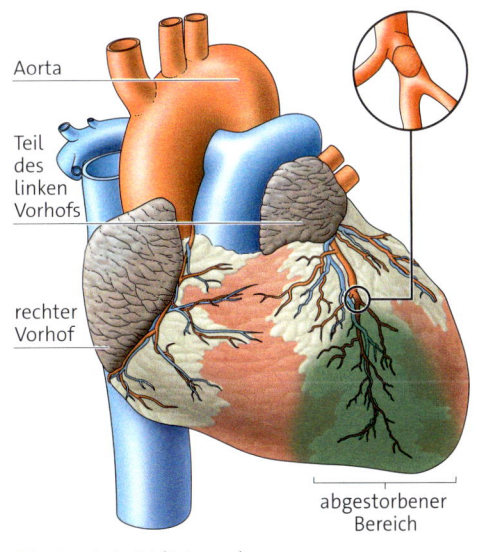

Aorta

Teil des linken Vorhofs

rechter Vorhof

abgestorbener Bereich

02 Herzinfarkt (Schema)

Material A ▸ Herz-Kreislauf-System

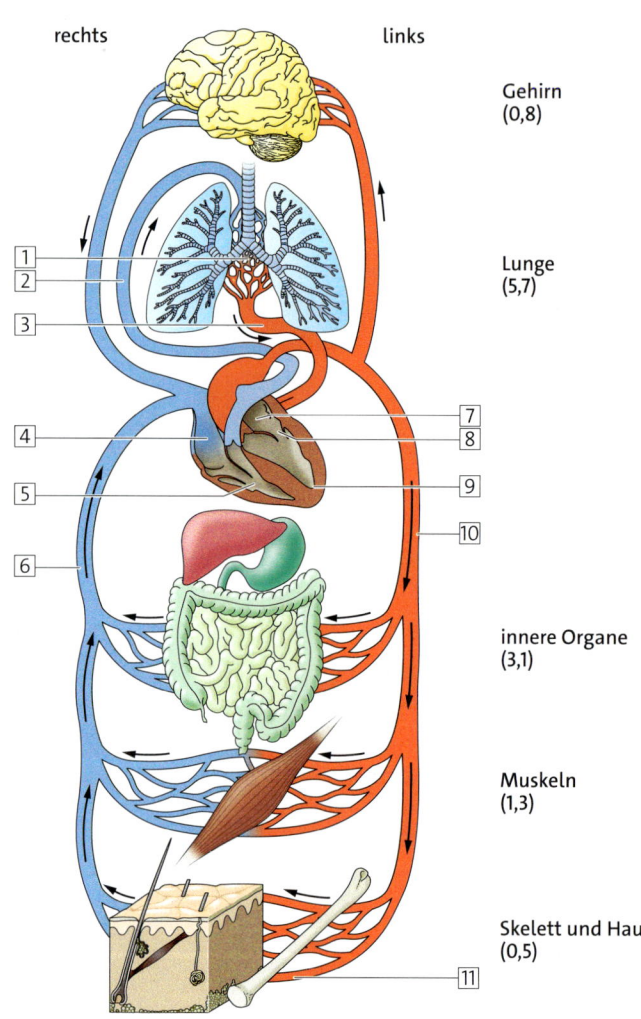

rechts links

Gehirn
(0,8)

Lunge
(5,7)

innere Organe
(3,1)

Muskeln
(1,3)

Skelett und Haut
(0,5)

A1 Beschrifte die Ziffern in der Abbildung. ▢

A2 Beschreibe den Weg eines Blutkörperchens bei seinem Transport durch das Herz-Kreislauf-System. Beginne und beende deine Reisebeschreibung in der Aorta. ◣

A3 Erkläre die Besonderheit der Prozesse bei Nummer 1 und 14. ◣

A4 Erläutere die Bedeutung der Segel- und Taschenklappen für den Blutkreislauf. ▨

A5 Begründe, warum die linke Seite des Herzmuskels dicker ist als die rechte. ▨

A6 Stelle die Durchblutungsmenge der im Schema angegebenen Organe als Säulendiagramm dar (y-Achse: Liter pro Minute). ▨

Material B ▸ Aufbau Blutgefäße

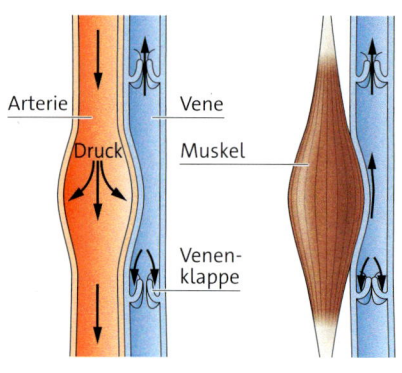

Arterie
Druck
Vene
Muskel
Venen-klappe

B1 Benenne die Unterschiede im Aufbau von Arterien und Venen. ▢

B2 Beschreibe mithilfe der Abbildung, wie das Blut in den Venen transportiert wird. ◣

B3 Erkläre die Bedeutung der Venenklappen für den Blutfluss. ◣

B4 Notiere Folgen, die mangelnde Bewegung auf den Blutkreislauf haben können. ▨

B5 Leite für dich selbst Verhaltensregeln ab, wenn du zum Beispiel längere Zeit im Auto sitzt. ▨

VERSUCH C ▸ Pulsmessung

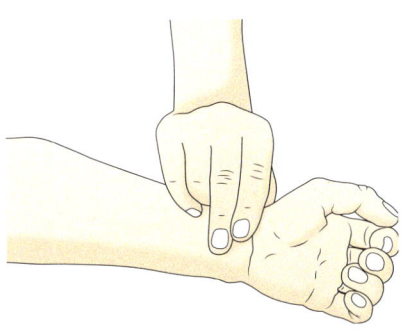

	Ruhepuls	Belastungspuls
Partner A		
Partner B		

C1 Führe den Versuch mit einem Partner durch. Lege deinen Arm flach auf den Tisch und lass deinen Partner mit den Fingerspitzen von Mittel- und Zeigefinger unterhalb deines Handgelenks deinen Pulsschlag fühlen. Zähle für 20 Sekunden die Anzahl der Schläge. Bestimme deinen Ruhepuls pro Minute, indem du den erhaltenen Wert mit drei multiplizierst. ☐

C2 Führe anschließend zwanzig Kniebeugen durch. Bestimme nun deinen Belastungspuls wie in Aufgabe C1. Stelle die beiden Werte in einem Balkendiagramm gegenüber und erkläre die Veränderung. ◣

C3 Bei der Pulsmessung legst du deine Finger auf ein gut zu ertastendes Blutgefäß. Begründe, ob es sich dabei um eine Arterie oder eine Vene handelt. ◣

C4 Wiederhole die Versuche mit der Messung der Atemzüge pro Minute in Ruhe und unter Belastung und vergleiche. ◣

Material D ▸ Einfluss der Herzgröße auf die Anzahl der Herzschläge pro Minute

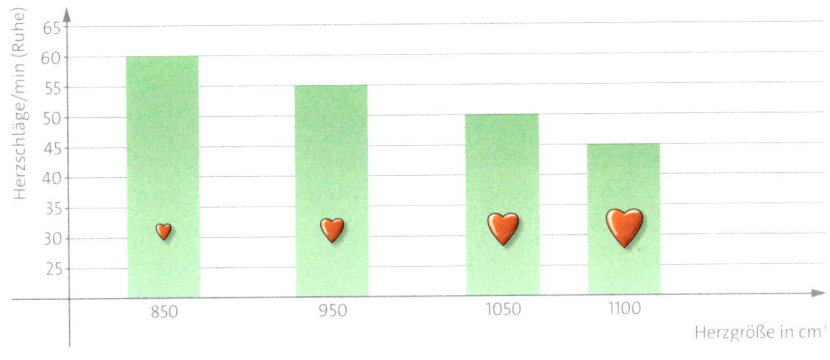

D1 Stelle die angegeben Werte in einer Tabelle dar. ◣

D2 Formuliere einen Je-desto-Satz, der den Zusammenhang beschreibt. ☐

D3 Erläutere, warum die Herzgröße die Anzahl an Herzschlägen pro Minute beeinflusst. ◣

Material E ▸ Kreislaufzusammenbruch

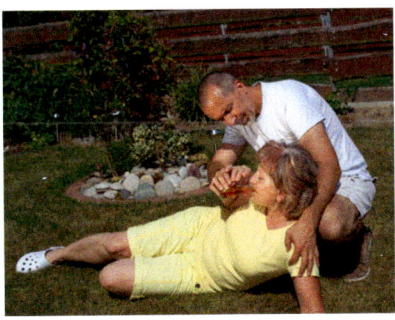

Frau Reckhardt arbeitet mehrere Stunden in ihrem Garten. Plötzlich wird ihr „schwarz vor Augen" und sie muss sich hinlegen. Sie hat einen Kreislaufzusammenbruch erlitten. Hierbei ist der Blutfluss gestört und das Gehirn wird nicht ausreichend mit Sauerstoff versorgt.

E1 Nach einem Kreislaufzusammenbruch soll man die Beine hochlegen. Erkläre, warum dies die Sauerstoffversorgung des Gehirns verbessert. ◣

E2 Beim langen Stehen soll man immer wieder die Beine und Füße bewegen. Begründe. ◣

01 Sportler aus der Puste

Die Atmung

Erschöpft bleiben die Sportler stehen, um eine kurze Pause zu machen. Die Brust hebt und senkt sich. Obwohl wir in der Regel bis zu 15-mal pro Minute ein- und ausatmen, wird uns unsere Atmung meist erst in Extremsituationen bewusst. Doch warum atmen wir überhaupt? Und was passiert mit der eingeatmeten Luft?

DER WEG DER ATEMLUFT · Bei der Atmung wird die Luft durch den Mund oder die Nase angesaugt. Gelangt die Luft über die Nase in den Körper, so wird sie in den Nasenhöhlen angefeuchtet und erwärmt. Die Nasenschleimhaut produziert eine Schleimschicht, in welcher Fremdkörper hängen bleiben, um so nicht mit der Atemluft in die weiteren Atemwege zu gelangen. Kleine Haare, die Flimmerhärchen, transportieren den Schleim bis in den Rachen, wo er verschluckt werden kann. Unterhalb des Rachens trennen sich Luftröhre und Speiseröhre. Hier liegt der Kehlkopf. Der Kehlkopf besitzt eine bewegliche Klappe, den Kehldeckel, die beim Schlucken die Luftröhre verschließt. Dies schützt die Luftröhre vor dem verschluckten Schleim und Resten des Speisebreis. Beim Schlucken des Speisebreis verhindern zudem Knorpelspangen, dass die benachbarte Luftröhre zusammengedrückt wird. Die Luftröhre teilt sich in zwei Äste, die Bronchien. Über die Bronchien gelangt die Luft schließlich in die Lunge.

DIE LUNGE · Die Bronchien führen die Luft in einen rechten und einen linken Lungenflügel. Das empfindliche Lungengewebe wird zu seinem Schutz von einer festen Haut überzogen, dem Lungenfell. Die Luft strömt durch die Bronchien in immer feinere Ästchen, die Bronchiolen. An deren Ende sitzen traubenähnlich viele kleine Lungenbläschen. Diese sind von einem feinen Netz von Blutgefäßen umgeben, den Lungenkapillaren. Der Vorteil vieler kleiner Lungenbläschen gegenüber einer einzelnen großen Lungenblase ist die Zunahme der Oberfläche. Dieses Prinzip der Oberflächenvergrößerung ermöglicht einen verbesserten Gasaustausch zwischen Lungenbläschen und den umgebenden Lungenkapillaren.

DER GASAUSTAUSCH · Die unterschiedlichen Organe des Körpers benötigen zur Erfüllung ihrer Aufgaben Sauerstoff. Umgekehrt fällt dabei Kohlenstoffdioxid als Abfallprodukt an. Die Lungenbläschen sind der Ort, an dem der Austausch dieser beiden Gase stattfindet. Die dünnen Wände der Lungenbläschen ermöglichen dem Sauerstoff, in die Lungenkapillaren überzugehen und über das Blut im Organismus verteilt zu werden. Auf umgekehrtem Weg gelangt das mit dem Blut angelieferte Kohlenstoffdioxid in die Lungenbläschen und verlässt über die Ausatemluft den Körper.

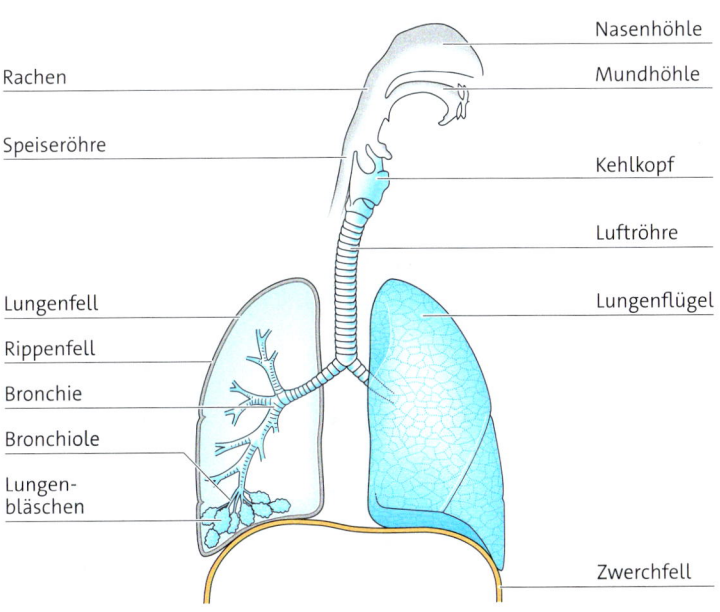

02 Atmungsorgane

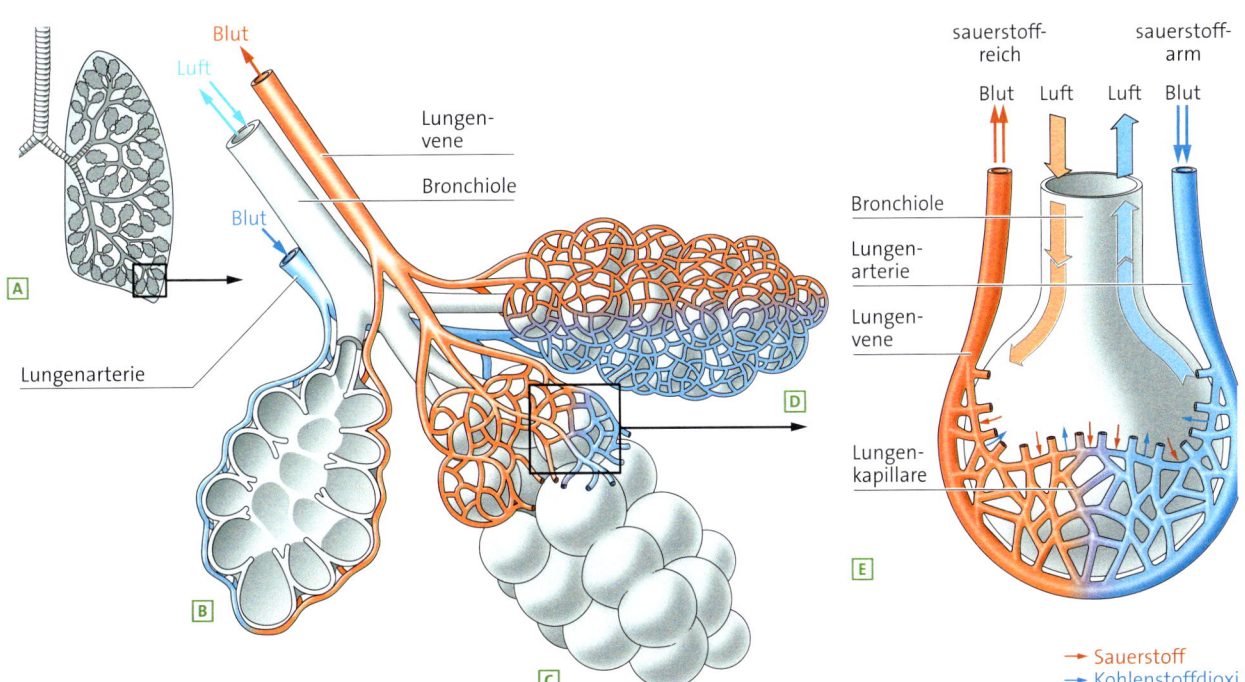

03 Lunge: **A** Lungenflügel, **B** Lungenbläschen im Längsschnitt, **C** Lungenbläschen, Kapillaren teilweise entfernt, **D** Lungenbläschen mit Kapillaren, **E** Gasaustausch am Lungenbläschen (Schema)

04 Die Bauchatmung

05 Die Brustatmung

BRUSTATMUNG · Bei großer körperlicher Belastung ringen wir wie der Sportler nach Luft. Man kann sehr deutlich beobachten, wie sich der Brustkorb im Rhythmus der Atmung hebt und senkt. Hierfür verantwortlich sind kurze Muskeln, die zwischen den Rippen des Brustkorbs verlaufen. Ziehen sich diese Muskeln zusammen, werden die Rippen aufgerichtet. Der Brustkorb wird angehoben und der Brustraum vergrößert sich. Die Lunge ist mit dem Brustkorb verbunden und dehnt sich dadurch aus. Dabei wird Luft wie bei einem aufgehenden Blasebalg in die Lunge gesaugt. Erschlafft die Rippenmuskulatur und senkt sich der Brustkorb wieder ab, wird die Luft aus der Lunge herausgedrückt.
Das Lungenvolumen lässt sich ebenso wie das Herzvolumen durch regelmäßiges Training vergrößern. Doch während der Herzmuskel direkt anwachsen kann, wird bei der Lunge vor allem trainiert, wie stark sich der Brustkorb vergrößern und zusammenziehen lässt. Dadurch ist bei gleicher **Atemfrequenz** mehr Luftaustausch möglich.

BAUCHATMUNG · Bei geringer körperlicher Anstrengung überwiegt eine zweite Atemtechnik. Im Liegen kann man das sehr gut an sich selbst beobachten. Der Bauch hebt und senkt sich dabei regelmäßig. Ursache hierfür ist das Zusammenziehen dünner Muskeln und Sehnen, die den Brustraum nach unten zum Bauchraum abtrennen. Diese Schicht, das Zwerchfell, ist nach oben in den Brustraum gewölbt und flacht durch das Zusammenziehen ab. Der Brustraum wird dabei nach unten erweitert. Die Lunge folgt dieser Bewegung und vergrößert sich. Luft wird eingesaugt.
Meistens werden die Brustatmung und die Bauchatmung kombiniert eingesetzt.

1 Beschreibe den Weg der Atemluft von der Nasenhöhle bis zu den Lungenbläschen in Form eines Flussdiagramms. ⬜

2 Beschreibe den Gasaustausch. ⬜

3 Erkläre, weshalb der Gasaustauch in sehr kurzer Zeit erfolgen kann. ◧

4 Vergleiche die Brust- und Bauchatmung miteinander und gehe dabei auf folgende Punkte ein: sichtbare Atembewegung, beteiligte Muskeln und Intensität der Belastung. ◧

Fachbegriff für Atemzüge pro Minute: Atemfrequenz

VERSUCH A ▸ Versuch zur Atmung

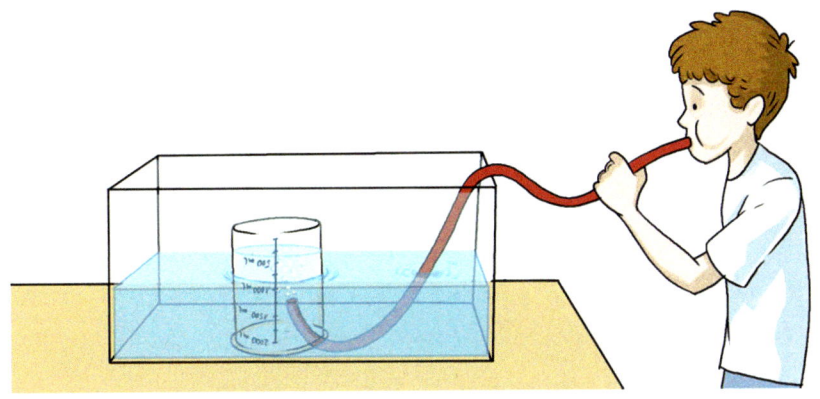

A1 Führe den Versuch durch. ☐

A2 Verfasse ein vollständiges Versuchsprotokoll. Beachte folgende Aufträge:
a) Notiere, wie viel Luft im Gefäß ist, und bestimme so dein Lungenvolumen.
b) Stelle Vermutungen auf, warum das Lungenvolumen in der Klasse mal unterschiedlich, mal gleich ausfällt. ◣

Material B ▸ Modelle zur Atemtechnik – Dondersche Glocke

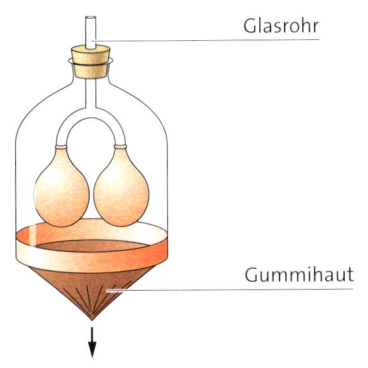

Glasrohr

Gummihaut

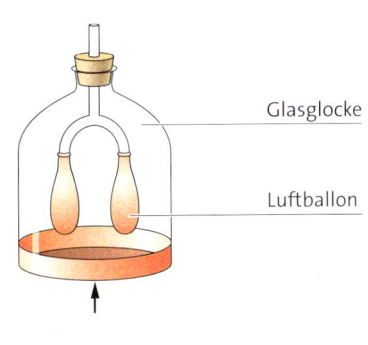

Glasglocke

Luftballon

B1 Benenne, welche Teile des Modells welchen Strukturen des Körpers entsprechen. ◣

B2 Beschreibe die Funktionsweise des Modells. ◣

B3 Begründe, ob das Modell die Brust- oder die Bauchatmung veranschaulicht. ◣

Material C ▸ Asthma

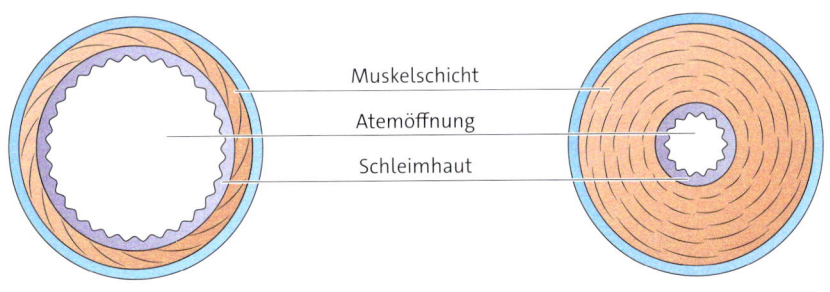

Muskelschicht

Atemöffnung

Schleimhaut

gesunde Bronchie

asthmatische Bronchie

Asthma ist eine Erkrankung der Atemwege. Betroffene leiden vorübergehend unter Atemnot oder Kurzatmigkeit. Ausgelöst wird dies durch Reize aus der Umwelt, die über die Luft in die oberen Atemwege gelangen und dort zu Verkrampfungen der Muskeln führen.

C1 Beschreibe die Veränderungen in einer Bronchie während eines Asthmaanfalls. ☐

C2 Erläutere, warum die Veränderungen vorübergehend zu Atemnot führen können. ◣

C3 Häufig tragen an Asthma erkrankte Personen einen Inhalator gegen Asthmaanfälle mit sich. Überlege, wie ein solches Spray wirken könnte. ◼

01 Nach dem Sport

Organsysteme arbeiten zusammen

Puh, Sport treiben ist anstrengend! – Tom schwitzt und wird rot im Gesicht. Sein Herz rast und er atmet schnell. Später merkt er, dass er großen Durst hat, und beim Mittagessen langt er kräftig zu. Wie hängen diese Körperreaktionen zusammen?

DIE KÖRPERREAKTIONEN IM ÜBERBLICK · Sport und die damit zusammenhängende Bewegung zeigen, wie stark alle Funktionen des Körpers miteinander verbunden sind. Das Herz-Kreislauf-System beeinflusst das Atmungssystem und das Verdauungssystem.

Bei einem 800-Meter-Lauf zum Beispiel benötigt der Körper schnell Sauerstoff. Er wird zunächst in der Lunge vom Blut aufgenommen, dann über das Herz-Kreislauf-System weitertransportiert und schließlich in den Muskelgeweben genutzt. Außerdem müssen genügend Nährstoffe zur Energiegewinnung zur Verfügung stehen. Vor allem Kohlenhydrate sind wichtig, damit die

Muskeln arbeiten können. Diese Nährstoffe wurden über die Nahrung aufgenommen, verdaut und über die Darmwand an das Blut abgegeben. Über das Herz-Kreislauf-System werden sie ebenfalls zu den Muskelzellen transportiert. Auch alle anderen Organe benötigen für ihre jeweilige Funktion, für Reparaturen und für das Wachstum Baustoffe, Betriebsstoffe, Sauerstoff und Wasser.

VERSORGUNG DER MUSKELZELLEN · Beim Zusammenziehen der Muskeln werden sie gut durchblutet. So gelangen Bausteine von Nährstoffen und Sauerstoff in die Muskelzellen. Hier wird die in den Nährstoffen enthaltene chemische Energie umgewandelt, um sie für die Bewegungen nutzbar zu machen. Bei der Umwandlung von Traubenzucker entsteht Kohlenstoffdioxid. Zusätzlich benötigt sie Sauerstoff, daher wird dieser Prozess auch innere Atmung genannt. Ähnlich wie bei der äußeren Atmung wird

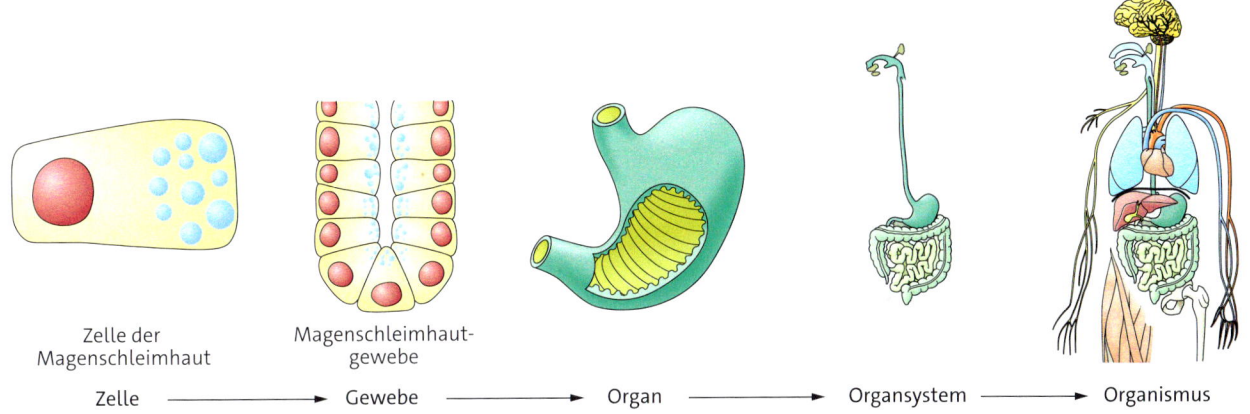

Zelle der
Magenschleimhaut

Magenschleimhaut-
gewebe

Zelle ⟶ Gewebe ⟶ Organ ⟶ Organsystem ⟶ Organismus

02 Von der Zelle zum Organismus

Sauerstoff aufgenommen und Kohlenstoffdioxid abgegeben. Dabei findet in der Lunge
ein Austausch von Sauerstoff und Kohlenstoffdioxid statt. In den Zellen dagegen findet eine Stoffumwandlung statt, bei der
Traubenzucker und Sauerstoff in Kohlenstoffdioxid und Wasser umgewandelt werden.

ENTSORGUNG VON STOFFEN · Das Kohlenstoffdioxid, das bei der inneren Atmung
entstanden ist, wird über das Herz-Kreislauf-System zurück zur Lunge transportiert
und schließlich ausgeatmet.
Nicht alles, was der Körper aufnimmt, kann
er verwerten. Manchmal nimmt er auch un-
gesunde Stoffe auf. Alle diese Stoffe müssen
ebenso wie unverdauliche Nahrungsreste
ausgeschieden werden. Umweltgifte oder
Medikamentenreste beispielsweise gelangen mit dem Blut in die Leber. Dort werden
giftige Stoffe zu ungiftigen Stoffen wie
Harnstoff umgebaut. In den Nieren werden
diese Abfallstoffe aus dem Blut herausgefil-
tert und mit Wasser vermischt als Urin ausgeschieden. Beim Wasserlassen, beim
Schwitzen und beim Ausatmen verliert
Tom Wasser. Es muss durch Trinken ersetzt
werden.

WÄRMETRANSPORT · Beim Sport entsteht
vor allem in den Muskeln viel Wärme.
Außerdem fließt bei körperlicher Bewegung mehr Blut durch die Blutgefäße in den
Muskeln und in der Haut. Dadurch wird die
Wärme zur Körperoberfläche transportiert
und dort an die Umgebung abgegeben.
Wenn Tom schwitzt und der Schweiß verdunstet, wird das Blut in der Haut zusätzlich
gekühlt.

ORGANE UND ORGANSYSTEME · Alle Zellen müssen mit Nährstoffen versorgt werden und aus allen müssen Stoffe wieder
entsorgt werden. Dabei haben unterschiedlichen Zellen aber teilweise sehr verschiedene Aufgaben.
Zellen mit ähnlichem Aufbau und gemein-
samer Funktion bilden ein Gewebe. Mehrere Gewebe bilden zusammen ein Organ.
Jedes Organ erfüllt eine bestimmte Funktion. Im Körper arbeiten Gewebe und Organe mit unterschiedlichen Funktionen zusammen. Sie haben eine gemeinsame
Aufgabe und bilden deshalb ein Organsystem. Erst die Abfolge der verschiedenen Organe sorgt etwa im Verdauungssystem für
eine vollständige Zerlegung der Nahrung
und Aufnahme der Nährstoffe.

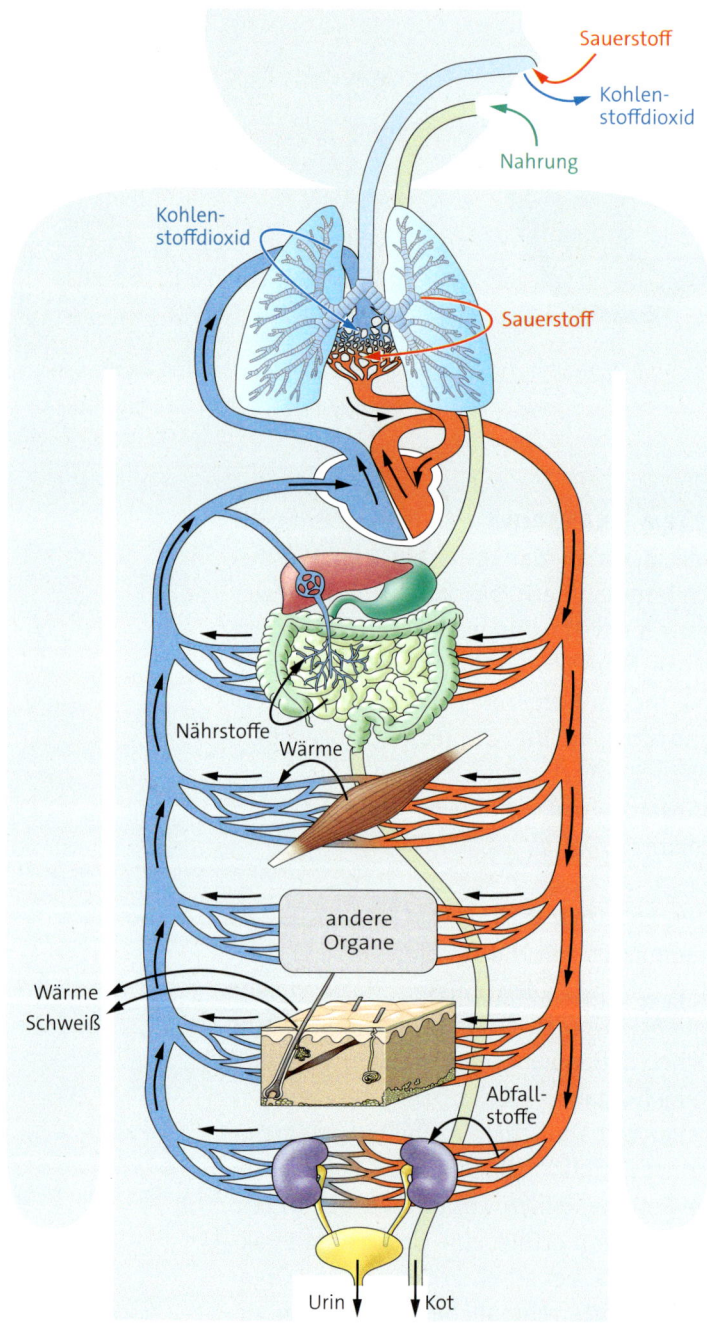

Sauerstoff

Kohlen-
stoffdioxid

Nahrung

Kohlen-
stoffdioxid

Sauerstoff

Nährstoffe

Wärme

andere
Organe

Wärme
Schweiß

Abfall-
stoffe

Urin   Kot

03 Zusammen-
arbeit der Organe

dem Dickdarm und Sauerstoff aus der Lunge. Abfallstoffe müssen ausgeschieden werden. Wärme muss, wenn nötig, an die Körperoberfläche transportiert werden. Die Zusammenarbeit der Organe gelingt, weil sie über Herz und Blutgefäße verbunden sind und das Blut den Transport übernimmt. Über das Blut gelangen zudem die Botenstoffe, die Hormone, zu allen Organen. Sie lösen aber nur an bestimmten Stellen Veränderungen aus. Das Wachstumshormon beispielsweise lässt die Knochen an den Wachstumsfugen wachsen.

AUSTAUSCH MIT DER UMWELT · Insgesamt nimmt der Körper somit Wasser, Nährstoffe und Sauerstoff auf. Kohlenstoffdioxid, Wasser und Abfallstoffe gibt er ab. Die Organe, die den Austausch ermöglichen, zeigen eine auffallende Ähnlichkeit. Die Luftröhre verzweigt sich zu vielen Lungenbläschen. Die Darmwand ist stark eingefaltet. In allen Organen verästeln sich die Blutgefäße in viele Kapillaren. Sie haben zusammen eine viel größere Austauschfläche als eine einzelne Arterie. An den Stellen, an denen Stoffe aufgenommen oder abgegeben werden, finden sich also vergrößerte Oberflächen, sodass Aufnahme oder Abgabe schnell erfolgen kann.

1 ⌡ Nenne die Stoffe, die der Körper aufnimmt und abgibt, sowie die Organe, in denen der Austausch erfolgt. ☐

2 ⌡ Stelle die Transportaufgaben des Blutes übersichtlich zusammen. Benutze folgendes Muster:
Lunge —— *Sauerstoff* ➝ alle Zellen. ◗

3 ⌡ Erkläre, warum Toms Herz beim Sport schneller schlägt, er schneller atmet, im Gesicht rot wird und schwitzt. ◗

ZUSAMMENSPIEL DER ORGANE · Man kann also nur Sport treiben, wenn Organe und Organsysteme zusammenwirken: Die Muskeln und die anderen Organe brauchen Nährstoffe aus dem Dünndarm, Wasser aus

Material A ▸ Organsysteme arbeiten zusammen

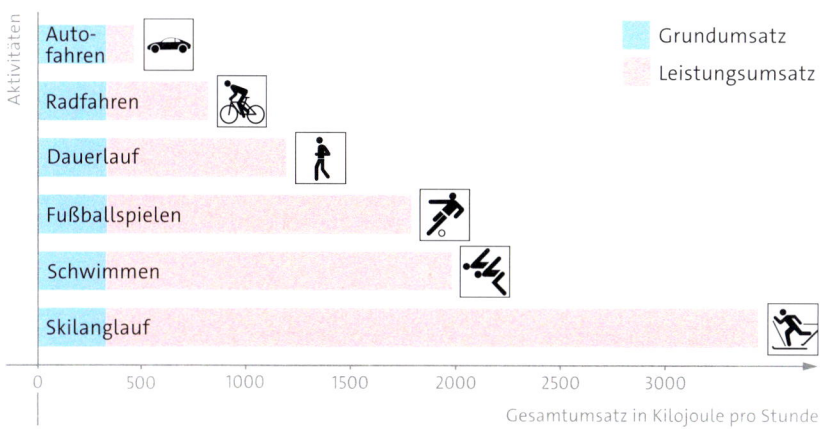

Max und Jan sind Brüder. Sie frühstücken jeden Morgen ausgewogen, sodass sie gesättigt in den Vormittag starten. Dann fahren sie 4 km mit dem Rad zur Schule. Diese Woche wird Jan mit dem Auto gebracht, weil er am Fuß verletzt ist.

A1 Erkläre, warum Max in der großen Pause schon wieder Hunger hat, Jan aber noch nicht. ▢

A2 Erläutere die Auswirkungen der unterschiedlichen Fortbewegungsweisen der beiden Brüder für den ganzen Körper. ◗

A3 Nach dem Sport fühlt man sich manchmal zittrig. Oft wird geraten, Traubenzucker zu essen oder ein süßes Getränk zu trinken. Erkläre die Funktion des Tipps. ◗

Material B ▸ Innere Atmung

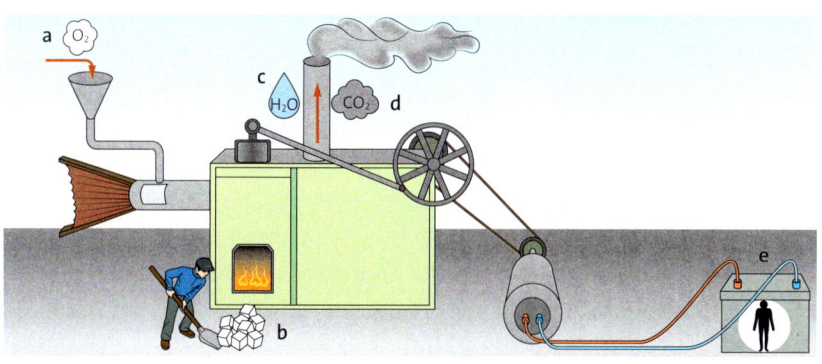

Das Bild stellt symbolisch die Zelle als Kraftwerk dar.

B1 Ordne den Buchstaben a–e des Kraftwerks die passenden Begriffe der inneren Atmung zu. ▢

B2 Erkläre den Ablauf und die Verbindung von äußerer und innerer Atmung. ◗

Material C ▸ Durchblutung der Haut

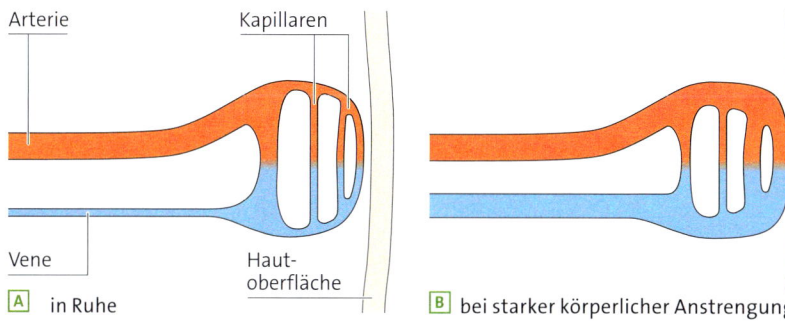

A in Ruhe B bei starker körperlicher Anstrengung

Das Schema zeigt Blutgefäße in der Haut.

C1 Vergleiche den Durchmesser der Blutgefäße in Schema A mit denen in Schema B. ▢

C2 Erläutere die Wirkungen, die die Veränderungen der Durchmesser mit sich bringen. ◗

01 Aus einem Mädchen wird eine Frau.

Vom Kind zum Erwachsenen

Vergleicht man eine erwachsene Frau mit einem Mädchen und einen erwachsenen Mann mit einem Jungen, so fallen sowohl im Aussehen als auch im Verhalten viele Unterschiede auf. Während der Entwicklung vom Kind zum Erwachsenen finden also viele Veränderungen statt. Welche sind das?

PUBERTÄT · Etwa zwischen dem 9. und dem 14. Lebensjahr beginnt für alle Mädchen und Jungen eine aufregende Zeit großer Veränderungen. Sie entwickeln sich vom Mädchen zu jungen Frauen und vom Jungen zu jungen Männern. Diesen Zeitraum bezeichnet man als **Pubertät.**

02 Mädchen und Jungen: **A** gemeinsam, **B** getrennt, **C** gemeinsam

VERÄNDERUNGEN DES VERHALTENS · Im Kindergarten spielen Jungen und Mädchen oft noch ganz unbekümmert mit Kindern des anderen Geschlechts. Hier steht das Spiel im Vordergrund, nicht die Frage, ob der Spielkamerad ein Mädchen oder ein Junge ist.

Zu Beginn der Pubertät jedoch beginnen Mädchen und Jungen eigene Wege zu gehen. Auf dem Schulhof sieht man nun sehr häufig reine Jungen- oder Mädchengruppen. Jungen finden Mädchen zu dieser Zeit oft zickig und Mädchen bezeichnen die Jungen dagegen als kindisch. Häufig treten Konflikte zwischen den Geschlechtern, aber auch in Familie und Schule auf. Mädchen und Jungen sind gelegentlich unsicher, fühlen sich missverstanden und ziehen sich zurück. Auch diese schwierige Zeit gehört zur Pubertät, da sich jeder erst einmal mit seinen persönlichen Veränderungen auseinandersetzen muss. Das ist nicht immer leicht.

Im Laufe der Pubertät lassen die Streitigkeiten nach, denn meist werden die Jungen und Mädchen wieder selbstsicherer. Viele Jugendliche verlieben sich zum ersten Mal und möchten viel Zeit mit ihrem Freund oder ihrer Freundin verbringen.

KÖRPERLICHE VERÄNDERUNGEN · Ob ein neugeborenes Baby ein Junge oder ein Mädchen ist, kann man an den äußerlich vorhandenen Geschlechtsmerkmalen erkennen. Beim Mädchen sind zum Beispiel die äußeren Schamlippen, beim Jungen sind Hoden und Penis als Unterscheidungsmerkmale sichtbar. Die äußeren und inneren Geschlechtsmerkmale, die jeder Mensch von Geburt an hat, werden als **primäre Geschlechtsmerkmale** bezeichnet. Im Laufe der Entwicklung verändern sich Mädchen und Jungen deutlich und in der Pubertät bilden sich weitere Körpermerkmale aus,

die typisch männlich oder typisch weiblich sind. An ihnen lassen sich erwachsene Männer und Frauen unterscheiden. Man bezeichnet diese körperlichen Merkmale als **sekundäre Geschlechtsmerkmale.**

ENTWICKLUNG BEI MÄDCHEN · Mädchen können äußerlich an sich beobachten, dass die Brust allmählich zu wachsen beginnt und die Hüfte breiter wird. Unter den Achseln und in der Schamgegend beginnen Haare zu wachsen. Im Körper reifen nun in den Eierstöcken die Eizellen und die erste Menstruation, die monatliche Regelblutung, setzt ein.

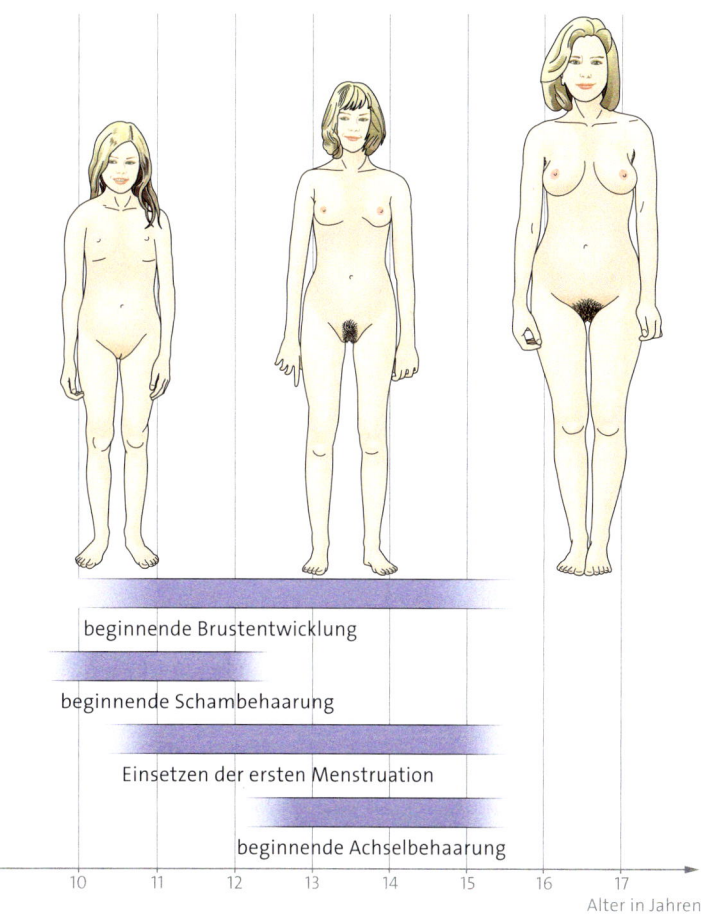

03 Entwicklung vom Mädchen zur Frau

ENTWICKLUNG BEI JUNGEN · Jungen können während der Pubertät ebenfalls körperliche Veränderungen an sich entdecken. Die Schultern nehmen häufig an Umfang zu und werden breiter, die Hüfte bleibt jedoch schmal. Bei den meisten Jungen nimmt die gesamte Körpermuskulatur zu, sie werden dadurch kräftiger. Genau wie bei den Mädchen beginnen auch bei Jungen unter den Achseln und im Schambereich Haare zu wachsen. Außerdem nimmt die Behaarung im Gesicht, auf der Brust, den Armen und den Beinen zu. Irgendwann beginnt die Stimme der Jungen zwischen tiefen und hohen Tönen plötzlich umzuschlagen. Die Jungen befinden sich im *Stimmbruch.*

Dieser Wechsel in der Stimme verliert sich nach einigen Monaten und eine oft viel tiefere, männlichere Stimme als vorher ist nun zu hören. Jungen wachsen während der Pubertät meist sehr schnell. Penis und Hoden werden allmählich größer. Auch im Körper des Jungen treten nun einige Veränderungen auf. Beispielsweise werden in den Hoden regelmäßig Spermienzellen gebildet. Der Junge könnte jetzt Kinder zeugen.

„FRUST" IN DER PUBERTÄT · Viele Jugendliche haben in der Pubertät mit Pickeln zu kämpfen. Diese können im Gesicht, auf Schultern, Rücken, Brust und Oberarmen ganz unterschiedlich stark vorkommen und werden als **Akne** bezeichnet. Akne entsteht durch verstopfte Drüsen in der Haut, die normalerweise Talg nach außen abgeben. Talg ist eine Form des Hautfetts, das die oberste Schicht der Haut pflegt. Ist der Ausgang der Drüse durch abgestorbene Hautschüppchen verstopft, sammelt sich Talg an und es kann zu Entzündungen kommen. Während der Pubertät bilden die Drüsen häufig mehr Talg, sodass Pickel entstehen können. In den meisten Fällen klingt diese Hautkrankheit am Ende der Pubertät wieder ab. Bei starker Akne ist jedoch eine Behandlung durch den Hautarzt notwendig.

beginnende Hodenvergrößerung
beginnende Penisvergrößerung
beginnende Schambehaarung
beginnender Bartwuchs
Stimmbruch
erster Samenerguss

| 11 | 12 | 13 | 14 | 15 | 16 | 17 | 18 |

Alter in Jahren

04 Entwicklung vom Jungen zum Mann

1] Beschreibe die körperlichen Veränderungen von Jungen und Mädchen während der Pubertät. ☐

2] Betrachte die Bilder 03 und 04 zur Entwicklung von Jungen und Mädchen. Erläutere, weshalb die Balken in den Diagrammen nicht begrenzt sind. ◣

3] Informiere dich über Hautpflegetipps bei Akne und notiere diese in deiner Biologiemappe. ◣

05 Stopp!

MEIN KÖRPER GEHÖRT MIR! · Zärtlichkeit und sexuelle Kontakte können etwas sehr Schönes sein. Wichtig ist jedoch, dass man in diesen Situationen selber Zuneigung oder Liebe für den anderen empfindet, die Berührung genießt und sich gut dabei fühlt. Leider gibt es auch Situationen, in denen fremde, aber auch vertraute Menschen körperliche Nähe zu einem anderen suchen, ohne dass er oder sie das möchte. In solchen Situationen ist es wichtig, NEIN zu sagen. Manche Menschen versuchen mit Versprechungen und Überredung, trotzdem Berührungen oder sogar Geschlechtsverkehr zu erzwingen. Sie bieten beispielsweise Geschenke als Belohnung an. Andere drohen mit Gewalt. Auch von Menschen, die man sehr gut kennt, kann eine *sexuelle Belästigung* oder sogar *sexuelle Gewalt* ausgehen. Ein solches Verhalten wird auch als sexueller Missbrauch bezeichnet. Es ist ein Verstoß gegen das Gesetz und wird bestraft.

Nein zu sagen, körperliche Nähe und unangenehme Berührungen abzuwehren, ist jedoch nicht einfach. Wenn es nicht gelingt, sexuelle Gewalt abzuwehren, ist nicht das Opfer schuldig! Wird man Opfer durch Belästigung oder Gewalt, ist es sehr erleichternd, darüber mit jemandem zu sprechen, dem man vertrauen kann. Wichtig ist auch, von der Vertrauensperson zu wissen, dass sie einem nicht die Schuld geben, sondern zuhören und Glauben schenken wird.

Dein Körper gehört dir! Nur du hast das Recht zu entscheiden, was mit ihm geschieht.

Hier erhältst du Hilfe bei sexueller Belästigung und Gewalt:
- *Menschen, zu denen du Vertrauen hast*
- *Kinder- und Jugendtelefon „Nummer gegen Kummer" 116111*
- *Telefonseelsorge (0800) 1110111*
- *Jugendamt deiner Stadt*

06 Ansprechpartner bei sexueller Belästigung und Gewalt

Material A ▸ Typisch Junge – typisch Mädchen

Viele Menschen haben eine genaue Vorstellung davon, was typisch für Jungen und was typisch für Mädchen ist oder sein sollte. Häufig sind diese Vorstellungen jedoch von Vorurteilen belastet und werden nicht auf die Wirklichkeit hin überprüft. In diesem Fall bezeichnet man diese Vorstellungen als **Klischee.** Menschen, die nicht dem gängigen Klischee entsprechen, bekommen deshalb häufig Probleme.

A1 Beschreibe, was auf den Fotos zu sehen ist. ▢

A2 Schreibe zu jedem Foto einen kurzen Kommentar. Berücksichtige dabei, ob die dargestellten Tätigkeiten den gängigen Klischees entsprechen. ◣

A3 Diskutiert anhand eurer Kommentare, mit welchen Problemen Menschen, die nicht dem gängigen Klischee entsprechen, möglicherweise zu kämpfen haben. ■

Material B ▸ Entstehung von Akne

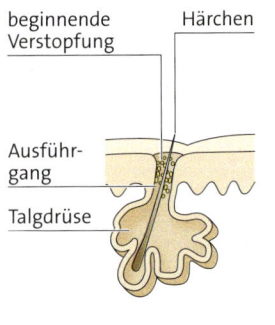

beginnende Verstopfung   Härchen

Ausführgang

Talgdrüse

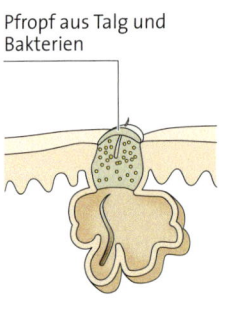

Pfropf aus Talg und Bakterien

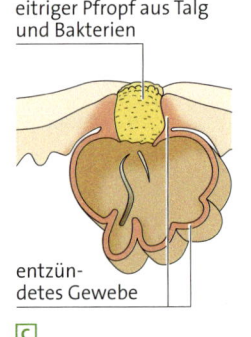

eitriger Pfropf aus Talg und Bakterien

entzündetes Gewebe

B1 Beschreibe die Entstehung von Akne mithilfe der Abbildungen. ▢

B2 Stelle Vermutungen an, weshalb man Pickel nicht ausdrücken soll. ■

B3 Formuliere Verhaltensregeln im Umgang mit Akne, die jeder beachten sollte. ◣

Material C ▸ Wer darf das?

C1 Erläutere anhand der Beispiele, wer das mit dir machen darf und wer nicht. Entscheide, wann du „Stopp!" sagst! Begründe deine Entscheidungen. ✎

C2 Formuliere Verhaltensregeln für Situationen, in denen deine persönliche Berührungsgrenze überschritten wurde. ■

Material D ▸ Wie sag ich es?

Umgangs-sprache	Abwertende Ausdrücke	Fachsprache
Pullermann	....	Penis
....	....	....

Schülerinnen und Schüler sollen die Veränderungen des Körpers im Verlauf der Pubertät beschreiben. Die Lehrkraft möchte vorher Gesprächsregeln vereinbaren.

D1 Sammelt in einer Gruppe Wörter zur Bezeichnung der primären Geschlechtsorgane. ▢

D2 Übertragt die Tabelle auf ein Blatt und ordnet anschließend die gesammelten Wörter den Oberbegriffen zu. ▢

D3 Überlegt gemeinsam, welche Wörter ihr im Unterricht benutzen möchtet und welche nicht. Begründet eure Entscheidung. ✎

D4 Entwickelt gemeinsame Gesprächsregeln für den Biologieunterricht. ✎

D5 Begründe, weshalb für das Gespräch zwischen Freunden auch bestimmte Regeln gelten sollten. ■

Material E ▸ Das erste Mal!

Alter	Mädchen	Jungen
unter 14 Jahre	3	5
14 Jahre	12	5
15 Jahre	16	18
16 Jahre	26	27
17 Jahre	9	10
(bisher nicht)	34	35

Jugendliche im Alter von 18 Jahren wurden befragt, ob und in welchem Alter sie ihren ersten Geschlechtsverkehr hatten. Die Zahlen in der Tabelle zeigen, wie viele von hundert Jugendlichen angeben, wann das der Fall war.
Dabei werden die Werte unter 14 Jahren zusammengefasst und die Altersklassen 14-17 Jahre konkret betrachtet.

E1 Werte die Tabelle aus. ✎

E2 Beschreibe die Unterschiede und Gemeinsamkeiten von Jungen und Mädchen. ✎

E3 Nenne Gründe, die für oder gegen Geschlechtsverkehr in den verschiedenen Altersgruppen sprechen. ■

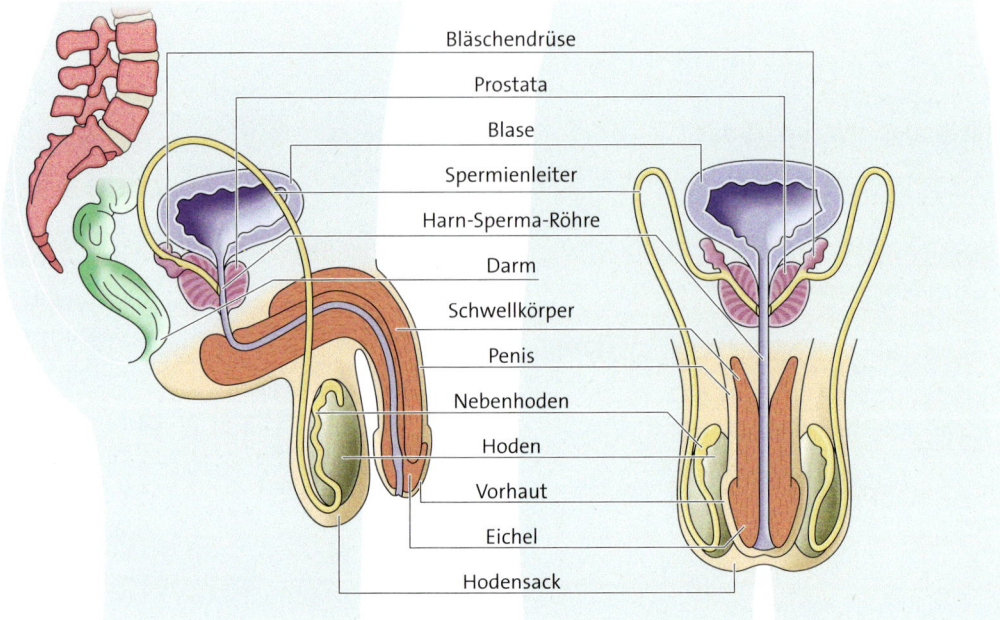

Bläschendrüse
Prostata
Blase
Spermienleiter
Harn-Sperma-Röhre
Darm
Schwellkörper
Penis
Nebenhoden
Hoden
Vorhaut
Eichel
Hodensack

01 Bau der
männlichen
Geschlechtsorgane

Der Bau der Geschlechtsorgane von Mann und Frau

In der Pubertät reift unter dem Einfluss von Wirkstoffen, den Hormonen, der Körper von Jungen und Mädchen. Die Veränderungen kann man deutlich an den Geschlechtsorganen erkennen. Wie sind die Geschlechtsorgane von Mann und Frau aufgebaut?

DIE MÄNNLICHEN GESCHLECHTSORGANE · Äußerlich sichtbar sind von den Geschlechtsorganen bei Jungen und Männern der **Penis** und die beiden **Hoden.** Diese sind häufig nicht gleich groß und liegen in einem Hautbeutel, dem **Hodensack.** Neben den Hoden befinden sich im Hodensack die **Nebenhoden.** Ab der Pubertät werden im Hoden **Spermienzellen,** die männlichen Geschlechtszellen, gebildet. Spermienzellen bewegen sich mit einem Schwanzfaden fort. Sie werden in den Nebenhoden gespeichert. Sind diese gefüllt, können die Spermienzellen über den Spermienleiter nach außen befördert werden. Auf ihrem Weg passieren

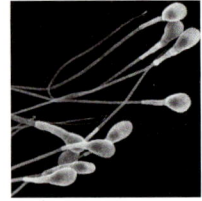

02 Spermienzellen

die Spermienzellen die **Bläschendrüse** und die Vorsteherdrüse, die **Prostata.** Bläschendrüse und Prostata bilden Flüssigkeiten, die zu den Spermienzellen hinzugegeben werden. In diesen können sich die Spermienzellen bewegen und einige Stunden überleben. Zusammen mit den Spermienzellen wird die Flüssigkeit als **Sperma** bezeichnet. Der Spermienleiter mündet in die Harn-Sperma-Röhre, die den gesamten Penis durchzieht, sodass das Sperma genau wie der Urin über die Harn-Sperma-Röhre nach außen tritt. Den Austritt des Spermas aus dem Penis nennt man **Samenerguss** oder **Ejakulation.** Den ersten Samenerguss haben die meisten Jungen während der Pubertät im Alter zwischen 10 und 14 Jahren. Der Samenerguss ist ein sicheres Zeichen der Geschlechtsreife. Bevor es zu einem Samenerguss kommt, versteift sich der Penis und richtet sich auf. Dies bezeichnet man als **Erektion.** Dabei fließt Blut in die Schwell-

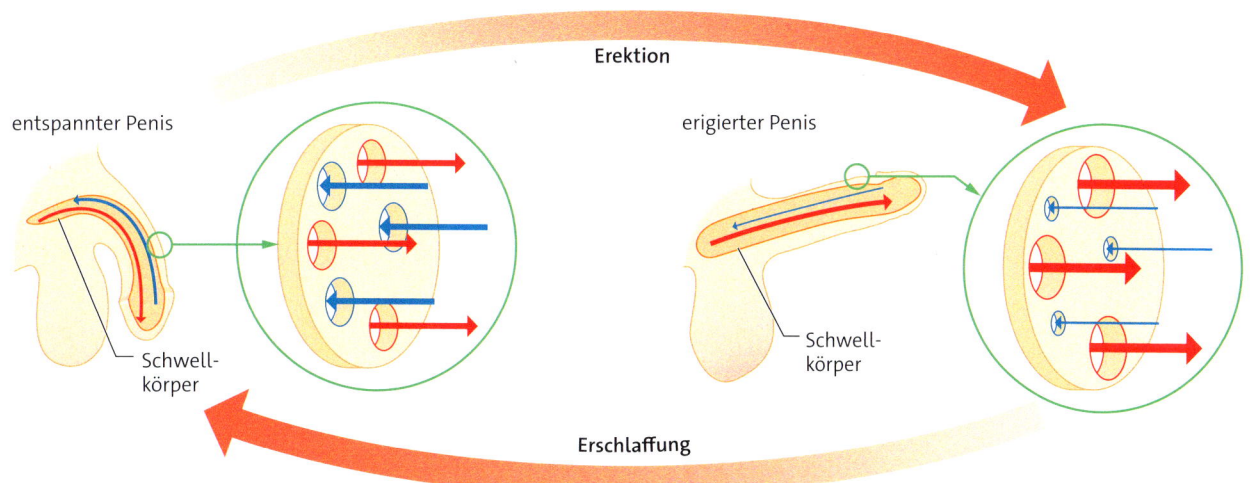

entspannter Penis

Erektion

erigierter Penis

Schwell-
körper

Schwell-
körper

Erschlaffung

03 Die Erektion

körper des Penis, nachdem die Muskelfasern vom Gehirn ein Signal bekommen haben, sich zu entspannen. Es staut sich dort, sodass der Penis dicker und länger wird und sich schließlich verhärtet. Normalerweise würde das Blut einfach zurückfließen, aber die Schwellkörper drücken nun genau die Venen ab, über die das Blut aus dem Penis in den Körper zurückströmt. Dadurch wird der Blutabfluss eingeschränkt und es kommt zu einem Blutstau. Die Schwellkörper können drei- bis viermal so groß werden wie im erschlafften Zustand. Erst wenn das Gehirn das Signal zum Anspannen an die Muskeln sendet, wird die Blutzufuhr gestoppt. Das Blut in den Schwellkörpern fließt langsam ab und der Penis erlangt seine Ausgangsgröße.

INTIMHYGIENE · Während einer Erektion wird die Vorhaut hinter die Eichel gezogen. Da sich in der Falte zwischen Vorhaut und Eichel Bakterien ansammeln können, ist gerade in diesem Bereich Hygiene sehr wichtig. Durch mangelnde Hygiene können nicht nur Gerüche entstehen, sondern sich auch gefährliche Infektionen bilden, wie etwa Pilzinfektionen. Daher ist die Vorhaut be-

sonders wichtig bei der täglichen Genital-hygiene. Zur richtigen Reinigung wird die Vorhaut vorsichtig zurückgeschoben und die gesamte Eichel sowie die innere und äußere Vorhaut gewaschen. Auf diese Weise wird dieser sensible Bereich sauber gehalten und Gerüche und Infektionen vermieden. Eine gründliche Reinigung sowie ein täglicher Wechsel der Unterwäsche ist somit von großer Bedeutung für die Gesunderhaltung des Körpers.

Ist die Vorhaut zu eng, kann sie nicht über die Eichel gezogen werden. Dann wird ein Teil der Vorhaut in einer Operation entfernt. Jungen und Männer können auch aus religiösen, ästhetischen oder hygienischen Gründen in dieser Form *beschnitten* sein.

04 Vorhautbe-
schneidung

unbeschnitten

beschnitten

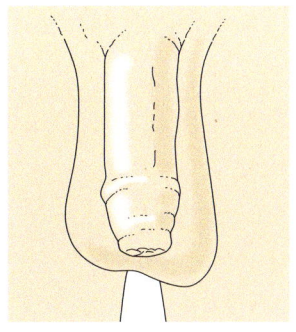

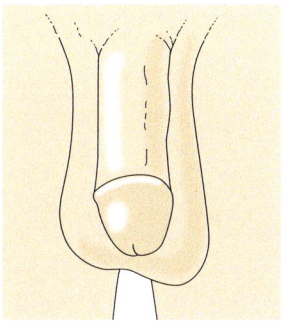

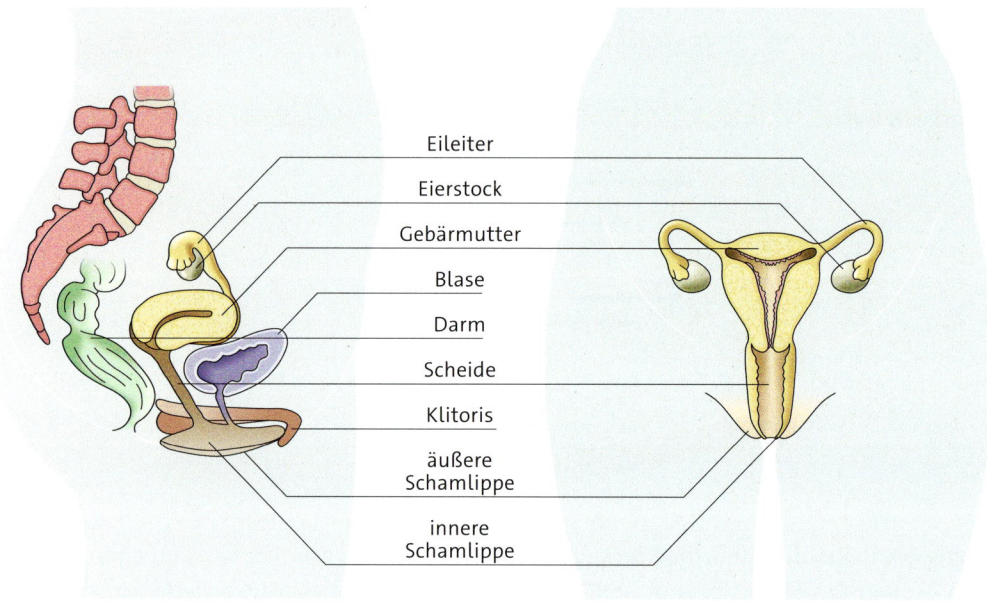

Eileiter
Eierstock
Gebärmutter
Blase
Darm
Scheide
Klitoris
äußere Schamlippe
innere Schamlippe

05 Bau der weiblichen Geschlechtsorgane

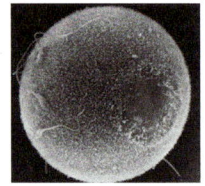

06 Eizelle mit Spermienzellen

DIE WEIBLICHEN GESCHLECHTSORGANE · Bei Mädchen und Frauen sind von den Geschlechtsorganen äußerlich die inneren und äußeren Schamlippen sowie ein Teil der Klitoris zu sehen.

Die **Schamlippen** umschließen den Scheideneingang schützend. Oberhalb des Eingangs ist der äußere Anteil der Klitoris sichtbar. Er ist sehr berührungsempfindlich und erregbar. Eine Erregung führt dazu, dass es in den innen liegenden Schwellkörpern zu einem Blutstau kommt.

Das **Hymen**, früher irreführend bekannt als das Jungfernhäutchen, ist eine dünne, sichel- bis ringförmige Schleimhautfalte, die sich am Eingang der Scheide befindet. Die Form ist bei jedem Mädchen unterschiedlich und nur in krankhaften Fällen komplett verschlossen. Es ist äußerst dehnbar und reißt nur manchmal beim ersten Geschlechtsverkehr oder bei sportlichen Betätigungen ein. Die **Scheide** ist ein etwa acht bis zwölf Zentimeter langer Hohlmuskel. Sie führt zur **Gebärmutter** und ist der natürliche Geburtsweg für ein Baby. Zusammen mit den

Eileitern und den **Eierstöcken** bilden sie die inneren Geschlechtsorgane.

Die Eileiter stellen die Verbindung zwischen Eierstöcken und Gebärmutter her. Vom oberen Teil der Gebärmutter führen sie rechts und links zu den Eierstöcken. In jedem Eierstock liegen etwa 200 000 unreife Eizellen, von denen meist nur eine Eizelle pro Monat heranreift.

Die reifen Eizellen wandern durch die Eileiter zur Gebärmutter. Sie ist etwa faustgroß und während der Schwangerschaft dehnbar. Wenn eine Eizelle befruchtet wurde, nistet sie sich in die **Gebärmutterschleimhaut** ein. Die Gebärmutterschleimhaut bietet der befruchteten Eizelle optimale Wachstumsbedingungen.

Die *Harnblase* zählt nicht zu den Geschlechtsorganen, ihre Verbindung nach Außen, die Harnröhre, endet aber auch zwischen den Schamlippen.

1 Nenne jeweils die inneren und äußeren Geschlechtsorgane von Mann und Frau. ☐

Material A ► Geschlechtsorgane

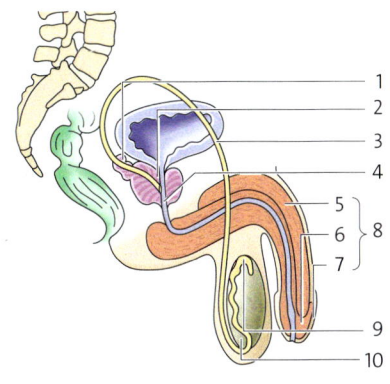

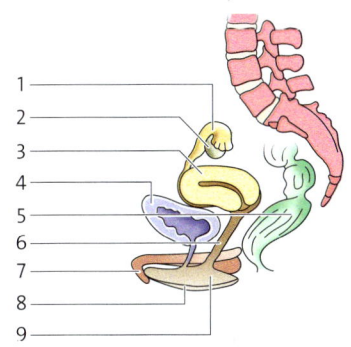

A1 Benne die mit Zahlen markierten weiblichen und männlichen Geschlechtsorgane. ☐

A2 Lege eine zweispaltige Tabelle an und trage die weiblichen und männlichen Geschlechtsorgane sowie deren Aufgaben ein. ☐

A3 Erkläre den Unterschied der weiblichen und männlichen Geschlechtsorgane im Hinblick auf deren Lage im und am Körper. ◣

Material B ► Erektion

Entstehungsphase der Erektion

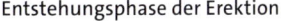

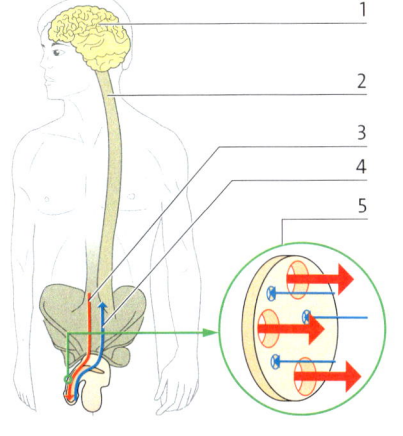

Erschlaffungsphase der Erektion

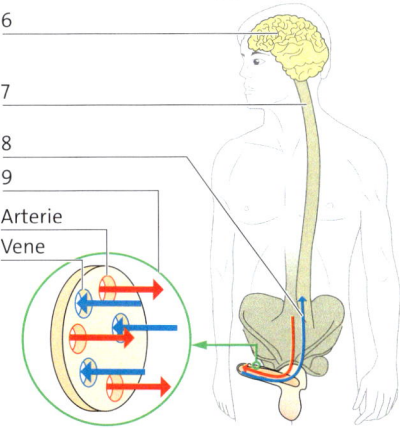

Arterie
Vene

B1 Erstelle ein Ablaufschema zur Entstehungs- und Erschlaffungsphase der Erektion. Nutze die Zahlen und folgende Wörter: Ausstrom, Befehlsweiterleitung, Blutfluss, Blutstau, Einstrom, Erschlaffung, Gehirn, Reizempfang, Schwellkörper, Verdickung. ☐

B2 Erkläre, welche besondere Rolle den Schwellkörpern während der Erektion zukommt. ◣

Material C ► Intimhygiene

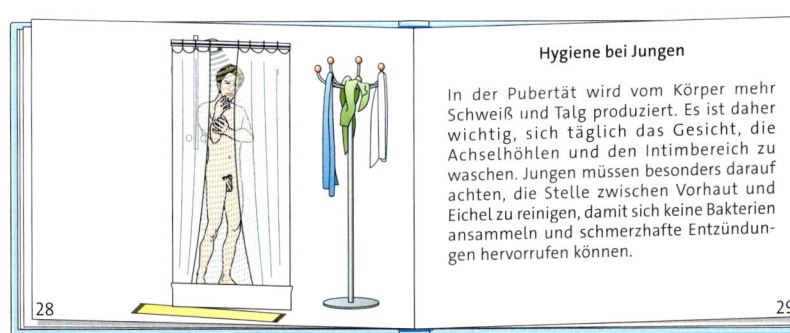

Hygiene bei Jungen

In der Pubertät wird vom Körper mehr Schweiß und Talg produziert. Es ist daher wichtig, sich täglich das Gesicht, die Achselhöhlen und den Intimbereich zu waschen. Jungen müssen besonders darauf achten, die Stelle zwischen Vorhaut und Eichel zu reinigen, damit sich keine Bakterien ansammeln und schmerzhafte Entzündungen hervorrufen können.

28   29

C1 Gib die Regeln zur Intimhygiene mit eigenen Worten wieder und notiere jeweils eine Begründung zur Regel. ☐

C2 Erkläre, warum die Einhaltung der Hygieneregeln besonders ab der Pubertät wichtig ist. ◣

01 Menstruations-
beschwerden

Der Zyklus der Frau

Etwa 2 bis 3 Jahre nach dem Beginn der Pubertät bekommen Mädchen ihre erste Blutung. Damit reift ein Mädchen zur Frau heran. Die Blutung tritt danach etwa monatlich auf, oft zusammen mit Unterleibsschmerzen. Was passiert dabei im Körper?

JEDEN MONAT WIEDER · Während in den Eierstöcken etwa monatlich eine Eizelle heranreift, bereitet sich der Körper auf die Einnistung einer befruchteten Eizelle in der Gebärmutter vor. Wenn keine Befruchtung erfolgt, muss die vorbereitete Gebärmutter zurückgebildet werden, was zur monatlichen Blutung, der Menstruation, führt. Da sich der Vorgang regelmäßig wiederholt, wird er Zyklus oder Menstruationszyklus genannt.

ZYKLUSANFANG · Anders als vielleicht erwartet ist der Beginn des Zyklus auf den ersten Tag der Blutung festgelegt, da sie äußerlich sichtbar ist. So beginnt der Zyklus mit der Ablösung der Gebärmutterschleimhaut, die die Gebärmutter auskleidet. Die

Schleimhautreste werden zusammen mit der unbefruchteten Eizelle durch die Scheide abgegeben. Sobald die Gebärmutterschleimhaut vollständig abgestoßen wurde, ist die Menstruation beendet.

Nach der Menstruation reift eine der etwa 400 000 unreifen Eizellen in einem der Eierstöcke heran. Sie ist dabei umgeben vom Follikel, einem mit Flüssigkeit gefüllten Bläschen. Parallel dazu beginnt sich die Gebärmutterschleimhaut wieder aufzubauen. Sie wächst während der Eireifung auf ein Vielfaches ihrer ursprünglichen Dicke heran.

ZYKLUSMITTE · Nach etwa 14 Tagen hat der Follikel eine Größe von 2 bis 2,5 cm erreicht. Nun platzt das Bläschen und die Eizelle verlässt den Eierstock. Der Eileiter hat sich zu diesem Zeitpunkt der Eizelle angenähert, sodass sie in den Trichter des Eileiters gleiten kann. Dieser Vorgang heißt Eisprung. Der Eileiter ist mit feinen Flimmerhärchen ausgekleidet. Durch Muskelbewegungen des Eileiters und die Bewegung eben dieser Flimmerhärchen wird die Eizelle in

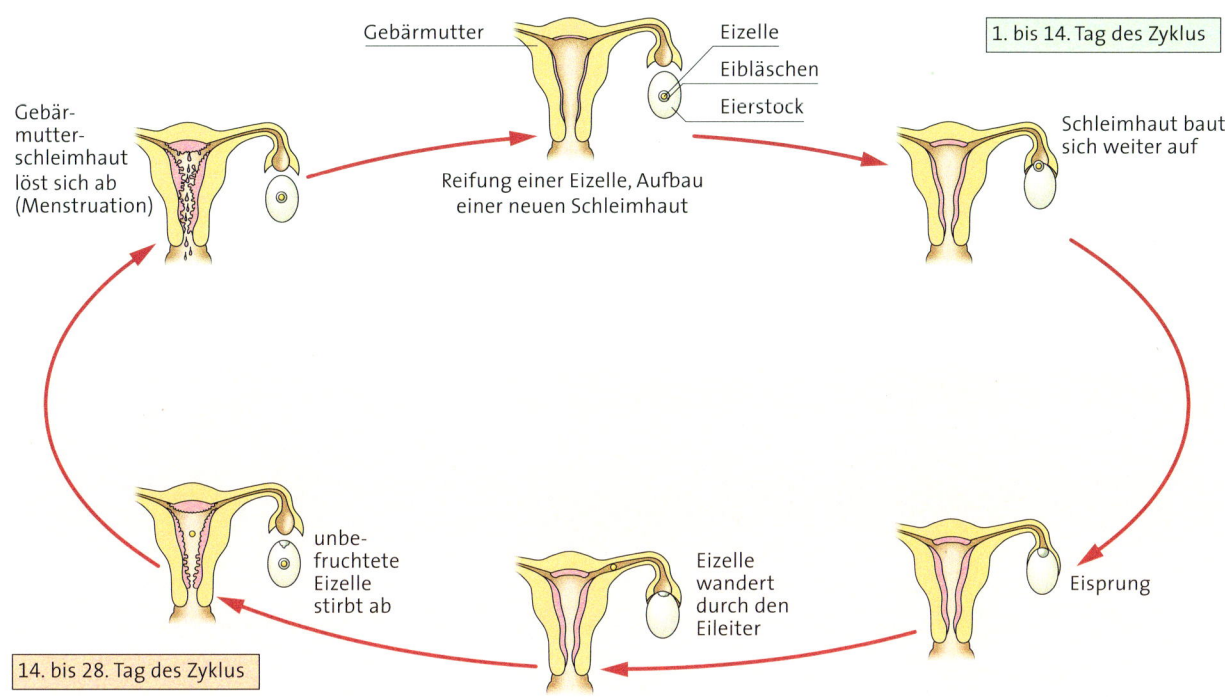

Gebärmutter · Eizelle · Eibläschen · Eierstock

Gebärmutterschleimhaut löst sich ab (Menstruation)

Reifung einer Eizelle, Aufbau einer neuen Schleimhaut

Schleimhaut baut sich weiter auf

unbefruchtete Eizelle stirbt ab

14. bis 28. Tag des Zyklus

Eizelle wandert durch den Eileiter

Eisprung

02 Ablauf von Eireifung und Menstruation

Richtung Gebärmutter transportiert. Die Gebärmutterschleimhaut baut sich in dieser Zeit weiter auf, wird mit Blutgefäßen versorgt und mit Nährstoffen angereichert. Wird die Eizelle im Eileiter von einer Spermienzelle befruchtet, kann sie sich in der stark durchbluteten Gebärmutterschleimhaut einnisten. Sie kann die befruchtetet Eizelle aufnehmen und versorgen.

ZYKLUSENDE UND NEUBEGINN · Wird die Eizelle nicht befruchtet, stirbt sie ab. Die Gebärmutterschleimhaut wird etwa 14 Tage nach dem Eisprung bis auf die Grundschicht abgestoßen. Danach beginnt in einem der beiden Eierstöcke wieder eine Eizelle zu reifen. Dieser Ablauf wiederholt sich etwa alle 28 Tage. Er kann aber besonders bei jungen Mädchen sehr unterschiedlich lange andauern. Das Zusammenziehen der Gebärmutter während der Menstruation verursacht oft Schmerzen. Diese halten meist zwei Tage

an. Für junge Mädchen ist es hilfreich, einen Regelkalender zu führen, um besser abschätzen zu können, wann die nächste Menstruation zu erwarten ist.

HORMONWIRKUNG · Hormone sind Botenstoffe, die dafür sorgen, dass der Menstruationszyklus geordnet ablaufen kann. Zwei Hormone sind für den Ablauf besonders wichtig. Das Hormon Östrogen wird vom reifenden Follikel gebildet und leitet das Wachstum der Gebärmutterschleimhaut und den Eisprung ein. Nach dem Eisprung bleibt der geplatzte Follikel im Eierstock zurück und bildet den Gelbkörper. Dieser Gelbkörper setzt nun das Hormon Progesteron frei. Es signalisiert der Gebärmutterschleimhaut, sich auf eine mögliche Einnistung einer befruchteten Eizelle vorzubereiten. Bleibt die Einnistung aus, löst sich der Gelbkörper auf und das Progesteron im Blut sinkt wieder ab.

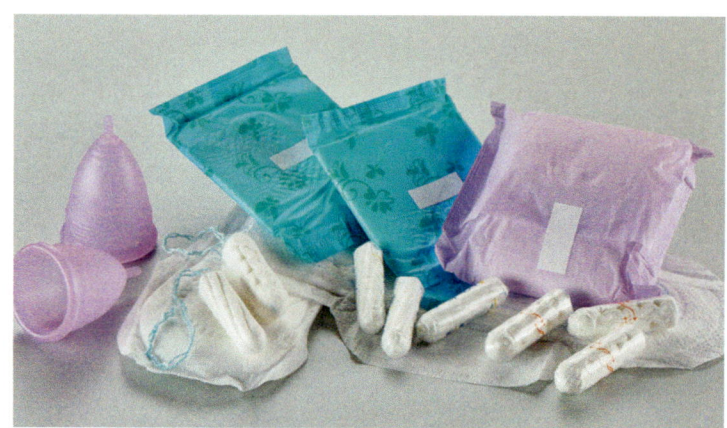

03 Hygieneprodukte im Überblick

INTIMHYGIENE · Während der Menstruation verliert ein Mädchen im Schnitt etwa 60 ml Blut. Das entspricht ungefähr vier Esslöffeln. Um diese Zeit gut zu überstehen, gibt es eine Vielzahl an Hygieneprodukten, die auf verschiedene Bedürfnisse ausgerichtet sind. So gibt es Slipeinlagen, die für den täglichen Schutz gedacht sind. Sie helfen, überschüssige Flüssigkeit aufzunehmen, wie etwa den Weißfluss. Auch Binden stellen einen äußeren Schutz dar. Sie werden während der Menstruation in den Slip gelegt und nehmen die Blutung außen am Körper auf. Die menstruellen Absonderungen benetzen die Schamlippen oder auch die Behaarung im Intimbereich. Da sich das Blut im Kontakt mit Sauerstoff rasch zersetzt, kann es zu einem typischen Menstruationsgeruch kommen. Eine gründliche Intimhygiene sowie ein häufiger Wechsel der Binden ist daher besonders wichtig. Tampons bieten einen inneren Schutz. Sie werden in den Scheideneingang eingeführt und nehmen die Blutung im Inneren des Körpers auf. Richtig platziert ist der Tampon kaum spürbar. Der Einsatz von Tampons erfordert etwas Übung, allerdings ermöglicht er die ungehinderte Ausübung diverser Sportarten. Egal, für welches Produkt man sich schließlich entscheidet, eine gründliche und vor allem regelmäßige Intimhygiene ist unerlässlich. So beugt man Infektionskrankheiten vor und auch das Leben in der Schule und in der Freizeit wird deutlich angenehmer.

DIE ERSTE MENSTRUATION · Viele Mädchen sind verunsichert, was während der Menstruation auf sie zukommt. Sorgen bereitet oft, ob die Anzeichen frühzeitig erkannt werden können, damit es nicht zu peinlichen Momenten in der Schule oder in der Freizeit kommt. Zur Vermeidung kann es helfen, den Körper genau zu beobachten. Es gibt einige Vorboten, die erkennen lassen, dass die Menstruation bevorsteht. Etwa ein Jahr vor der ersten Menstruation entdecken die meisten Mädchen einen weißlichen Ausfluss in ihrer Unterhose. Dieser Ausfluss entsteht aufgrund des ansteigenden Östrogenspiegels. Dazu kommen das Wachstum der Brust und die Behaarung im Intimbereich. Kurz vor der ersten Menstruation verspüren viele Mädchen Schmerzen im Unterleib, was sich häufig wie ein leichtes Ziehen anfühlt. Dazu kommen manchmal Kopf- oder Rückenschmerzen, die von Stimmungsschwankungen oder Müdigkeit begleitet werden können. Auch die ersten Pickel sind ein Anzeichen dafür, dass es bald losgehen könnte. Mit einer Binde im Schulrucksack und einer Slipeinlage in der Unterhose ist man gut auf die erste Menstruation vorbereitet und muss auch keine Angst vor peinlichen Momenten haben.

1 Benenne die am Menstruationszyklus beteiligten Hormone und erkläre ihre Bedeutung. 🍃

2 Erkläre, weshalb man auch von einem Menstruationszyklus spricht. 🍃

Material A ▸ Der Menstruationszyklus

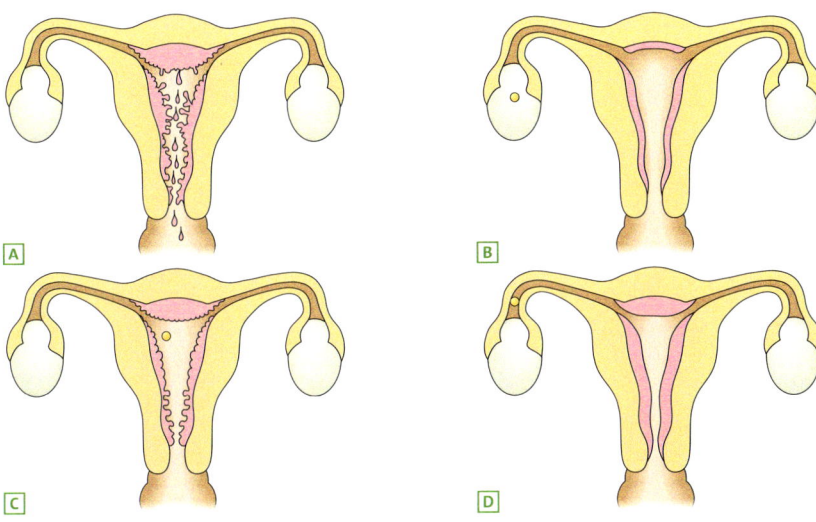

A

B

C

D

September						
Mo	Di	Mi	Do	Fr	Sa	So
					1	2
3	4	5	6	7	8	9
10	11	12	13	14	X̶5̶	X̶6̶
X̶7̶	X̶8̶	X̶9̶	X̶0̶	21	22	23
24	25	26	27	28	29	30

Oktober						
Mo	Di	Mi	Do	Fr	Sa	So
1	2	3	4	5	6	7
8	9	10	11	X̶2̶	X̶3̶	X̶4̶
X̶5̶	X̶6̶	17	18	19	20	21
22	23	24	25	26	27	28
29	30	31				

November						
Mo	Di	Mi	Do	Fr	Sa	So
			1	2	3	4
5	6	7	8	9	10	11
12	13	14	15	16	17	18
19	20	21	22	23	24	25
26	27	28	29	30		

1	3	5	7	9	11	13	15	17	19	21	23	25	27	1

A1 Bringe die Abbildungen zum Menstruationszyklus in die richtige Reihenfolge und beschreibe den Ablauf in eigenen Worten. ◗

A2 In einem Menstruationskalender sind für die Monate September und Oktober die Blutungstage eingetragen. Gib an, wann in den Monaten jeweils der Eisprung stattgefunden hat. Bestimme den ersten Blutungstag im November. ◗

A3 Übertrage die Darstellung eines Zyklus A, der 28 Tage dauert, in dein Heft. Trage die Begriffe Eisprung, Ende des Zyklus, Menstruation in die Kästen ein. Färbe die Kästchen über den Zahlen: fruchtbare Tage grün, unfruchtbare Tage rot. ▢

A4 Entwirf und beschrifte die Darstellung eines Zyklus, der 31 Tage dauert und in dem der Eisprung am 17. Tag stattfindet. ◗

Material B ▸ Hygiene ist wichtig

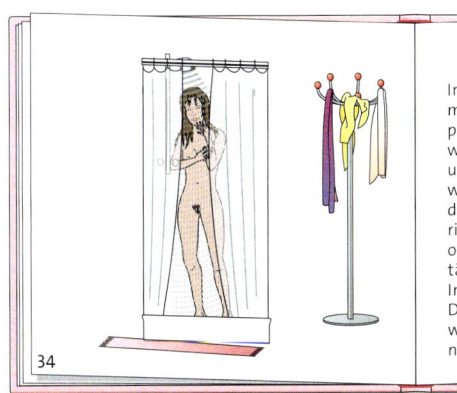

Hygiene bei Mädchen

In der Pubertät beginnt die Scheide, ein milchiges Sekret abzusondern. Die Haut produziert nun mehr Schweiß. Daher ist es wichtig, sich täglich Gesicht, Achselhöhlen und den Intimbereich zu waschen. Besonders während der Menstruation ist dies wichtig, da auch das Menstruationsblut unangenehm riechen kann. Dieses Blut kann mit Binden oder Tampons aufgenommen werden. Die tägliche Pflege kann Entzündungen und Infektionen durch Bakterien verhindern. Dabei sollte hautschonende Seife verwendet werden, um den empfindlichen Intimbereich nicht zu reizen.

34

35

B1 Fasse die Regeln zur Intimhygiene bei Mädchen in eigenen Worten zusammen und begründe sie. ▢

B2 Erläutere, warum es ab der Pubertät besonders wichtig ist, diese Regeln einzuhalten. ◗

B3 Formuliere respektvolle Sätze, um jemandem zu sagen, dass die Hygiene verbessert werden sollte. ◗

01 Ein Kind wird mit Spannung erwartet.

Schwangerschaft, Geburt und Entwicklung vom Säugling zum Kleinkind

Leas Mutter ist im 8. Monat schwanger. Wenn Lea ihre Hände auf den Bauch ihrer Mutter legt, kann sie die Bewegungen ihres Bruders im Bauch spüren.
Wie entsteht ein Kind?

GESCHLECHTSVERKEHR · Zur Entstehung eines Kindes müssen die Eizelle einer Frau und die Spermienzelle eines Mannes aufeinandertreffen. Der Mann führt hierzu seinen steifen Penis in die Scheide der Frau ein. Bei diesem Geschlechtsverkehr empfinden Mann und Frau durch die Bewegungen des Penis in der Scheide ein angenehmes Gefühl. Es kann zu einem Samenerguss kommen. So gelangen ungefähr 250 Millionen Spermienzellen des Mannes in die Scheide der Frau. Mithilfe ihres Schwanzfadens schwimmen sie von der Scheide in die Gebärmutter und von dort in die Eileiter.

BEFRUCHTUNG · Die Lebensdauer einer Eizelle beträgt nach dem Eisprung etwa 12 bis 24 Stunden. Befinden sich in diesem Zeitraum Spermienzellen im Eileiter, so kann eine von diesen die Hülle der Eizelle durchdringen. Während der Kopf der Spermienzelle in die Eizelle eindringt, wird der Schwanzfaden abgetrennt und verbleibt außerhalb der Zelle. Erst wenn die Zellkerne von Ei- und Spermienzelle miteinander verschmelzen, spricht man von einer *Befruchtung*. Die befruchtete Eizelle nennt man **Zygote.** Die Zygote wird durch die Bewegung der Flimmerhärchen des Eileiters in die Gebärmutter transportiert. Schon während des Transports beginnt die Zellteilung der Zygote. Auf dem Weg zur Gebärmutter entstehen so immer mehr Zellen. Aus diesen bildet sich eine kleine Blase, das **Keimbläschen.**

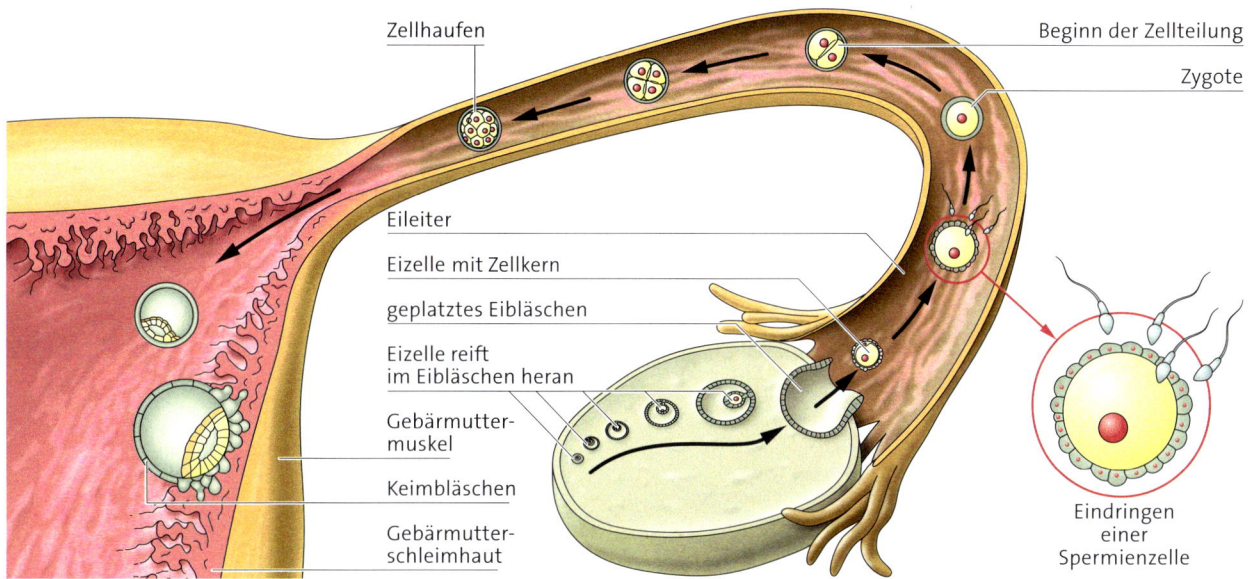

Zellhaufen

Beginn der Zellteilung

Zygote

Eileiter

Eizelle mit Zellkern

geplatztes Eibläschen

Eizelle reift
im Eibläschen heran

Gebärmutter-
muskel

Keimbläschen

Gebärmutter-
schleimhaut

Eindringen
einer
Spermienzelle

02 Von der Eizelle
zum Keimbläschen

SCHWANGERSCHAFT · Wenn sich das Keimbläschen in der Gebärmutterschleimhaut einnistet, beginnt die Schwangerschaft. Da die Gebärmutterschleimhaut nun nicht mehr abgestoßen wird, bleibt auch der monatliche Menstruationszyklus der Frau aus. Sie ist schwanger. Ein Mensch entsteht in der Gebärmutter. Die im Inneren des Keimbläschens liegenden Zellen entwickeln sich zum **Embryo.** Die äußeren Zellen des Keimbläschens wachsen in die Gebärmutterschleimhaut hinein. Dort bilden sie fingerförmige Ausstülpungen, die *Zotten.* Die Gebärmutterschleimhaut und die Zotten werden zusammen als Mutterkuchen oder **Plazenta** bezeichnet. Die in die Gebärmutterschleimhaut hineinragenden Zotten werden von dem mütterlichen Blut umspült. Aus dem Blut der Mutter gelangen hier Nährstoffe und Sauerstoff in die Blutgefäße der Zotten. Abfallstoffe werden hingegen in das Blut der Mutter abgegeben. In der Plazenta findet also ein Stoffaustausch zwischen dem mütterlichen und dem kindlichen Blut statt. Von der Plazenta geht später die **Nabelschnur** ab. Sie ist von Blutgefäßen durchzogen und verbindet den Embryo mit der Plazenta. Über die Nabelschnur können auch Stoffe wie Alkohol, Medikamente oder Nikotin in das Blut des Embryos gelangen. Solche Stoffe können vor allem in der frühen Entwicklung des Kindes Missbildungen und geistige Entwicklungsstörungen verursachen.

Im vierten Schwangerschaftsmonat sind alle inneren Organe ausgebildet. Man nennt das heranwachsende Kind nun Fetus. Während der gesamten Schwangerschaft wächst er in einem Hautsack, der **Fruchtblase,** heran. Diese ist mit dem **Fruchtwasser** gefüllt. Es schützt den Fetus bei Stößen und Erschütterungen. Am Ende der Schwangerschaft ist der Fetus durchschnittlich 50 Zentimeter lang und 3000 Gramm schwer.

1 Beschreibe den Weg, den die Spermienzellen bis zur Eizelle zurücklegen müssen. ☐

2 Erläutere den Begriff Befruchtung. ◗

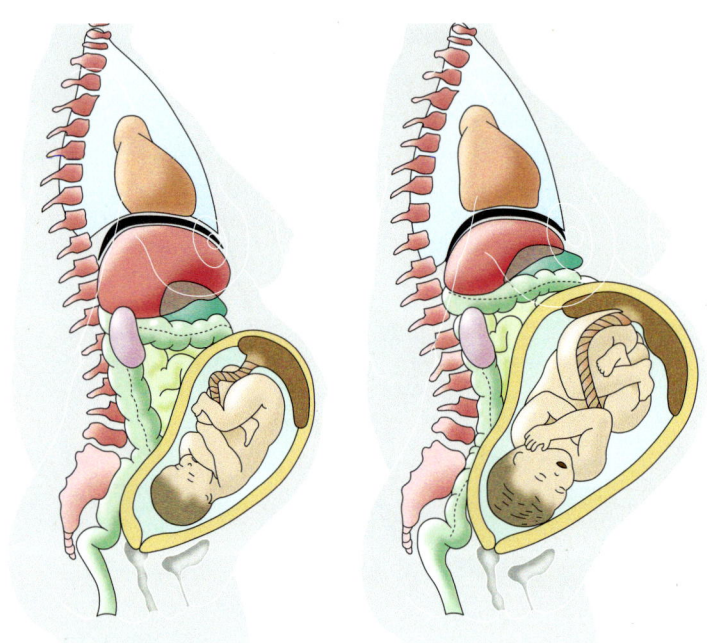

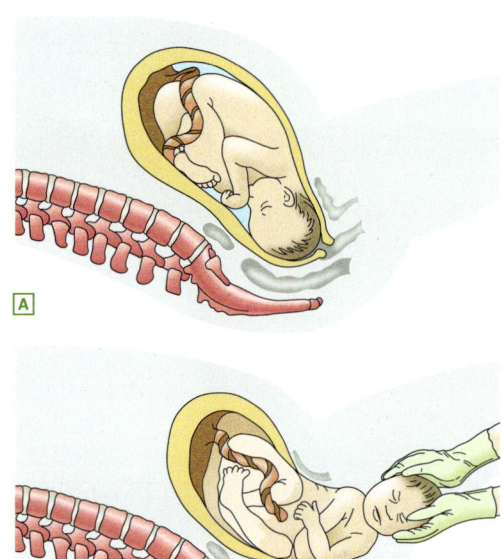

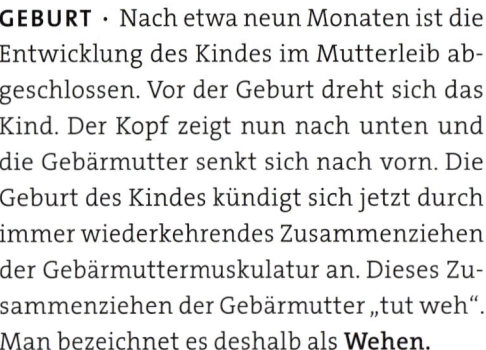

03 Schwangerschaft im 6. und 9. Monat

04 Geburt: **A** Eröffnungsphase, **B** Austreibungsphase

GEBURT · Nach etwa neun Monaten ist die Entwicklung des Kindes im Mutterleib abgeschlossen. Vor der Geburt dreht sich das Kind. Der Kopf zeigt nun nach unten und die Gebärmutter senkt sich nach vorn. Die Geburt des Kindes kündigt sich jetzt durch immer wiederkehrendes Zusammenziehen der Gebärmuttermuskulatur an. Dieses Zusammenziehen der Gebärmutter „tut weh". Man bezeichnet es deshalb als **Wehen.**

Mit dem Einsetzen der ersten Wehen platzt oft die Fruchtblase und das Fruchtwasser läuft aus der Scheide heraus. Zu Beginn dieser **Eröffnungsphase** kehren die Wehen in Zeitabständen von etwa 20 Minuten wieder. Im Laufe der Zeit verkürzen sich die Abstände immer mehr. Die Wehen drücken das Kind gegen den Gebärmuttermund, sodass sich dieser weitet.

Im Anschluss daran wird das Kind durch sehr starke Wehen, die *Presswehen*, in den Scheidenkanal gedrückt. Meist wird der Säugling in dieser **Austreibungsphase** durch wenige Presswehen auf die Welt gebracht. Der Säugling ist noch über die Nabelschnur mit der Mutter verbunden. Diese wird am kindlichen Bauch abgebunden und dann durchtrennt. Die übrige Nabelschnur und die Plazenta werden durch einige Wehen abgestoßen und verlassen den Körper der Mutter über die Scheide. Plazenta und Nabelschnur bezeichnet man als **Nachgeburt.**

Hebammen beraten und betreuen werdende Eltern vor, während und nach der Geburt. Auch bei seltenen Komplikationen können sie helfen. Manchmal gelingt es noch in der 38. Woche, ein Kind, das nicht mit dem Kopf am Gebärmuttermund liegt, in diese Lage zu drehen.

3] Begründe, weshalb Schwangere keinen Alkohol trinken sowie keine Drogen und Medikamente nehmen sollen. 🍃

4] Erläutere, welche Kenntnisse eine Hebamme über die Geburt haben muss, um werdende Eltern zu beraten. 🍃

VOM SÄUGLING ZUM KLEINKIND · Neugeborene Kinder müssen vieles zum ersten Mal in ihrem Leben tun: Vor allem müssen sie selbstständig atmen, Nahrung aufnehmen und verdauen. In dieser Lebensphase bieten vertraute Personen wie die Eltern ein Gefühl von Geborgenheit und Schutz. Als *Bezugspersonen* sind sie für die körperliche und seelische Entwicklung der Neugeborenen unbedingt notwendig.

Neugeborene benötigen für ihre weitere Entwicklung besonders viel Energie und viele Nährstoffe. Ihr Verdauungssystem ist jedoch noch nicht vollständig ausgebildet. Zudem haben sie noch keine Zähne, weshalb sie keine feste Nahrung aufnehmen können. Stattdessen trinken Neugeborene Milch, die in den Brustdrüsen der Mutter gebildet wird. Sie werden *gestillt* oder erhalten Milch aus einer Flasche. In der Muttermilch befinden sich alle Nährstoffe, die ein Kind für eine gesunde Entwicklung benötigt. Sie enthält auch Stoffe, die ein Kind vor Krankheiten und Allergien schützen. In dieser Lebensphase werden Neugeborene als *Säuglinge* bezeichnet.

In den nächsten Lebensmonaten beginnen Säuglinge, die Welt und vor allem ihren eigenen Körper zu entdecken: Sie betrachten die Bewegung ihrer Finger, stecken diese in den Mund und saugen daran. Bei Berührung umschließt ihre Hand fest den Finger einer anderen Person. Diese Reaktion wird als *Greifreflex* bezeichnet. Im Verlauf der weiteren Entwicklung geht dieser Reflex wieder verloren. Stattdessen lernen die Kinder, einen Gegenstand gezielt zu fassen und festzuhalten.

Im Verlauf des ersten Lebensjahrs entwickeln Kinder weitere Fähigkeiten wie das gezielte Aufstützen, das Krabbeln und schließlich das Laufen. Sie nehmen Kontakt zu ihren Mitmenschen auf, zunächst durch Körpersprache und Gesichtsausdruck und schließlich durch Laute und erste Worte.

05 Stillen eines Säuglings

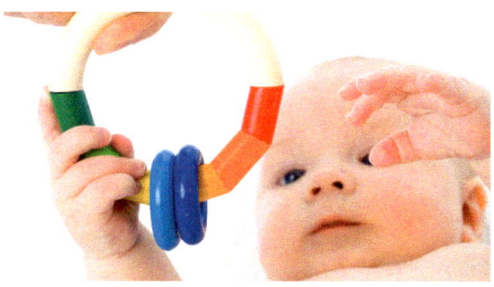

06 Greifreflex

07 Aufstützen und Krabbeln

08 Erste Laufversuche

Material A ▸ Die Befruchtung

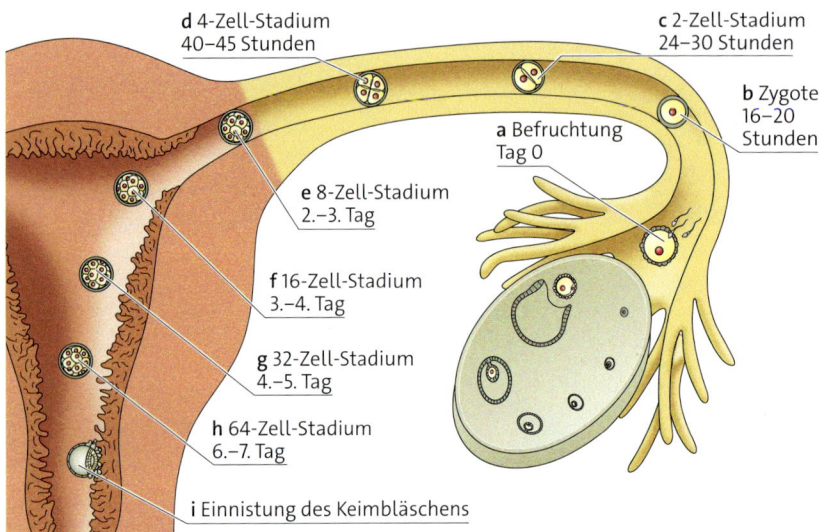

d 4-Zell-Stadium
40–45 Stunden

c 2-Zell-Stadium
24–30 Stunden

b Zygote
16–20 Stunden

a Befruchtung
Tag 0

e 8-Zell-Stadium
2.–3. Tag

f 16-Zell-Stadium
3.–4. Tag

g 32-Zell-Stadium
4.–5. Tag

h 64-Zell-Stadium
6.–7. Tag

i Einnistung des Keimbläschens

A1 Notiere für die Phasen a-i der Befruchtung jeweils eine Überschrift. ☐

A2 Erkläre anhand der Abbildung, was genau während der Befruchtung geschieht. Nutze die zuvor erstellten Überschriften. ◳

A3 Lies dir die Aussagen in den Gedankenblasen durch. Markiere im aufgeführten Regelkalender die Tage, an denen eine Frau schwanger werden könnte. Erkläre deine Wahl ausführlich. ◳

Die Lebensdauer einer Eizelle beträgt nach dem Eisprung etwa 12 bis 24 Stunden.

Spermienzellen überleben bis zu 72 Stunden im Gebärmutterhals.

Oktober						
Mo	Di	Mi	Do	Fr	Sa	So
1	2	3	4	5	6	7
8	9	10	11	⨯12	⨯13	⨯14
⨯15	⨯16	17	18	19	20	21
22	23	24	25	26	27	28
29	30	31				

November						
Mo	Di	Mi	Do	Fr	Sa	So
			1	2	3	4
5	6	7	8	9	10	11
12	13	14	15	16	17	18
19	20	21	22	23	24	25
26	27	28	29	30		

Material B ▸ Zwillinge

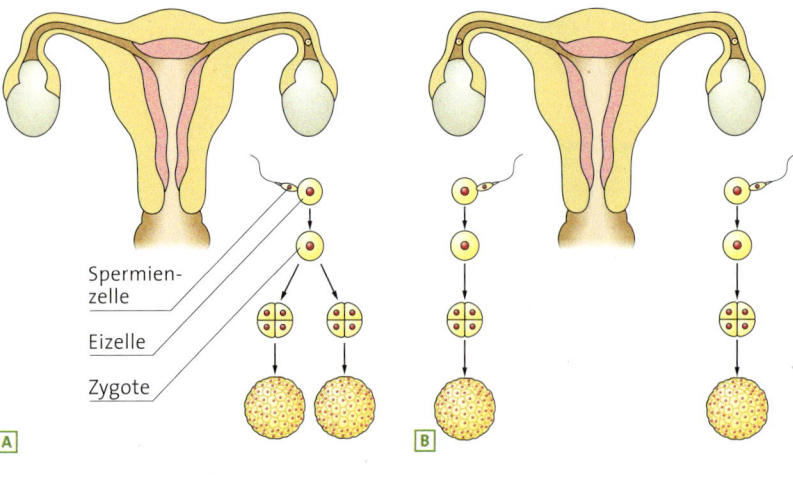

Spermienzelle

Eizelle

Zygote

A

B

B1 Beschreibe mithilfe der Abbildungen A und B die zwei Möglichkeiten der Entstehung von Zwillingen. ◳

B2 Erläutere weshalb man von „eineiigen Zwillingen" und von „zweieiigen Zwillingen" spricht. Ordne die Begriffe den Abbildungen A und B zu. ◳

B3 Lea und Ben sind Zwillinge. Ordne auch ihnen die passenden Begriffe zu und begründe deine Entscheidung. ◼

Material C ▸ Geschlechtszellen

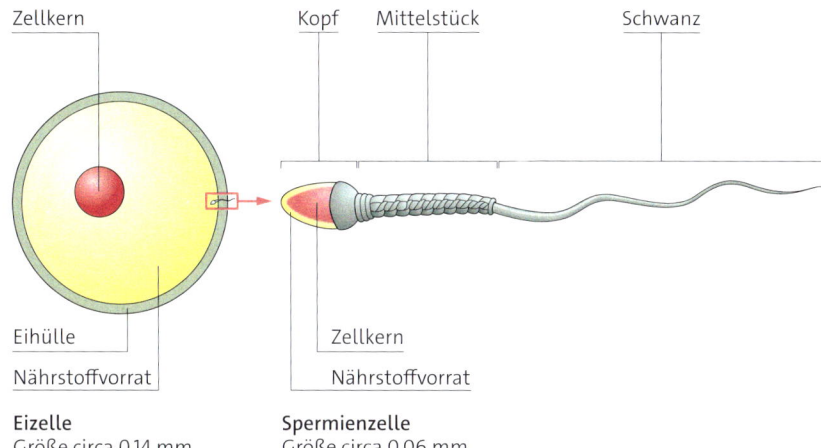

Zellkern

Kopf   Mittelstück   Schwanz

Eihülle

Zellkern

Nährstoffvorrat

Nährstoffvorrat

Eizelle
Größe circa 0,14 mm

Spermienzelle
Größe circa 0,06 mm

C1 Vergleiche Eizelle und Spermienzelle tabellarisch hinsichtlich Größe, Form, Beweglichkeit und Nährstoffvorrat. ◣

C2 Ergänze die folgenden Aussagen und notiere sie:
– Die vielen Nährstoffe in der Eizelle ermöglichen …
– Die geringe Größe und der Schwanzfaden ermöglichen … ◣

Material D ▸ Ultraschallbilder

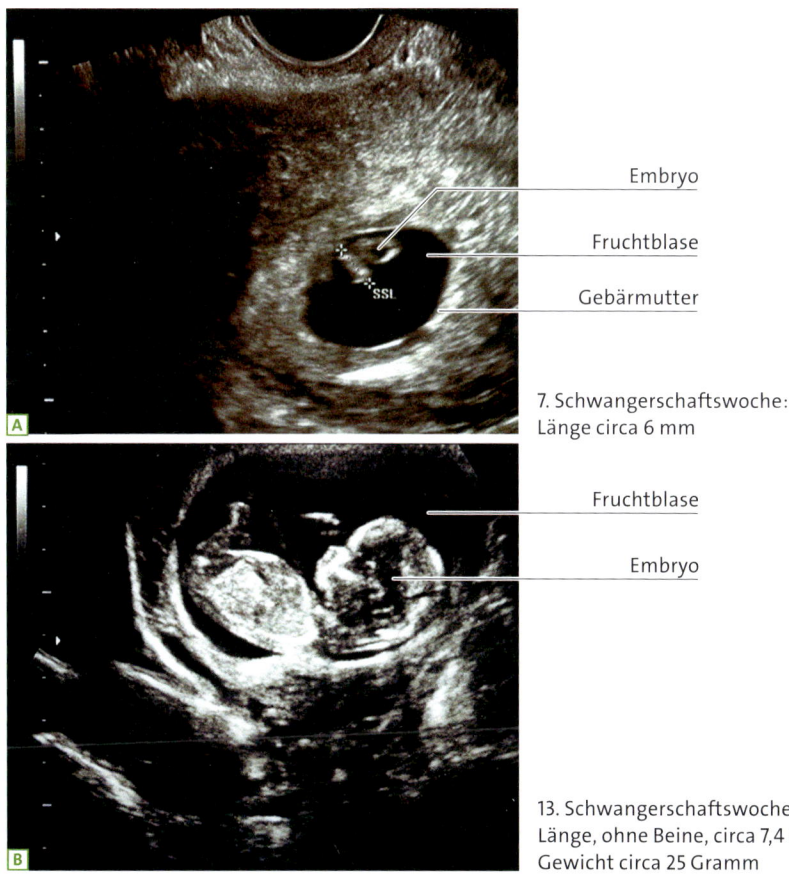

Embryo

Fruchtblase

Gebärmutter

7. Schwangerschaftswoche:
Länge circa 6 mm

Fruchtblase

Embryo

13. Schwangerschaftswoche:
Länge, ohne Beine, circa 7,4 cm,
Gewicht circa 25 Gramm

Mithilfe von Ultraschallbildern kann die Entwicklung des Embryos im Mutterleib beobachtet werden. Während der Schwangerschaft wird die Untersuchung mit einem Ultraschallgerät über die Bauchdecke der Mutter durchgeführt. Die Untersuchung ist für die Mutter und den Embryo risikoarm und schmerzfrei.

D1 Gib an, welche Informationen man mithilfe von Ultraschallbildern über den Embryo erhalten könnte. ☐

D2 Beschreibe, wie sich der Embryo von der 7. bis zur 14. Schwangerschaftswoche verändert hat. ◣

D3 Erkläre die Größenzunahme des Embryos als Folge von Zellvermehrung und Zellwachstum. Nimm Bild 02 auf der Seite 349 zu Hilfe. ◣

////// **METHODE** ///

Stop-Motion-Film erstellen

Stop-Motion ist eine Filmtechnik. Die Bewegung der Objekte und Personen wird dadurch erzeugt, dass Hunderte Einzelaufnahmen von unbewegten Objekten angefertigt werden. Die Objekte und Personen werden nach jedem Foto geringfügig verändert. Durch die schnelle Abfolge der Bilder entsteht der Eindruck einer Bewegung. Diese ist davon abhängig, wie viele Bilder aufgenommen werden. Bei einer niedrigen Anzahl von etwa 30 bis 40 Bildern für 1 Minute wirkt die Bewegung sehr abgehackt, während eine Bildanzahl von 300 bis 350 Bildern einen flüssigen Ablauf erzeugen kann.

1 Setting und Material wählen
Lege ein Setting, also eine Situation und Umgebung fest, in dem dein Film spielen soll. Wähle Materialien aus, mit denen der ablaufende Prozess gut abzubilden ist. Dabei kann man aus verschiedenen Materialien wählen: Lego, Knete, Tonpapier, Bilder, Styropor, Stoffe ...

4 Kamera positionieren
Setze dein Smartphone in eine passende Halterung oder fixiere es an einem Punkt und richte es auf dein Setting. Achte darauf, dass das Setting richtig ausgeleuchtet ist und das Handy von nun an nicht mehr bewegt wird.

2 Drehbuch erstellen
Verfasse ein Drehbuch, also einen Text, in dem deutlich wird, welcher Inhalt mit welchem Hilfsmittel in welcher Art und Weise abgebildet sein soll. Notiere zusätzlich passende Kommentare zur späteren Vertonung. Je detaillierter dein Drehbuch formuliert ist, desto leichter gelingt dir der Dreh.

5 Aufnahmen erstellen
Bewege nun die gewählten Elemente maximal 1 cm und fotografiere das Setting mithilfe der App. Diesen Schritt wiederholst du bis zu 150-mal pro Szene. Mehr Bilder machen deinen Film lebendiger und aussagekräftiger.

3 Stop-Motion-Film-App wählen
Lade dir eine App herunter, mit der Stop-Motion-Filme aus den vielen einzelnen Fotos zusammengestellt werden können. Verwende dazu nur einen der offiziellen App-Stores, die auf deinem Smartphone zu finden sind. Richte die App ein und schaue dir die Anleitung dazu an, sodass du weißt, wie die App funktioniert.

6 Film erstellen und speichern
Verarbeite die Bilder mit der App. Speichere deinen Film mit einem passenden Titel ab und überprüfe, ob der Prozess, den du abbilden wolltest, auch sichtbar wird. Korrigiere bei Bedarf, indem du neue Bilder einfügst. Du kannst deinen Film danach so abspeichern, dass du ihn später versenden kannst.

Stop-Motion-Film zur Entstehung eineiiger Zwillinge

Von Zwillingen spricht man, wenn eine Frau mit zwei Kindern gleichzeitig schwanger ist. Eineiige Zwillinge entstehen aus einer befruchteten Eizelle, die sich nach der Befruchtung in zwei Hälften aufteilt. Eineiige Zwillinge tragen dasselbe Erbgut in ihren Zellen und sehen sich daher zum Verwechseln ähnlich. Das Geschlecht eineiiger Zwillinge ist immer identisch, es können also nur zwei Jungen oder zwei Mädchen entstehen.

1 Der Prozess der Zwillingsentstehung kann sehr gut mit Knete oder farbigem Tonkarton nachgestellt werden. Bilde die Gebärmutter inklusive Eileiter und Eierstock nach. Forme aus dem gewählten Material mehrere Eizellen, platziere sie im Eierstock und fotografiere sie.

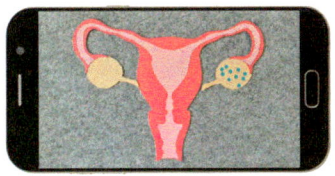

2 Hormone lassen nun die Eizellen wachsen. Eine der Eizellen wächst schneller heran. Bei einer Größe von 2 bis 2,8 cm findet der Eisprung statt. Gleichzeitig verdickt sich die Gebärmutterschleimhaut. Halte diesen Prozess in 15–20 Bildern fest.

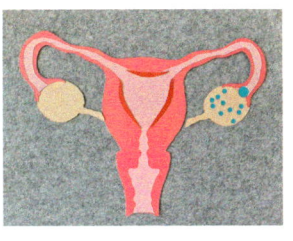

3 Tausende Spermienzellen durchwandern die Gebärmutter und treffen im Eileiter auf die Eizelle, die ihnen entgegenwandert. Stelle diesen Vorgang vom Eintritt in die Scheide bis zum Treffen im Eileiter in mindestens 15 Bildern nach.

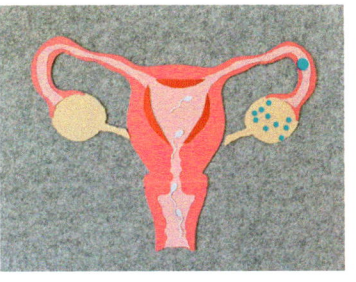

4 Eine der vielen Spermienzellen wird die Eihülle durchstoßen. Eizelle und Spermienzelle verschmelzen zur Zygote. Die Eizelle ist nun befruchtet und beginnt sich zu teilen. Stelle den Ablauf mit etwa 10 Bildern dar.

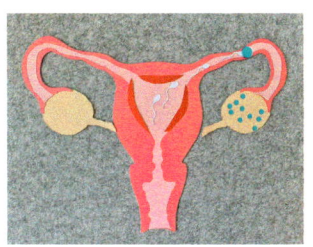

5 Die befruchtete Eizelle teilt sich in zwei identische Eizellen. Diese Eizellen teilen sich danach insgesamt noch weitere 6-mal. So entsteht jeweils ein 64-Zell-Stadium. Bilde diese Prozesse mit 20–25 Bildern nach.

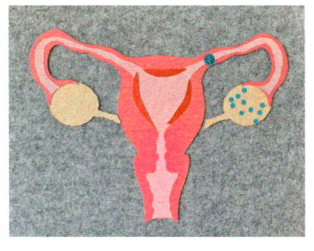

6 Aus dem 64-Zell-Stadium entstehen schließlich 2 Embryonen. Nach etwa 14 Tagen und mit einer Größe von etwa 20 cm nisten sich die beiden Embryonen in der Gebärmutterschleimhaut ein. Fertige 10–15 Bilder zu dem Ablauf an.

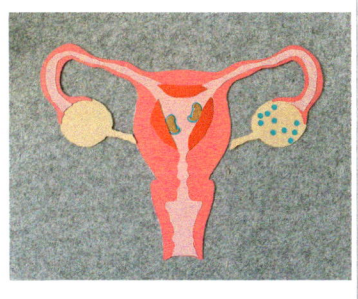

01 Richtig verhüten
– aber wie?

Verhütungsmittel im Überblick

Bevor Jungen und Mädchen miteinander intim werden, sollte immer die Frage geklärt sein, welche Verhütungsmittel verwendet werden sollen, um einer ungewollten Schwangerschaft vorzubeugen. Aber wie verhütet man richtig?

DAS KONDOM · Das Kondom ist eine hauchdünne, zu einem „Hütchen" aufgerollte Gummihaut, die über den steifen Penis abgerollt wird. An der Spitze des „Hütchens" befindet sich ein kleiner Hohlraum, das Reservoir, in dem nach dem Samenerguss Sperma aufgefangen wird. Da schon vor dem Samenerguss Spermien aus dem Penis austreten können, muss das Kondom auf jeden Fall vor der ersten Berührung des Penis mit der Scheide übergestreift werden.

WAS IST ZU BEACHTEN? · Es ist ratsam, die Anwendung vorher einige Male zu üben. Die Kondompackung muss vorsichtig mit den Fingern geöffnet werden. Lange Fingernägel, Ringe oder Piercings können das Kondom versehentlich beschädigen. Jedes Kondom hat ein Haltbarkeitsdatum, das nicht überschritten werden darf. Kondome dürfen weder Hitze ausgesetzt werden noch in der Sonne liegen. Dadurch können sie spröde oder undicht werden. Man sollte sie auch nicht in der Hosentasche oder im Geldbeutel aufbewahren. Auch fett- oder ölhaltige Mittel greifen das Kondom an.

SICHERHEIT · Richtig angewendet ist das Kondom ein sicheres Verhütungsmittel. Es ist das einzige Verhütungsmittel, das Jungen selbst anwenden können. Nur mit einem Kondom hat man außerdem die Möglichkeit, sich gleichzeitig vor einer Ansteckung mit einer sexuell übertragbaren Krankheit wie zum Beispiel AIDS zu schützen.

Das Kondom hat keine schädlichen Nebenwirkungen und ist erhältlich in Apotheken, Drogerien und Kaufhäusern. Wichtig ist, dass man ein Kondom in der richtigen Größe

LIEBES LEBEN
Es ist deins.
Schütze es.

Kondometer

Welches Kondom passt dir? Auf die Breite kommt es an!
www.liebesleben.de

Auf der Rückseite befindet sich eine rote Fläche. Lege das Kondometer dort zuerst an und wickele es dann um den steifen Penis. Schau nun durch das ausgestanzte Loch. Welche Farbe siehst du? * Sie zeigt dir die passende Kondomgröße.

BZgA
Bundeszentrale für gesundheitliche Aufklärung

Best.-Nr. 70520001 (BZgA, 50819 Köln)

Welche Farbe siehst du?

Wichtig!
Bei Kondomen spielt neben der Breite auch die Passform eine wichtige Rolle! Deshalb solltest du unterschiedliche Kondome ausprobieren, um das für dich ideale Kondom zu finden.

Zur Orientierung:
Die Größenangaben in »mm« findest du meist außen auf der Kondomverpackung.

Probiere doch mal kleinere Kondome, zum Beispiel 47 mm oder 49 mm, aus!

Probiere doch mal mittlere Kondome, zum Beispiel 52 mm oder 53 mm, aus!

Probiere doch mal größere Kondome, zum Beispiel 55 mm oder 57 mm, aus!

Zum Messen des Penisumfanges hier das Kondometer anlegen!

02 Das Kondometer – Orientierungshilfe zur Bestimmung der passenden Kondomgröße

---

kauft. Ist das Kondom zu groß oder zu klein, kann es zu einer ungewollten Schwangerschaft kommen. Es gibt Kondome in unterschiedlichen Größen und Farben. Um herauszufinden, welches Kondom am besten zu einem passt, gibt es ein Kondometer. Es dient als Orientierungshilfe, um die passende Größe zu bestimmen und so die maximale Sicherheit zu gewährleisten. Kondometer findet man auch online.

DIE HORMONPILLE · Die Antibabypille kurz Pille genannt, enthält künstliche weibliche Hormone. Die Hormone wirken in dreifacher Weise:

Sie hemmen die Reifung der weiblichen Eizelle und verhindern so den monatlichen Eisprung.

Durch die Hormone kann sich der Schleim im Gebärmutterhals nicht verflüssigen, sodass die Spermien nicht durch die Gebärmutter wandern und eine Eizelle befruchten können.

Die Gebärmutterschleimhaut baut sich nicht richtig auf, somit kann sich kein befruchtetes Ei einnisten.

WAS IST ZU BEACHTEN? · Die einzelnen Tabletten müssen genau in der angegebenen Reihenfolge eingenommen werden. Wird einmal eine Pille vergessen, muss sie innerhalb von 12 Stunden nachgenommen werden. Sind mehr als 12 Stunden vergangen, verhütet die Pille nicht mehr zuverlässig.

Auch bestimmte Medikamente wie Abführmittel, Antibiotika, Schmerz- oder Beruhigungsmittel sowie entzündungshemmende Medikamente können die Sicherheit der Pille gefährden. Das gilt auch für Magen- und Darmprobleme, die zu Durchfall und Erbrechen führen. In solchen Fällen muss für den Rest des Monatszyklus unbedingt ein zusätzliches Verhütungsmittel verwendet werden, um sicher zu verhüten.

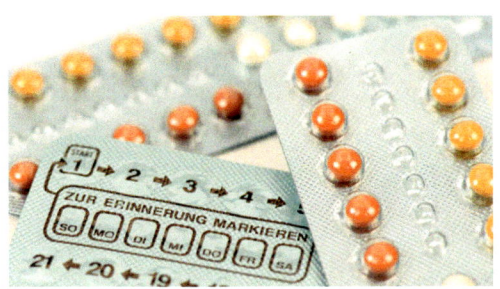

03 Hormonpille

SICHERHEIT · Beachtet man die regelmäßige Einnahme, so ist die Pille ein sehr sicheres Verhütungsmittel. Leider können auch ein paar Nebenwirkungen auftreten, wie zum Beispiel Übelkeit, Kopfschmerzen, Sehstörungen, Gewichtszunahme oder auch Durchblutungsstörungen. Deshalb ist es wichtig, sich von einem Frauenarzt über die richtige Wahl beraten zu lassen. Daher ist die Pille verschreibungspflichtig und auch nur nach einem Besuch beim Frauenarzt zu erwerben.

Besonders wichtig zu wissen ist, dass die Einnahme der Pille nicht vor Geschlechtskrankheiten schützt.

AIDS · AIDS ist eine Geschlechtskrankheit, mit der man sich anstecken kann, wenn man ungeschützten Geschlechtsverkehr ausübt. Die Krankheit löst das HI-Virus aus, das durch Körperflüssigkeiten übertragen wird. Dringt dieses Virus in den Körper ein, wird man als HIV-positiv bezeichnet. Das Virus schädigt über lange Zeit das Immunsystem. Sobald die Krankheit ausbricht, spricht man von AIDS, dabei wird das Immunsystem so geschwächt, dass auch einfache Erkrankungen zum Tod führen können. AIDS ist bis heute unheilbar, da sich das Virus nicht aus dem Körper entfernen lässt. Mittlerweile gibt es aber viele Medikamente, die die Vermehrung der Viren unterdrücken. Das kann helfen, damit die Krankheit nicht ausbricht oder sich über lange Zeit mit ihr leben lässt.

Viele Menschen haben Berührungsängste, wenn sie erfahren, dass ihr Gegenüber HIV-positiv ist. Für die Betroffenen ist das sehr schwierig und kann schnell zur Vereinsamung führen. Im Umgang mit den betroffenen Menschen ist es daher wichtig zu wissen, über welche Wege man sich anstecken kann und welche Berührungen bedenkenlos möglich sind. So lässt sich angemessen mit den Betroffenen umgehen, ohne sie gesellschaftlich auszuschließen.

Bevor man mit dem Partner oder der Partnerin intim wird, ist es daher besonders wichtig, einen HIV-Test beim Arzt durchzuführen, um sicherzugehen, dass beide Partner gesund sind. Bis dahin sollte unbedingt ein Kondom benutzt werden.

04 Infektionsrisiken von HIV

HIV-Infektionsrisiko

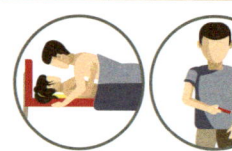 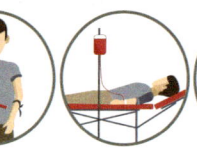  

Ungeschützter Sex · Drogensucht / Injektionen · Bluttransfusion ohne PCR · Schwangerschaft HIV-Positiver · unsterile medizinische Instrumente

Kein HIV-Infektionsrisiko

   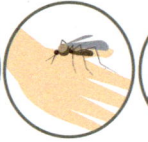 

Berührungen · Nahrung · Küssen · Insektenstiche · Baden

1 Erstelle eine dreispaltige Tabelle und vergleiche die Pille mit dem Kondom im Hinblick auf Funktion, Anwendung und Sicherheit. ☐

2 Notiere die wesentlichen Tipps, die du einem Jungen und einem Mädchen zur sicheren Verwendung ihres Verhütungsmittels geben würdest. ☐

3 Erkläre, welche besondere Bedeutung dem Kondom als einzigem Verhütungsmittel zukommt. ◣

4 Erläutere mithilfe von Bild 04, wie man sich vor AIDS schützen kann. ◣

Material A ▸ Verhütungsmittel im Überblick

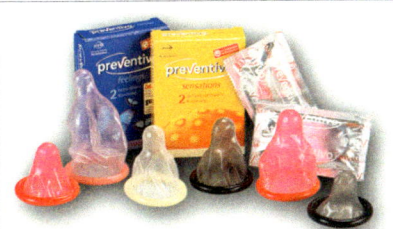

Kondome
Das Kondom ist an einer Seite dicht verschlossen und wird über den steifen Penis gezogen.

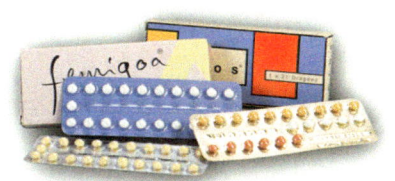

Hormonpille
Die Hormonpille enthält Botenstoffe, die einen Eisprung verhindern.

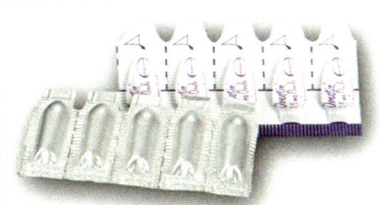

Chemische Mittel
Chemische Mittel werden vor dem Geschlechtsverkehr in die Scheide eingeführt. Sie töten die Spermienzellen ab oder verhindern ihre Bewegung.

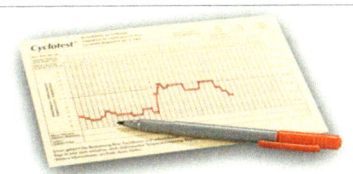

Temperaturmethode
Jeden Morgen wird die Körpertemperatur gemessen und notiert. Da nach dem Eisprung die Temperatur leicht ansteigt, können so die fruchtbaren Tage bestimmt werden.

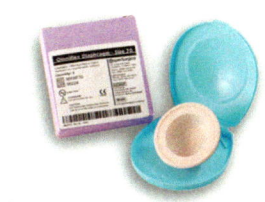

Diaphragma
Ein Diaphragma ist eine kleine Gummikappe. Sie wird mit einem spermienabtötenden Gel bestrichen und in die Scheide eingeführt.

Methode	Ungewollte Schwangerschaft (bei 1000 Frauen in 1 Jahr, Durchschnitt)
Kondom	70
Hormonpille	5
chemische Mittel	120
Temperaturmethode	19
Diaphragma	105

A1 Beschreibe für jedes Verhütungsmittel, wie eine Befruchtung verhindert wird. Berücksichtige dabei:

a) Spermienzellen fehlen zur Befruchtung.
b) Eizelle fehlt zur Befruchtung.
c) Spermienzellen und Eizelle können nicht zusammentreffen. ◣

A2 Beurteile anhand der Tabelle die Sicherheit der aufgeführten Verhütungsmittel. ◼

Material B ▸ Sicherer Umgang mit dem Kondom

B1 Betrachte die Abbildung und ordne die Textkärtchen den passenden Bildabschnitten zu. ▢

1  **2**  **3** 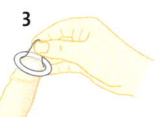 **4** 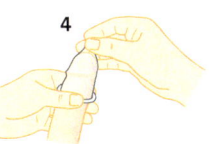 **5** **6**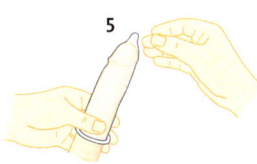

a Um das Kondom überziehen zu können, muss der Penis steif sein. Ziehe die Vorhaut, sofern sie vorhanden ist, zurück, sodass die Eichel nicht bedeckt ist.

b Reiße die Kondomverpackung vorsichtig auf. Achte darauf, dass du das Kondom nicht beschädigst. Verwende auf keinen Fall scharfe Gegenstände zum Öffnen.

c Nach der Ejakulation wird der Penis schlaff. Ziehe den Penis vor dem Erschlaffen aus der Scheide heraus und halte dabei das Kondom fest. Reinige den Penis von Spermienresten und entsorge das Kondom im Restmüll.

d Halte nun mit der einen Hand das Kondom fest und rolle mit der anderen Hand das Kondom bis zum Schaft ab. Dabei sollte das Kondom ganz leicht nach unten gleiten.

e Achte darauf, dass das Kondom während des Geschlechtsverkehrs immer vollständig bis zum Schaft abgerollt bleibt. Das Reservoir sollte nicht zu straff sitzen, sodass die Samenflüssigkeit nach der Ejakulation hineingelangen kann.

f Drücke das Reservoir mit Daumen und Zeigefinger zusammen, um keine Luft einzuschließen und setze anschließend das Kondom mit dem Rollrand nach außen auf.

Bau und Leistungen des menschlichen Körpers

Nährstoffe: Kohlenhydrate, Fette und Eiweißstoffe sind Nährstoffe, die über die Nahrung aufgenommen werden. Sie stellen Baustoffe für Wachstum und Entwicklung bereit und liefern lebensnotwendige Energie.
Neben den Nährstoffen gibt es weitere wichtige Nahrungsbestandteile: Mineralien, Vitamine und Ballaststoffe.

Grundnahrungsmittel: Nahrungsmittel, die größere Mengen der Nährstoffe enthalten, nennt man Grundnahrungsmittel.

Ausgewogene Ernährung: Eine Zusammenstellung von Lebensmitteln, die den täglichen Bedarf an allen Stoffen und Energie decken

Verdauung: Bei der Verdauung werden die Nahrungsmittel und die enthaltenen Nährstoffe in ihre einzelnen Bausteine zerlegt, sodass diese ins Blut aufgenommen werden können. Der Prozess findet in den Verdauungsorganen statt. Diese bilden Verdauungsenzyme, die die Nährstoffe aufspalten können. Zu den Verdauungsorganen zählen Mund, Magen, Bauchspeicheldrüse und Darm.

Herz: Das Herz ist ein faustgroßer Hohlmuskel. Es besteht aus zwei Hauptkammern und zwei Vorkammern. Das Herz ist der Motor des Blutkreislaufs, in dem es ununterbrochen schlägt und mit jedem Schlag Blut durch den Körper pumpt.

Blutkreislauf: Das Blut, das durch den Körper gepumpt wird, durchläuft einen Kreislauf. Er besteht aus zwei Abschnitten, dem Körperkreislauf und dem Lungenkreislauf. Im Körperkreislauf wird sauerstoffreiches Blut vom Herzen zu den Organen gepumpt. Im Lungenkreislauf wird das Blut zurück zum Herzen transportiert.

Blutgefäße: In den Blutgefäßen wird das Blut durch den Körper transportiert. Dabei fließt es in den Arterien mit hohem Druck vom Herzen weg. In Venen fließt es bei niedrigem Druck zum Herzen zurück. In den dünnwandigen Kapillaren findet der Stoffaustausch statt. Sie sind fein verästelt und weisen so eine sehr große Oberfläche auf.

Puls: Schwankung des Blutdrucks in Arterien, die als Pulsschläge pro Minute, der Pulsfrequenz, gemessen werden können

Atmung: Die Atmung dient dazu, dem Körper Sauerstoff zuzuführen. Luft wird durch Nase, Mund und Rachenraum über den Kehlkopf und die Luftröhre zu den Bronchien in der Lunge gesogen. An den Lungenbläschen findet der Gasaustausch statt. Hierbei wird Kohlenstoffdioxid aus dem Blut abgegeben und Sauerstoff aufgenommen.

Atembewegung: Das Zusammenziehen der Muskulatur des Zwerchfells und zwischen den Rippen vergrößert den Brustraum und führt zum Einatmen. Das Erschlaffen der Muskulatur lässt die Luft wieder aus der Lunge strömen. Das zum Atmen nutzbare Lungenvolumen lässt sich durch Training vergrößern. Dadurch ist bei gleicher Atemfrequenz mehr Luftaustausch möglich.

Organsysteme: Organsysteme sind die höchste Organisationsstufe eines Organismus. Erst ihr Zusammenspiel ermöglicht das Leben. Zusammen sichern das Verdauungs-, Atmungs- und Herz-Kreislauf-System die Versorgung aller Zellen des Körpers mit Stoffen und somit Energie ab. Nicht mehr benötigte Reststoffe oder Abfallstoffe werden durch sie entsorgt.

Sexualität des Menschen

Primäre Geschlechtsmerkmale: Alle Geschlechtsmerkmale, die jeder Mensch von Geburt an hat, werden als primäre Geschlechtsmerkmale bezeichnet. Bei Jungen und Männern sind dies der Penis und die beiden Hoden. Ab der Pubertät werden im Hoden die Spermien produziert. Bei Mädchen und Frauen sind die primären Geschlechtsmerkmale die inneren und äußeren Schamlippen sowie ein Teil der Klitoris. Scheide, Gebärmutter, Eileiter und Eierstöcke sind die inneren Geschlechtsorgane der Frau. In den Eierstöcken liegen die unreifen Eizellen, von denen eine Eizelle pro Monat heranreift.

Pubertät: Während der Pubertät zwischen dem 9. und 14. Lebensjahr entwickeln sich Mädchen zu Frauen und Jungen zu Männern. Hierbei kommt es zu Veränderungen im Körperbau und im Verhalten.

Sekundäre Geschlechtsmerkmale: Weitere Körpermerkmale, die teilweise typisch männlich oder typisch weiblich sind, bezeichnet man als sekundäre Geschlechtsmerkmale. Sie entwickeln sich während der Pubertät. Dies wird durch Botenstoffe im Körper gesteuert. Als sekundäre Geschlechtsmerkmale betrachtet man beispielsweise bei beiden Geschlechtern die Scham- und Achselbehaarung. Beim Mann ist die im Stimmbruch entstandene tiefe Stimme und bei der Frau ist die ausgebildete Brust mit der Fähigkeit zur Milchproduktion ein weiteres Beispiel für sekundäre Geschlechtsmerkmale.

Menstruation: Diese regelmäßige Blutung wiederholt sich etwa alle 28 Tage. Nach der Menstruation reift im Eierstock wieder eine neue Eizelle heran. Wird diese reife Eizelle nicht befruchtet, so stirbt sie ab und wird zusammen mit der Gebärmutterschleimhaut über die Scheide abgegeben.

Befruchtung: Wenn der Zellkern einer Eizelle mit dem Zellkern einer Samenzelle verschmilzt, ist die Eizelle befruchtet. Die Befruchtung erfolgt meist im Eileiter. Die befruchtete Eizelle wird danach mithilfe der Flimmerhärchen des Eileiters in die Gebärmutter transportiert, wo sie sich weiterentwickeln kann.

Schwangerschaft: Bei der Schwangerschaft entwickelt sich die befruchtete Eizelle in der Gebärmutter zum Embryo und wächst zu einem Fetus heran. Das Kind wird über die Plazenta und die Nabelschnur mit Nährstoffen und Sauerstoff versorgt und auch „Abfallstoffe" werden darüber abgegeben.

Geburt: Nach etwa neun Monaten ist die Entwicklung des Kindes im Mutterleib abgeschlossen. Bei der Geburt verlässt das Kind den Mutterleib. Man kann sie in Eröffnungsphase und Austreibungsphase gliedern.

//// AUFGABEN RICHTIG VERSTEHEN — AUFGABEN LÖSEN /////////////////////////

Aufgaben sind ein wichtiger Bestandteil des Biologieunterrichts und unterstützen auf vielfältige Weise das Lernen. Mithilfe von Aufgaben kann man neues Wissen erarbeiten und Bekanntes auf neue Beispiele anwenden oder üben. Um Aufgaben lösen zu können, müssen sie richtig verstanden werden. Hierbei ist es wichtig, verschiedene Typen von Aufgaben unterscheiden zu können. Um welchen Aufgabentyp es sich handelt, kann man am besten an dem Verb der Aufgabenstellung erkennen. Es zeigt an, welche Form der Aufgabenbearbeitung gefordert ist.

NENNEN · Das Verb „nennen" fordert lediglich dazu auf, bestimmte Begriffe wiederzugeben. Auch das Beschriften einer Abbildung gehört dazu.

- **Beispielaufgabe:** Nenne die Bestandteile eines Gelenks.

- **Lösung:** Die Bestandteile eines Gelenks sind Gelenkkopf, Gelenkpfanne, Gelenkknorpel, Gelenkspalt, Gelenkschmiere und Gelenkkapsel.

BESCHREIBEN · Aufgaben mit dem Verb „beschreiben" zielen darauf, wichtige Eigenschaften eines Sachverhalts wiederzugeben. Dabei kann es zum Beispiel um den Aufbau eines Lebewesens oder um bestimmte Lebensvorgänge gehen.

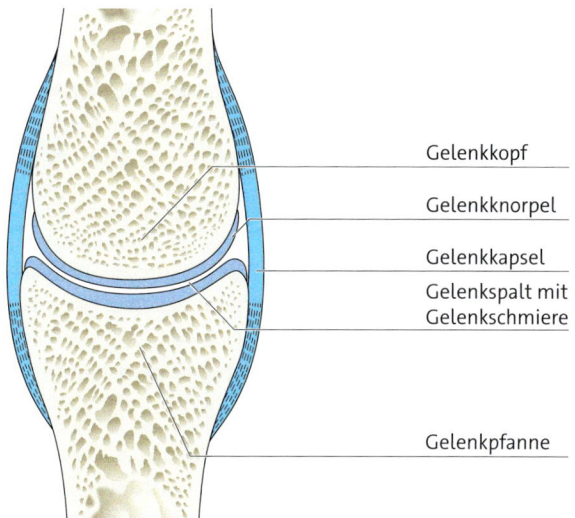

01 Gelenk als Schemazeichnung

- **Beispielaufgabe:** Beschreibe den Aufbau eines Gelenks.

- **Lösung:** Der Gelenkkopf eines Knochens liegt in der Gelenkpfanne eines benachbarten Knochens. Dabei bleibt nur ein kleiner Spalt zwischen beiden Knochen. Diesen nennt man Gelenkspalt. Gelenkkopf und Gelenkpfanne sind von einer Schicht Gelenkknorpel überzogen. Im Gelenkspalt befindet sich zudem Gelenkschmiere. Gelenkkopf und Gelenkpfanne sind durch die feste Gelenkkapsel miteinander verbunden. Sie wird durch Gelenkbänder verstärkt.

VERGLEICHEN · Aufgaben mit dem Verb „vergleichen" fordern dazu auf, Ähnlichkeiten und Unterschiede zum Beispiel zwischen Lebewesen, Lebensräumen oder auch Lebensprozessen festzustellen. Für das Vergleichen ist es wichtig, die Ähnlichkeiten oder Unterschiede jeweils zu einem bestimmten Merkmal wie zum Beispiel der Form oder der Beweglichkeit zu nennen. Das jeweilige Merkmal, das man für den Vergleich nutzt, nennt man Vergleichskriterium. Die Ergebnisse eines Vergleichs lassen sich gut in Form einer Tabelle darstellen.

- **Beispielaufgabe:** Vergleiche Kugel- und Scharniergelenk anhand ihrer Beweglichkeit sowie anhand der Form des Gelenkkopfs und der Gelenkpfanne. Lege dazu eine Tabelle an und fülle die Tabelle mit diesen Kriterien aus.

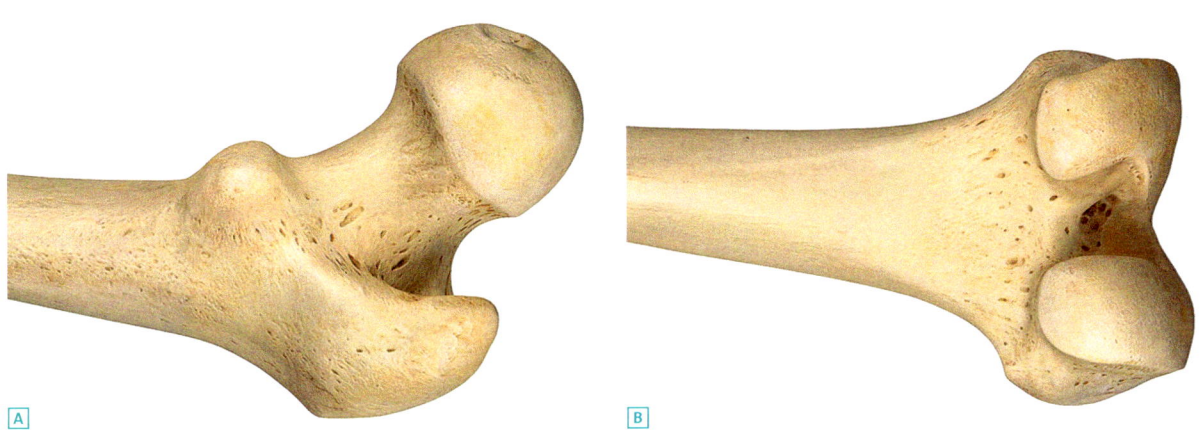

02 Form des Gelenkkopfs unterschiedlicher Gelenktypen: **A** Kugelgelenk, **B** Scharniergelenk

- **Lösung:**

Kriterium	Kugelgelenk	Scharniergelenk
Form des Gelenkkopfs	kugelförmige Ausbuchtung	längliche Ausbuchtung
Form der Gelenkpfanne	schüsselförmige Vertiefung	rinnenförmige Vertiefung
Beweglichkeit	alle Richtungen	nur eine Richtung

ERKLÄREN · Aufgaben mit dem Verb „erklären" werden dann erfüllt, wenn zusätzlich zur Beschreibung begründet wird, weshalb etwas auf eine bestimmte Weise abläuft oder aufgebaut ist. Häufig werden hierbei Zusammenhänge zwischen dem Aufbau von Lebewesen und ihren Fähigkeiten hergestellt.

- **Beispielaufgabe:** Erkläre die Funktionsweise eines Scharniergelenks.

- **Lösung:** Ein Scharniergelenk hat eine Rinne in der Gelenkpfanne und eine längliche Ausbuchtung im Gelenkkopf, die incinanderpassen. Rinne und Ausbuchtung verhindern seitliche oder drehende Bewegungen, sodass nur eine Bewegung entlang dieser Strukturen möglich ist. Daher zeigt das Scharniergelenk nur eine Bewegungsrichtung.

ERLÄUTERN · Aufgaben mit dem Verb „erläutern" sind ähnlich zu verstehen wie diejenigen mit dem Verb „erklären". Sie fordern aber weitere Begründungen ein. Hierbei können eigene Beispiele als Vergleich, weitere Sachverhalte oder bekannte Regeln herangezogen werden, die das Verständnis erweitern.

- **Beispielaufgabe:** Erläutere die Funktionsweise eines Scharniergelenks.

- **Lösung:** Ein Scharniergelenk hat eine Rinne in der Gelenkpfanne und eine längliche Ausbuchtung im Gelenkkopf, die ineinanderpassen. Rinne und Ausbuchtung verhindern seitliche oder drehende Bewegungen, sodass nur eine Bewegung entlang dieser Strukturen möglich ist. Daher ermöglicht ein Scharniergelenk nur eine Bewegungsrichtung.
Ein Kugelgelenk hat hingegen eine schüsselförmige Vertiefung in der Gelenkpfanne und eine kugelförmige Ausbuchtung im Gelenkkopf. Dadurch ermöglicht das Kugelgelenk Bewegungen in alle Richtungen. Die Unterschiede im Aufbau entsprechen den Unterschieden in der Funktion.

AUFGABEN RICHTIG VERSTEHEN — AUFGABEN LÖSEN

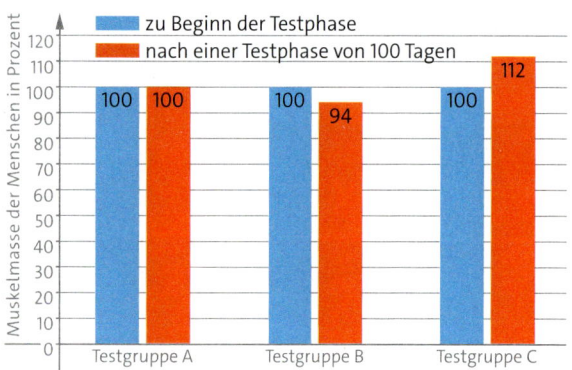

Testgruppe A: Bewegungsdauer vor und während der Testphase ist gleich lang.

Testgruppe B: Bewegungsdauer während der Testphase ist kürzer als zuvor.

Testgruppe C: Bewegungsdauer während der Testphase ist länger als zuvor.

03 Veränderung der Muskelmasse bei gleichbleibender, verkürzter und erhöhter Bewegungsdauer

DEUTEN · Das Verb „deuten" fordert, aus Ergebnissen begründete Schlussfolgerungen zu ziehen. Bei der Bearbeitung einer solchen Aufgabe ist es wichtig, nicht nur die Schlussfolgerung selbst zu nennen, sondern genau zu begründen, weshalb sie aus den Ergebnissen hervorgeht. Manchmal entsprechen diese Schlussfolgerungen einem allgemeinen Zusammenhang, der durch eines der Basiskonzepte erfasst wird. Dann sollte das entsprechende Basiskonzept genannt werden.

Die Ergebnisse, die gedeutet werden sollen, können zum Beispiel aus Beobachtungen oder Experimenten stammen. Sie werden häufig in Form eines Diagramms dargestellt. Grundlage für die Deutung eines Diagramms ist seine Beschreibung. Zusätzlich zu einer Beispielaufgabe zum Deuten wird daher hier auch eine passende Aufgabe zum Beschreiben vorgestellt.

- **Beispielaufgabe „Beschreiben":** Beschreibe die im Diagramm gezeigten Daten zur Verände-

rung der Muskelmasse bei gleichbleibender, verkürzter und erhöhter Bewegungsdauer.

- **Lösung:** Das Diagramm zeigt die Muskelmasse bei Menschen in Prozent zu Beginn und nach einer Testphase von 100 Tagen. Hierbei werden die Teilnehmer in drei Testgruppen unterteilt: Im Vergleich zu ihren vorherigen Gewohnheiten bewegten sie sich während der Testphase täglich gleich lang (Testgruppe A), kürzer (Testgruppe B) oder länger (Testgruppe C). Die Muskelmasse aller Teilnehmer vor der Testphase entspricht jeweils dem Ausgangswert von 100 Prozent. Die Teilnehmer der Testgruppe A zeigen nach der Testphase eine Muskelmasse von 100 Prozent. Die Muskelmasse der Teilnehmer von Testgruppe B liegt nach der Testphase bei 94 Prozent. Die Teilnehmer der Testgruppe C weisen nach der Testphase eine Muskelmasse von 112 Prozent auf.

- **Beispielaufgabe „Deuten":** Deute die im Diagramm gezeigten Daten zur Veränderung der Muskelmasse bei gleichbleibender, verkürzter und erhöhter Bewegungsdauer.

- **Lösung:** Wie Testgruppe A zeigt, verändert sich bei konstanter Bewegungsdauer die Muskelmasse nicht, während bei erhöhter Bewegungsdauer eine Zunahme auf 112 Prozent erfolgt. Die Muskelmasse kann also durch vermehrte Bewegung erhöht werden. Die Muskelmasse von 94 Prozent nach verminderter Bewegungsdauer zeigt zudem, dass die Muskelmasse auch abnehmen kann. *Schlussfolgerung:* Der Körper baut also abgestimmt auf die Bewegungsdauer die Muskelmasse auf und ab. Dies ist ein Beispiel für das Prinzip der Regelung.

Arbeiten mit dem Gasbrenner

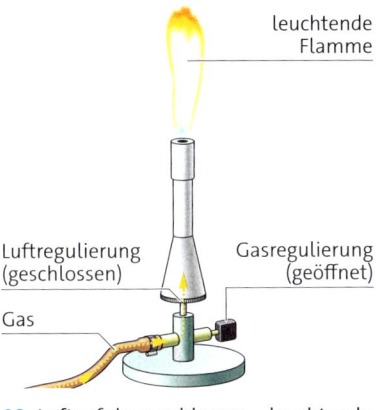

01 Aufbau eines Gasbrenners

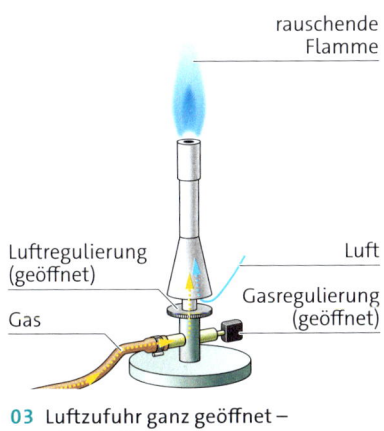

02 Luftzufuhr geschlossen – leuchtende Flamme

03 Luftzufuhr ganz geöffnet – rauschende Flamme

Aufbau des Gasbrenners

Bevor du mit dem Gasbrenner arbeitest, musst du dir genau anschauen, wie ein Gasbrenner aufgebaut ist. Der untere Teil des Brenners besteht aus einem stabilen Metallfuß mit einem seitlichen Rohr für die Gaszufuhr. Gegenüber der Gaszufuhr befindet sich ein Hebel zur Gasregulierung. Der obere Teil besteht aus dem Brennerrohr und einer Einstellscheibe zur Luftregulierung. Der obere Teil ist mit dem unteren Teil über ein Schraubgewinde verbunden.

Sicherheitshinweise:
Beim Arbeiten mit dem Brenner musst du immer:
- Eine Schutzbrille aufsetzen!
- Lange Haare zusammenbinden!
- Synthetik-Kleidung nicht in der Nähe des Brenners tragen!
- Den Brenner kippsicher aufstellen!
- Den Brenner auf eine feuerfeste Unterlage stellen!

Anschließen des Brenners:
- Die Gas- und Luftzufuhr am
- Brenner schließen.
- Den Brenner mit dem Schlauch an den Gashahn des Tisches anschließen.
- Den Gashahn am Tisch öffnen.

Entzünden der Brennerflamme:
Sicherheitshinweis:
- Nicht über den Brenner beugen!

- Ein Streichholz anzünden.
- Die Gaszufuhr am Brenner öffnen.
- Die Streichholzflamme sofort über die Öffnung des Brennerrohrs halten.
- Es entsteht eine leuchtende Flamme.

Regulieren der Flamme:
Wenn du die Einstellscheibe für die Luftzufuhr langsam nach unten drehst, dann kannst du beobachten, dass eine blaue, nicht leuchtende Flamme entsteht. Bei weiterem Öffnen hörst du, wie das Gas-Luft-Gemisch durch das Brennerrohr rauscht. Es entsteht eine rauschende Flamme.

Löschen der Brennerflamme:
Sicherheitshinweis:
- Die Brennerflamme nie ausblasen!
- Die Gas- und Luftzufuhr am Brenner schließen.
- Den Gashahn am Tisch schließen.

1 Halte ein Magnesiastäbchen waagerecht zuerst in die leuchtende, dann in die nicht leuchtende und rauschende Flamme.

2 Halte das Magnesiastäbchen in verschiedenen Höhen in die rauschende Flamme.

3 Beschreibe deine Beobachtungen.

SYSTEM

Der Garten ist ein typischer Lebensraum der Amsel. Dort nistet sie in Bäumen und Sträuchern und ernährt sich von Würmern, Käfern und Pflanzenteilen. Mit den Regenwürmern steht sie in einer Räuber-Beute-Beziehung – sie ist ein lebendes System.

Auch der Garten ist ein System, ein Ökosystem mit vielen Tieren und Pflanzen, die voneinander abhängen. Sie bilden ein Gleichgewicht, in dem beispielsweise die Anzahl der Räuber und der Beutetiere sich gegenseitig beeinflussen und regulieren.

Stört man dieses System, zum Beispiel indem man Schotter statt natürlicher Erde als Untergrund nutzt, kann der Lebensraum und damit die Lebensbedingungen darin stark verändert werden und Arten können aussterben oder den Lebensraum verlassen.

STRUKTUR – EIGENSCHAFT – FUNKTION

Maulwürfe sind durch die Struktur ihres Skeletts an einen unterirdischen Lebensraum angepasst. Schaufelförmige Hände und lange Krallen helfen ihnen beim Graben. Ihre spitze Schnauze und ihr walzenartiger Körper ermöglichen eine schnelle Fortbewegung unter der Erde. Der Bau der Hände und des Körpers passt also zu ihren Funktionen. Die genaue Kenntnis der biologischen Strukturen hilft, ihre Funktion zu verstehen. So sind die Ohren von Fledermäusen so aufgebaut, dass sie Echoschallwellen empfangen können. Denn sie spüren ihre Beute in der Dunkelheit durch Echoortung auf. Alle Organe der Lebewesen haben bestimmte Aufgaben. Eigenschaften und Struktur der einzelnen Organe sind an ihre jeweilige Funktion und an die unterschiedliche Lebensweise der Tiere und Pflanzen angepasst.

STOFF – TEILCHEN – MATERIE

Wasser ist ein Reinstoff. Saft ist ein Stoffgemisch, er besteht aus verschiedenen Bestandteilen oder Stoffen, auch wenn man es nicht auf Anhieb erkennt.

Den Aufbau von Stoffen kann man mit dem Teilchenmodell darstellen. Reinstoffe bestehen aus gleichartigen Teilchen, Stoffgemische aus unterschiedlichen Teilchen. Stoffgemische kann man aufgrund der unterschiedlichen Eigenschaften der einzelnen Stoffe in ihre Reinstoffe trennen, zum Beispiel durch Filtrieren.

Je nach Aggregatzustand sind die Teilchen verschieden angeordnet und ihr Zusammenhalt ist unterschiedlich stark. Der Wechsel des Aggregatzustands kann auch zum Trennen von Stoffen genutzt werden.

CHEMISCHE REAKTION

Beim Kochen und Backen werden die Ausgangsstoffe durch Zuführen von Energie in andere Stoffe mit anderen Eigenschaften umgewandelt. Beim Beispiel des Kuchenbackens geschieht das durch das Erhitzen der Zutaten.

Die Reaktionsprodukte dieser chemischen Reaktion haben andere Eigenschaften als die Ausgangsstoffe. Die Teilchen, aus denen die Stoffe bestehen, ordnen sich bei einer chemischen Reaktion neu an. Es handelt sich um eine Stoffumwandlung.

Auch die Fotosynthese ist eine Stoffumwandlung: Kohlenstoffdioxid und Wasser wird mithilfe von Lichtenergie zu Zucker und Sauerstoff. Es findet dabei gleichzeitig eine Energieumwandlung statt, die Lichtenergie wird in chemische Energie umgewandelt, die im Zucker gespeichert wird.

ENERGIEKONZEPT

Das Auto ist ein Energiewandler. Beim Verbrennen von Benzin im Motor wird chemische Energie in Wärme und Bewegungsenergie umgewandelt. Ein Motor kann auch mit elektrischer Energie angetrieben werden. Andererseits kann Bewegungsenergie in elektrische Energie umgewandelt werden, zum Beispiel wenn beim Radfahren das Rad einen Dynamo antreibt. Mithilfe einer Lampe kann sie weiter zu Lichtenergie umgewandelt werden.

Energie wird nicht erzeugt oder vernichtet, sie kann nur umgewandelt werden.

Menschen und Tiere erhalten die benötigte Energie aus der Nahrung. Wenn sie sich bewegen, wird die Energie aus den Nährstoffen in Bewegungsenergie umgewandelt. Zur Aufrechterhaltung der Körpertemperatur wird sie in Wärmeenergie umgewandelt.

ENTWICKLUNG

Kirschbäume locken Bienen durch ihre Blüten an. Gelangt der Pollen mit der Biene zur Narbe einer anderen Blüte, kann er dort auswachsen und die Eizelle im Fruchtknoten befruchten. Nach der Befruchtung entsteht ein Samen, aus diesem kann ein neuer Kirschbaum wachsen. Dies bezeichnet man als geschlechtliche Fortpflanzung. Alle Lebewesen können sich fortpflanzen und entwickeln.

Bei der Zucht wird bei den Nachkommen gezielt eine Auswahl bestimmter Eigenschaften vorgenommen. Damit kann ebenfalls eine Entwicklung hervorgerufen werden. So entstanden im Laufe der Zeit verschiedene Arten von Gemüse und Nutzpflanzen ebenso wie unterschiedliche Rassen von Haus- und Nutztieren.

Messgrößen angeben

Messgrößen gibt man immer mit einer Maßzahl und einer Maßeinheit an.

Physikalische Größe			Einheit
Die Temperatur Die Energie Die Masse	beträgt	…	°C. K. kJ. kg.

Du kannst deine Aussage präziser formulieren, indem du nach der physikalischen Größe
   a) einen Genitiv (die Temperatur *des Körpers* …)
   b) einen Relativsatz (die Energie, *die der Körper abgibt,* …)
verwendest. Achte beim Relativsatz darauf, dass das Prädikat am Ende steht.

Zusammengesetzte Wörter verstehen

In der Fachsprache triffst du sehr häufig auf zusammengesetzte Wörter. Sie bestehen aus
einem Grundwort am Ende und einem Bestimmungswort am Anfang. Das Grundwort gibt
die Bedeutung des Wortes an, das Bestimmungswort bestimmt das Wort genauer.

Zusammengesetztes Wort	Grundwort (am Ende)	Bestimmungswort (am Anfang)	Bedeutung
das Teilchenmodell	das Modell	das Teilchen	ein Modell, das Stoffe als Teilchen beschreibt
das Magnetfeld	das Feld	der Magnet	das Feld um einen Magneten herum
die Lichtquelle	die Quelle	das Licht	eine Quelle, die Licht aussendet
das Spiegelbild	das Bild	der Spiegel	ein Bild, das ein Spiegel erzeugt

Zusammenhänge formulieren

		Subjekt	Prädikat			Prädikat	Subjekt
Je	größer kleiner höher niedriger länger kürzer …	die Temperatur die Frequenz der Körper das Licht der Strom …	ist, steigt, sinkt, ertönt, leuchtet, fließt, …	desto	größer kleiner höher niedriger länger kürzer …	ist steigt sinkt ertönt leuchtet fließt …	die Temperatur. die Frequenz. der Körper. das Licht. der Strom. …

Ein Protokoll anfertigen

1. Die Vermutung: Wie könnte der Versuch ausgehen?
Deine Vermutung kannst du z. B. wie folgt formulieren:

Ich	vermute, dass ... denke, dass ... erwarte, dass ...	oder	Vermutlich ... Wahrscheinlich ... Es könnte sein, dass ...

2. Die Durchführung: Was wird bei dem Versuch gemacht?
Du kannst deine Durchführung strukturieren, indem du deine Sätze mit Zeitadverbien wie *zuerst*, *danach* und *am Ende* beginnst. Achte darauf, dass das Prädikat an zweiter Stelle steht.

	Prädikat	**Nominativ**	**Akkusativ**		**Dativ**
Zuerst Anschließend Danach Dann Am Ende Zum Schluss ...	verbinden stecken vergrößern verkleinern beobachten ...	wir ich	den ... die ... das ...	mit in ...	dem ... der ... **Akkusativ** den ... die ... das ...

3. Die Beobachtung: Was hast du gesehen, gehört, gemessen?
Deine Vermutung kannst du in der Ich-Form aufstellen, denn sie drückt deine persönliche Erwartung aus. Die Beobachtung ist jedoch für alle gleich. Mit dem Subjekt *man* kannst du dies verdeutlichen.

Man	beobachtet sieht erkennt hört misst ...	plötzlich nach einiger Zeit langsam immer allmählich nach und nach deutlich ...	, dass ... **Akkusativ** einen ... eine ... ein ...	Hier steht das Prädikat am Ende.

4. Die Auswertung: Was bedeutet deine Beobachtung?

		Dativ		
Das Ergebnis	entspricht widerspricht stimmt überein mit	dem ... der ...	oder	Das bedeutet, dass ...

MEDIEN KOMPETENT NUTZEN

WAS SIND MEDIEN? · Das Wort Medium kommt ursprünglich aus dem Lateinischen und bedeutet „Mitte". Ein Medium steht in der Mitte von zwei Nutzern und dient also als Vermittler zwischen ihnen.

Ein Buch ist ein Medium, denn es vermittelt Informationen zwischen dem Autor, der es schreibt, und dem Leser. Neben den Büchern zählen auch Zeitschriften, ein Brief oder ein Flyer zu den Medien. Da sie alle gedruckt sind, spricht man auch von **Printmedien.** Dabei steht Print für den englischen Begriff für Drucken.

Printmedien gibt es schon seit dem 15. Jahrhundert. Im Laufe des technischen Fortschritts haben sich weitere Medien wie Radiofunk, Film und Fernsehen entwickelt. Internet, Smartphones und Tablets zählen zu den **digitalen Medien.**

Du hast aber sicher auch schon CDs, DVDs, USB-Sticks oder SD-Karten benutzt. Sie speichern Daten und Informationen und erleichtern die Vermittlung. Sie werden daher digitale **Speichermedien** genannt.

01 Medien vermitteln Informationen.

UMGANG MIT MEDIEN · Medien sind aus unserer Welt nicht mehr wegzudenken. Daher ist es wichtig zu wissen, wie du mit Medien richtig umgehst. Das gilt für das Nutzen von Medien ebenso wie für das Erstellen von Medien. So entwickelst du deine eigene Medienkompetenz.

Im Laufe deiner Schulzeit wirst du ganz verschiedene Bereiche der Mediennutzung kennenlernen:

1. **Bedienen und Anwenden:**
   Wenn du Medien nutzen möchtest, musst du wissen, wie du sie richtig bedienst. Dazu gehört auch, zu wissen, wann der Einsatz bestimmter Medien überhaupt sinnvoll ist.

2. **Informieren und Recherchieren:**
   Medien helfen dir, Informationen zu finden. Dazu musst du nützliche Quellen identifizieren und ihre Vertrauenswürdigkeit hinterfragen.

3. **Kommunizieren und Kooperieren:**
   Medien nutzt du selten allein. Regeln für eine sichere und respektvolle Zusammenarbeit sind daher sehr wichtig.

4. **Produzieren und Präsentieren:**
   Du kannst Medien auch nutzen, um eigene Informationen in Text, Bild oder Ton zu vermitteln. Hier kannst du selbst kreativ werden!

5. **Analysieren und Reflektieren:**
   Medien müssen aber auch kritisch unter die Lupe genommen werden, denn die Nutzung von Medien birgt auch Gefahren.

6. **Problemlösen und Modellieren:**
   Mithilfe von Medien können Probleme gelöst werden. Dazu nutzt man zum Beispiel Strategien aus der Informatik.

MEDIEN IN DER NATURWISSENSCHAFT · Du hast im Unterricht sicher schon mit einem Smartphone, einem Tablet oder einem Computer gearbeitet. Du weißt nicht nur, wie du sie bedienst, sondern auch, dass du sorgsam und verantwortungsvoll mit ihnen umgehen sollst.

Außerdem hast du bereits einige digitale Werkzeuge kennengelernt. Du weißt, wie sie zu bedienen sind, und kennst ihre Vor- und Nachteile. So hast du zum Beispiel mithilfe eines Textverarbeitungsprogramms dein Versuchsprotokoll oder aber mithilfe eines Programms zur Tabellenkalkulation ein Diagramm angefertigt. Vielleicht hast du auch schon eine Mindmap oder sogar einen Schaltplan mithilfe einer geeigneten Software erstellt.

Du hast auch gelernt, wie du richtig im Internet recherchierst und was es dabei alles zu beachten gibt. Auch wenn du eine neue App auf deinem Smartphone installieren möchtest, musst du vorab überlegen, wie du bei deiner Auswahl richtig vorgehst.

Dafür solltest du dir in der Beschreibung den Funktionsumfang der App anschauen. Wichtig ist, dass du genau prüfst, ob die App alles kann, was dir für den von dir geplanten Anwendungsfall notwendig erscheint. Vielleicht hat sie sogar noch weitere Sonderfunktionen, die interessant sind.

Oft hilft es, die Bewertungen anderer Nutzer anzusehen. Eine Bewertung kann dadurch erfolgen, dass die Nutzer für die App 1 bis 5 Sterne vergeben. Eine Bewertung mit 5 Sternen ist sehr gut. Bewertungen sind allerdings oft nur dann zuverlässig, wenn viele Nutzer ihre Bewertung abgegeben haben. Eine weitere Form der Bewertung sind die Kommentare. Hier kannst du sehen, ob bei anderen Nutzern in letzter Zeit Probleme mit der App aufgetreten sind. Wenn sehr häufig Fehler auftreten oder Probleme vorhan-

den sind, die für dich wichtige Funktionen behindern, solltest du prüfen, ob es andere Apps ohne solche Probleme gibt.

Damit eine App einwandfrei funktioniert, benötigt sie oft Berechtigungen, um verschiedene Informationen von deinem Smartphone zu nutzen. Ein Nachrichtendienst möchte auf deine Kontaktliste zugreifen, die Wetter-App benötigt deinen Standort. Wenn nun aber eine Taschenrechner-App die Berechtigung für deine Kontaktliste, deinen Standort, deine Kamera oder dein Mikrofon benötigt, dann solltest du stutzig werden. Denn diese Berechtigungen sind für die App nicht nötig. Solche Apps solltest du grundsätzlich meiden.

Deine Versuchsergebnisse hast du schon häufig als Foto oder Video dokumentiert. Mithilfe deines Smartphones oder Tablets hast du sogar schon eigene kleine Stop-Motion-Filme gedreht. Dabei konntest du richtig kreativ werden.
Einige Aufgaben haben dich auch dazu aufgefordert, eine kurze Präsentation über ein Thema zu halten. Auch das gehört zur Medienkompetenz.

Schließlich hast du auch erfahren, welche Schwierigkeiten zum Beispiel bei der Recherche im Internet oder bei der Auswahl von Apps auftreten können. Du weißt also, dass der Umgang mit Medien auch Probleme mit sich bringen kann.

1 ｊ Erkläre, ob ein handgeschriebener Einkaufszettel ein Medium ist. ◖

2 ｊ Recherchiere im Internet nach „Massenmedien" und erkläre diesen Begriff. ◖

3 ｊ Du hast sicher schon einmal den Begriff „Fake news" gehört. Erläutere den Begriff anhand eines Beispiels. ◖

Hinweise zum Umgang mit Gefahrstoffen

Der Versuch auf der Seite 313 ist mit einer Sicherheitsleiste versehen, die mit Symbolen auf mögliche Gefahren und Sicherheitsvorkehrungen hinweist.

Einstufung von Gefahrstoffen nach der GHS-Verordnung

Seit 2009 erfolgt die Einstufung von Chemikalien nach dem GHS *(Globally Harmonised System of Classification and Labelling of Chemicals)*. Dabei werden Gefahrstoffe mit international einheitlichen Gefahrenpiktogrammen, Gefahrenhinweisen (H-Sätze) und Sicherheitshinweisen (P-Sätze) versehen. Die Übergangsfristen für die bisherigen Verordnungen sind seit dem 1. Juni 2017 ausgelaufen.

Gefahrenpiktogramm und Piktogrammcode	Mit dem Gefahrenpiktogramm gekennzeichnete Stoffe und Gemische	Signalwort	Zugehörige Gefahrenhinweise (H-Sätze)
8 ⬥ GHS08	Stoffe und Gemische, die bei Verschlucken und Eindringen in die Atemwege tödlich sein können und/oder eine Gefahr für die Gesundheit darstellen. Diese Stoffe und Gemische schädigen bestimmte Organe und/oder können Krebs erzeugen, die die Fruchtbarkeit beeinträchtigen, das Kind im Mutterleib schädigen und/oder genetische Defekte und/oder beim Einatmen Allergien, asthmaartige Symptome oder Atembeschwerden verursachen.	Gefahr	H304, H334, H340, H350, H350i, H360, H360F, H360D, H360FD, H370, H372
		Achtung	H341, H351, H361, H361f, H361d, H361fd, H371, H373

Hinweis auf Sicherheitsvorkehrungen beim Durchführen von Versuchen:

 Schutzbrille tragen

Fotos:

Cover: (Fotomontage): Cornelsen, Shutterstock.com/Eric Isselee (Eichhörnchen), Shutterstock.com/koya979 (Roboterhand) **III/l.:** stock.adobe.com/olhastock **III/r.:** stock.adobe.com/cristianstorto **IV/o.l.:** stock.adobe.com/wmedien **IV/o.r.:** Shutterstock.com/Ruslan Shugushev **V:** Shutterstock.com/kubais **VI/01-03:** Cornelsen/Oliver Meibert **VIII/01:** akg-images/Harald A. Jahn/viennaslide/BIG **VIII/02:** stock.adobe.com/micha_h **VIII/03:** stock.adobe.com/djdarkflower **IX/04:** Shutterstock.com/Surasak_Photo **IX/05 li.:** stock.adobe.com/Stefan Müller **IX/05 re.:** stock.adobe.com/bluedesign **190-191:** stock.adobe.com/olhastock **192/01:** Shutterstock.com/Jan Martin Will **196/01:** Shutterstock.com/Bryan Neuswanger **197/02 o.** Shutterstock.com/CAN BALCIOGLU **197/02 mi:** Shutterstock.com/IgorNP **197/02 u.:** stock.adobe.com/Edler von Rabenstein **197/03:** Shutterstock.com/Reika **197/04:** Shutterstock.com/Marina Poushkina **199/o.l.:** Cornelsen/Oliver Meibert **199/m.l.:** Mahler, H., Fotograf, Berlin **200/01:** Shutterstock.com/Darren Foard **202/05:** stock.adobe.com/dariaren **202/06 A:** dpa Picture-Alliance/S. Meyers **202/06 B:** Brinkmann Ingenieurbüro, Hamminkeln **203/01:** stock.adobe.com/mmphoto **204/ B:** Cornelsen/Markus Gaa Fotodesign **205/o.li.+o.re.:** Cornelsen/Markus Gaa Fotodesign **206/01:** mauritius images **208/04:** dpa Picture-Alliance/P.Frischknecht **208/05:** Shutterstock.com/Erick Cervantes **208/06:** mauritius images /Horst Jegen **209/A1:** mauritius images/Klaus Hackenberg **209/A2:** interfoto e.k./Günter Zucchi **209/A3:** stock.adobe.com/Laura Pashkevich **210/01:** dpa Picture-Alliance/P.Frischknecht **210/02 A:** Shutterstock.com/Manfred Ruckszio **210/02 B:** Cornelsen/Volker Minkus **211/03 A:** Cornelsen/Volker Minkus **211/04 A:** mauritius images/ alamy stock photo/Zoonar GmbH **213/Raps:** stock.adobe.com/Christian Pedant **213/Hahnenfuß:** picture-alliance /Chris Martin Bahr **213/Bärlauch:** imago images/blickwinkel **214/01:** dpa Picture-Alliance/Patrick Pleul **216/06:** mauritius images/Creativ Studio Heinemann **216/07+08:** Cornelsen/Volker Minkus **216/09:** mauritius images/Ottfried Schreiter **217/A:** Shutterstock.com/SOMMAI **217/B:** stock.adobe.com/rdnzl **217/C:** mauritius images/ alamy stock photo/Valentyn Volkov **217/D:** StockFood/Hailight **218/01:** Imago Stock & People GmbH/blickwinkel **218/02:** stock.adobe.com/Malena und Philipp K **218/03:** mauritius images/Pitopia **219/04:** mauritius images/Bernd Zoller **219/05:** mauritius images/alamy stock photo **219/06:** sciencephotolibrary/GERD GUENTHER **219/07:** Shutterstock.com/PHOTO FUN **220/02:** Hans-Peter Schörner **221/u.m.:** Shutterstock.com/Josep Curto **221/u.l.:** Imago Stock & People GmbH/blickwinkel **222/01:** mauritius images/alamy stock photo/hecos **222/02:** Shutterstock.com/Lotus Images **225/u.m.:** Cornelsen/Oliver Meibert **226/m.r.:** Shutterstock.com/Roman Samokhin **230/01:** mauritius images/imageBroker **231/03:** mauritius images/Thunig **231/04:** mauritius images/Andreas Vitting **231/05:** mauritius images/magebroker **232/06 (Collage):** Cornelsen/Tom Menzel (Illu), Reinhard-Tierfoto/Hans Reinhard (Foto) **232/07 (Collage):** Cornelsen/Tom Menzel (Grafik), Fotos: Reinhard-Tierfoto/Hans Reinhard (li +mi), mauritius images/Stefan Arendt (re.) **233 u. (Collage):** Cornelsen/Tom Menzel (Grafik), mauritius images/alamy stock photo (Foto) **234/01:** mauritius images/alamy stock photo **236/o.m.:** mauritius images/alamy stock photo **236/m.2.v.o.:** mauritius images/alamy stock photo **236/m.3.v.o.:** mauritius images/alamy stock photo **236/u.m.:** mauritius images/alamy stock photo **236/o.l.:** mauritius images/CuboImages **236/l.2.v.o.:** mauritius images/Frank Lukasseck **236/l.3.v.o.:** mauritius images/alamy stock photo **236/u.l.:** Reinhard-Tierfoto/Hans Reinhard **238/01:** mauritius images/age **241/u.m.:** Shutterstock.com/Vasileios Karafillidis **242/01:** Imago Stock & People GmbH/imagebroker/StefanxHuwiler **243/02 A:** imago stock & people/blickwinkel **243/02 B:** mauritius images/ANP Photo **244/03 A:** stock.adobe.com/schaef **244/03 B:** mauritius images/age **245:** Martin Post **246/01:** mauritius images/Reiner Bernhardt **247/03 A:** mauritius images/Raimund Linke **247/03 B:** stock.adobe.com/KYSLYNSKYY EDUAR **247/03 C:** dpa Picture-Alliance/Cornelia & Ramon Doerr/Arco Images GmbH **248/01:** stock.adobe.com/aussieanouk **250/01:** stock.adobe.com/Gabriel Virlan **251/02:** dpa Picture-Alliance/Sauer/Hecker **251/03 l.:** mauritius images/David Boag **251/03 r.:** dpa Picture-Alliance/OKAPIA KG/Manfred Pforr **252/04 A:** dpa Picture-Alliance/Do van Dijck **252/04 B:** stock.adobe.com/Наталья Барсова **252/05:** mauritius images/Pitopia **253/m.l.:** dpa Picture-Alliance/F. Hecke/H. Bellmann **253/m.m.:** interfoto e.k./FLPA/Emanuele Biggi **253/m.r.:** interfoto e.k./FLPA/Gianpiero Ferrari **253/u.l.:** stock.adobe.com/AnnaReinert **256+257:** stock.adobe.com/cristianstorto **258/01:** Cornelsen/Oliver Meibert **258/02.o.:** Shutterstock.com/PHILIPIMAGE **258/02.u.:** stock.adobe.com/Ralf Geithe **259/05:** Shutterstock.com/EstrellaBuena **259/06** Shutterstock.com/HQ3DMOD **260/09 A+B:** Cornelsen/Oliver Meibert **260/10 A+B:** Cornelsen/Oliver Meibert **261/01:** Shutterstock.com/Mikhail Leonov **261/02:** stock.adobe.com/micha_h **262/01 A:** Shutterstock.com/Dmitry Naumov **262/01 B:** Shutterstock.com/Michael Gancharuk **262/01 C:** Shutterstock.com/Suradech Prapairat **263/u.l.:** Shutterstock.com/ribeiroantonio **263/u.m.:** Shutterstock.com/mitifoto **264/01:** Shutterstock.com/Ben Schonewille **264/02 A:** Cornelsen/Oliver Meibert **265/03 A:** Cornelsen/Oliver Meibert **266/01 A-C:** Cornelsen/Oliver Meibert **268/u.l.:** Shutterstock.com/Ernest Vursta **268/03:** Shutterstock.com/Alexey Kabanov **268/04:** Shutterstock.com/watandaon **270/01:** Shutterstock.com/Nightman1965 **272/06:** Shutterstock.com/Dark Moon Pictures **273/Material B l.:** Shutterstock.com/pefostudio5 **273/Material B r.:** Shutterstock.com/Allyson Kitts **274/01:** Shutterstock.com/Iammotos **275/02 A:** sciencephotolibrary/Nick Veasey **275/02 B:** sciencephotolibrary/Nick Veasey **275/02 C:** Shutterstock.com/Chatchai-Rombix **276/01 A-C:** Shutterstock.com/W. Scott McGill **280-281:** stock.adobe.com/wmedien **282/01:** Shutterstock.com/Billion Photos **282/02 l.:** Shutterstock.com/tale **282/02 r.:** stock.adobe.com/

Markus Mainka **286/01:** mauritius images/Science Faction **287/03-04:** Gerhard Wenschkewitz **287/06:** Cornelsen/Markus Gaa Fotodesign **288/08:** Shutterstock.com/Rainer Lesniewski **288/09:** stock.adobe.com/emer **288/10:** Gerhard Wenschkewitz **289/m.m.:** Gerhard Wenschkewitz **290/02 (Collage):** Cornelsen/Tom Menzel (Steckbrief), Shutterstock.com/grafvision (Kristall) **291/01:** Shutterstock.com/Archi_Viz **292/01:** Shutterstock.com/Pack-Shot **295/o. A:** Shutterstock.com/aluxum **295/o. B+C:** Cornelsen/Markus Gaa Fotodesign **295/o. D:** Shutterstock.com/Yuriy Seleznev **295/m.l.:** Gerhard Wenschkewitz **298/01:** stock.adobe.com/Couperfield **298/02 A:** Cornelsen/Markus Gaa Fotodesign **298/02 B:** stock.adobe.com/1827photography **299/03 A:** mauritius images/alamy stock photo/EyeEm **299/03 B+C:** Cornelsen/Oliver Meibert **300/05 A+B:** Cornelsen/Oliver Meibert **300/06:** Cornelsen/Oliver Meibert **301/V1:** Shutterstock.com/Yuliyan Velchev **301/V2:** Shutterstock.com/wk1003mike **302/01:** mauritius images/Haag + Kropp **303 (Eimer):** stock.adobe.com/absurdovruslan **303 (Kartons):** stock.adobe.com/picsfive **303 (Zeitungen):** stock.adobe.com/Fontanis **303 (Jacke):** Shutterstock.com/MIGUEL GARCIA SAAVEDRA **303 (Zelt):** stock.adobe.com/Insp.Clouseau **303 (Flaschen):** stock.adobe.com/Heggie **303 (Pflanzen):** stock.adobe.com/Diana Taliun **303 (Konservendosen):** stock.adobe.com/awfoto **303 (Abfallsäcke):** stock.adobe.com/Unclesam **303 (Getränkedosen):** Shutterstock.com/Patryk Kosmider **304/01 l.:** stock.adobe.com/baibaz **304/01.r.:** mauritius images/foodcollection **305/o.l.+ u.l.:** Cornelsen/Stephan Röhl **308+309:** Shutterstock.com/Ruslan Shugushev **310/01:** stock.adobe.com/lunamarina **310/02 A:** stock.adobe.com/A_Lein **310/02 B:** Volker Minkus **313/A:** Shutterstock.com/Inga Nielsen **313/B :** stock.adobe.com/Robert Neumann **314/A:** Panther Media GmbH/Dusan Zidar **314/B:** mauritius images/foodcollection **314/C:** Imago Stock & People GmbH/imagebroker/NorbertxEisele-Hein **315/D:** Imago Stock & People GmbH/Westend61 **315/E:** dpa Picture-Alliance/Francesco Perre **315/F:** Shutterstock.com/Fortyforks **316/01:** photoCuisine/Roulier/Turiot **320/01:** stock.adobe.com/travelview **322/05:** Shutterstock.com/Captain Wang **325/u.l.:** stock.adobe.com/M.Dörr & M.Frommherz **326:** mauritius images/Alamy stock photo/grejak **330/01:** Imago Stock & People GmbH/Westend61 **334/01:** Cornelsen/Volker Minkus **334/02 A:** stock.adobe.com/Africa Studio **334/02 B:** Shutterstock.com/Oksana Shufrych **334/02 C:** Shutterstock.com/Jacob Lund **337/05:** Cornelsen/Oliver Meibert **338/A:** Shutterstock.com/Altrendo Images **338/B:** Shutterstock.com/Lestertair **338/C:** Shutterstock.com/Kseniia Vorobeva **338/D:** Shutterstock.com/Fotokostic **340/02:** sciencephotolibrary/DENNIS KUNKEL MICROSCOPY **342/06:** mauritius images/Science Source **344/01:** stock.adobe.com/Alexander Raths **346/04:** Cornelsen/Volker Minkus **348/01:** Shutterstock.com/Sunny studio **351/05:** mauritius images/André Pöhlmann **351/06:** Imago/McPHOTO **351/07:** stock.adobe.com/Dmitry Lobanov **351/08:** Shutterstock.com/New Africa **353/A+B:** ClipDealer GmbH/Eric Fahrner **354/1-3:** stock.adobe.com/Artco **354/4 l.:** stock.adobe.com/Artco **354/4 r.:** stock.adobe.com/ylivdesign **354/5:** Shutterstock.com/Illustsee **354/6:** stock.adobe.com/Artco; **355/1 (Montage):** Cornelsen, Shutterstock.com/khuruzero (Smartphone), Ribana Weickenmeier (Gebärmutter) **355/2-6:** Ribana Weickenmeier **356/01:** stock.adobe.com/DoraZett **357/02:** Mit freundlicher Genehmigung und Unterstützung der Bundeszentrale für gesundheitliche Aufklärung **357/03:** stock.adobe.com/Wolfilser **358/04:** stock.adobe.com/Sonulkaster **359/Material A alle Fotos):** Cornelsen/Volker Minkus **363:** Shutterstock.com/Sebastian Kaulitzki **366/o.l.:** Shutterstock.com/Maciej Olszewski **366/m.l.:** stock.adobe.com/Tramper2 **366/u.l.:** Shutterstock.com/FILM PILOT **367/o.l.:** stock.adobe.com/efired **367/m.l.:** Shutterstock.com/Carolyn Franks **367/u.l.:** dpa Picture-Alliance/Patrick Pleul **370/01:** Shutterstock.com/Lopolo

Illustrationen:

AtelierG/Marina Goldberg: 313/Symbole; 372/Symbole; **Cornelsen/Hannes von Goessel:** 304/02; **Cornelsen/Esther Gollan:** 331/02; **Cornelsen/Rainer Götze:** 194/05; 277/B; 277/C l.; **Cornelsen/Timo Grubing:** 328/04-05; 329/A; **Cornelsen/Angelika Kramer:** 322/05; **Cornelsen/Karin Mall/newVision!GmbH, Bernhard A. Peter:** 343/B; **Cornelsen/Karin Mall bearbeitet durch newVision!GmbH, Bernhard A. Peter:** 333/A; 341/03; 359/B; **Cornelsen/Tom Menzel:** 193/03-04; 194/06; 197/02; 198; 200/A-B; 201/03-04; 205/F; 207; 209/B; 211/03-04; 213; 215/02-05; 216/06-08; 217; 220/01; 221/A; 222/03; 223; 224/04-06; 228/01; 228/03; 229/04; 230/02; 231/04; 232/06-07; 233/A-B; 234/02-03; 235; 237; 238/02; 239/04; 240; 241/B l.; 244/04; 247/03; 249/A; 259/03-04; 260/07-08; 262/02; 263/A; 264/02; 265/03; 266; 268/01-02; 269; 270/02; 271/03; 271/03; 272/07; 273/A; 273/C; 278; 285/; 288/07, 289/V4; 290/01; 292/02; 293/03-05; 299/04; 300/08; 301/B; 301/V3; 312; 317/02-03; 318; 319/B u; 321/02-03; 323/01; 324/B; 325/C-D; 327/02-03; 329/B-C; 333/C; 335; 336; 338/B; 340/01; 345; 347/A; 349; 350/03; 352; 364; 365/01-03; **Cornelsen/Tom Menzel; bearbeitet von Angelika Kramer:** 350/04; **Cornelsen/Tom Menzel bearbeitet durch newVision! GmbH, Bernhard A. Peter:** 210/C; 216/10; 225/A; 311; 313/A; 319/A; 323/02; 324/A; 341/04; 342/05; 343/A; 332; 352/A; 353/C; 362; **Cornelsen/Bernhard A. Peter, newVision! GmbH:** 7/04; 192/02; 195; 199; 203/02-03; 204/B; 205; 225/B o.; 226/C; 227; 228/05; 247/04; 267/01-03; 275/03; 276/02; 277/V3; 284; 285/B-C; 303/02; 319/B o.; 333/B; 343/C; 347/B; **Cornelsen/Markus Ruchter:** 212; 225/B u.; **Cornelsen/Detlef Seidensticker** 283; 294/A; **Cornelsen/Werner Wildermuth:** 202/06; 294/B; 296; 297